Qualitative
Forschungs-
methoden in der
Sportpädagogik

Beiträge zur Lehre und Forschung im Sport

163

Wolf-Dietrich Miethling/Matthias Schierz (Hrsg.)

Qualitative Forschungsmethoden in der Sportpädagogik

Mit Beiträgen von:
D. Blotzheim, P. Frei, G. Friedrich, C. Krieger,
R. Messmer, W.-D. Miethling, A. Richartz,
M. Schierz, J. Thiele, V. Volkmann, T. Wenholt,
P. Wolters

hofmann.

Bibliografische Information der Deutschen Nationalbibliothek
Die Deutsche Nationalbibliothek verzeichnet diese Publikation in der Deutschen Nationalbibliografie; detaillierte bibliografische Daten sind im Internet über http://dnb.d-nb.de abrufbar.

Bestellnummer 4630

© 2008 by Hofmann-Verlag, Schorndorf

www.hofmann-verlag.de

Alle Rechte vorbehalten. Ohne ausdrückliche Genehmigung des Verlags ist es nicht gestattet, die Schrift oder Teile daraus auf fototechnischem Wege zu vervielfältigen. Dieses Verbot – ausgenommen die in §§ 53, 54 URG genannten Sonderfälle – erstreckt sich auch auf die Vervielfältigung für Zwecke der Unterrichtsgestaltung. Dies gilt insbesondere für Übersetzungen, Vervielfältigungen, Mikroverfilmungen und die Einspeicherung und Verarbeitung in elektronischen Systemen.

Texterfassung und Layout: Akeya Scadah

Erschienen als Band 163 der „Beiträge zur Lehre und Forschung im Sport"

Gesamtherstellung: Druckerei Hofmann, Schorndorf
Printed in Germany · ISBN 978-3-7780-4630-2

Inhalt

Inhaltsverzeichnis 5

Einführung: Qualitative Forschungsmethoden in der Sportpädagogik
(WOLF-DIETRICH MIETHLING & MATTHIAS SCHIERZ) 7

Teil I: Konzepte und Verfahrensweisen von Interviews

- Wie man bekommt, was man verdient. Faustregeln zum Führen qualitativer Interviews (ALFRED RICHARTZ) 15

- Leitfaden- Interviews (CLAUS KRIEGER) 45

- Narrative Interviews (DIRK BLOTZHEIM) 65

Teil II: Konzepte und Methoden mittlerer Reichweite

- Das Schulsportportrait als Instrument im Rahmen von Schulentwicklungsprozessen (JÖRG THIELE) 89

- Zur Analyse sprachlicher Handlungen im Kontext sportpädagogischer Lehr- und Lernprozesse (GEORG FRIEDRICH). 115

- Von Fall zu Fall: Kasuistisch forschen (PETRA WOLTERS) 137

Teil III: Methodologische Stile

- Dokumentarische Methode – Grundgedanke, Vorgehen und Forschungspraxis
  (MATTHIAS SCHIERZ, ROLAND MESSMER & TINA WENHOLT) 163

- Auswertung qualitativer Daten entlang der Grounded Theory
  (PETER FREI & VERA REINARTZ) 187

- Triangulation: Kompositionsformen von Perspektiven und
  Methodenvielfalt (WOLF-DIETRICH MIETHLING) 209

Autoren-/Autorinnenverzeichnis 233

WOLF-DIETRICH MIETHLING & MATTHIAS SCHIERZ

Einführung: Qualitative Forschungsmethoden in der Sportpädagogik

Qualitative Forschung führt in der Sportwissenschaft, legt man die Zahl und Güte der Publikationen zugrunde, kein Schattendasein mehr. Sätze dieser Art gehören mittlerweile zum Standardrepertoire von Einführungstexten in die Qualitative Forschung quer durch unterschiedlichste Disziplinen und Fächer, in denen empirische Forschungsmethoden bedeutsam sind. Dies liegt nicht zuletzt an der starken Anwendungsorientierung der Fragestellungen, Erkenntnisinteressen und Theoriebildungen in den Projekten und Programmen qualitativer Forschung. Auch wenn Vorbehalte und Vorurteile gegenüber qualitativen Arbeiten weiterbestehen, so hat sich diese Art der Forschung dennoch in den sozialwissenschaftlichen Grundlagendisziplinen ebenso wie in praxisorientierten Fächern der Gesundheits-, Pflege-, Sozialarbeits- und Bildungswissenschaften fest etabliert, um nur einige Beispiele zu nennen.

Wer an dieser Art der Forschung interessiert ist, kann sich losgelöst von disziplinären Besonderheiten über die Forschungsstile, die schulbildenden Vertreter/innen, die methodischen Instrumente und die erkenntnistheoretischen Positionen seit einer ganzen Weile erste Eindrücke verschaffen oder sich gründlich informieren, da es an Handbüchern, allgemeinen Einführungen und Nachschlagewerken zu Qualitativer Sozialforschung auf dem Markt der Literatur über empirische Forschungsmethoden nicht mangelt. Gleichwohl ist diesen Werken kaum zu entnehmen, wie die Praxis der Forschung im Detail aussieht, was in ihr zu beachten ist, welche fachspezifischen Anpassungen von Nöten sind, wie sich methodisches Vorgehen und Gegenstandkonstitution zueinander in einem Projekt konkret verhalten oder welche typischen ‚Fehler' vermeidbar sind. In nicht-standardisierter Forschung haben Kochbücher und Rezeptsammlungen allerdings auch keinen guten Ruf. Sie wecken allzu schnell die Illusion, man könne mit der alleinigen Hilfe einer Buchlektüre ein Forschungsvorhaben konzipieren und erfolgreich umsetzen, sofern man sich an die empfohlenen Regeln hält. Es ist unstrittig, dass man zur Planung, Durchführung und Auswertung qualitativer Forschungsprojekte die ‚generative Tiefenstruktur', die ‚Regeln' und das ‚Lexikon' des jeweiligen Forschungsansatzes kennen muss. Aber zur verständnisvollen Aneignung von Forschungspraktiken

reicht dies nicht aus. Praktiken werden in der routinebildenden Teilhabe und aus reflektierten Beispielen gelernt. Um letztere geht es in unserem Lehrbuch. Es ersetzt daher weder die Auseinandersetzung mit grundlegender Literatur noch die eigene Erfahrungsbildung durch praktische Teilhabe an Forschungsprojekten.
Wir haben auf klassische Überblicksbeiträge verzichtet. Stattdessen stellen wir den Lesern und Leserinnen beispielgebende Texte zu qualitativen Forschungsstilen und -methoden in der Sportpädagogik vor, die über weite Passagen als reflektierte Werkstattberichte zu lesen sind. Die Beiträge beruhen auf jahrelangen Erfahrungen der Autoren/innen mit qualitativen Forschungsvorhaben und explizieren einen Teil ihres ‚impliziten Wissens'.

Der Aufbau des Buches folgt gewissermaßen einer ‚Bottom-up-Strategie'. Da in den meisten qualitativen Untersuchungen die ‚Roh-Daten' durch Interviews erzeugt werden, handelt der erste Teil des Buches von eben solchen Konzepten und Verfahrensweisen. Richartz formuliert hierzu in Form von ‚Faustregeln' allgemeine Grundsätze für verschiedenartige qualitative Interviews. Er zeigt dabei unter anderem, wie wichtig es ist, das Bewusstsein für die Art der gewünschten Textsorte zu schärfen und welche Bedeutung die Beziehungsgestaltung – mit seinen Worten: das Arbeitsbündnis – zwischen Interviewer und Interviewten hat. Sein sehr lehrreicher, anschaulicher und anregender Text gehört heute sicherlich in jegliches ‚Taschenbuch für Interviewer', wenn es denn ein solches gäbe.

Unter den verschiedenartigen Interviewverfahren sind das ‚Leitfaden-Interview' und das ‚Narrative Interview' besonders häufig vertreten. Von Möglichkeiten und Fragen der Leitfadenkonstruktion, von Problemen und ihren Lösungen bei der Umsetzung in der Interviewsituation und wiederum von ‚Faustregeln' i. S. von Merksätzen handelt der Beitrag von Krieger, der seine Ausführungen am Beispiel der Exploration von Schülerperspektiven zu Sportunterricht konkretisiert. Ebenfalls auf die Schülerperspektive gerichtet ist der Beitrag von Blotzheim über ‚Narrative Interviews'. Ausgehend von den erzähl- und biographietheoretischen Annahmen Schützes stellt er diese schon ‚klassisch' zu nennende Rekonstruktionsweise in der Verknüpfung von Datenerhebung und -auswertung hinsichtlich schulsportlicher Lebensgeschichten dar und reflektiert abschließend deren Reichweite.

Geht es also im ersten Teil des Buches um methodisch kontrollierte Rekonstruktionen der Erfahrungen, Deutungen und Sinnherstellungen in der Akteursperspektive, so wird im zweiten Teil über ‚Konzepte und Methoden mittlerer Reichweite' der methodische Horizont im Hinblick auf komplexere Untersuchungsgegenstände erweitert.

Thieles Beitrag über ‚Das Schulportrait als Instrument von Schulentwicklungsprozessen' lässt sich als ein Beispiel für Handlungsforschung auffassen, in dem die ethnographisch gewonnene Diagnose des Schulsports an einer Schule in Beratungsprozesse überführt wird, um schulsportliche Entwicklungsmöglichkeiten situationsspezifisch zugeschnitten aufzuzeigen. Die Konstruktion des hierfür zentralen Instruments, des Schulsportportraits, durch gezielte Beobachtungen, Interviews und Dokumentenanalyse, wie auch seine Verwendung im Kommunikationsprozess zwischen Forscher und den Handlungsakteuren werden ausführlich dargestellt. Dabei wird über die mehr oder weniger unvermeidlichen, typischen Fallstricke und Hindernisse dieser dezidiert anwendungsorientierten Vorgehensweise nicht etwa beschönigend geschwiegen, sondern es werden eben diese ‚neuralgischen Punkte' offen gelegt.

Während Thieles schulsportliche Analysen der Schule als ‚Lernende Organisationseinheit' gelten, befasst sich Friedrich mit sprachlichen Kommunikationsstrukturen im Sportunterricht. Vor dem Hintergrund von Theorien linguistischer Pragmatik beschreibt er die von ihm favorisierte Methode angewandter Diskursforschung. Dabei orientiert er sich vor allem an geläufigen Verfahren der Inhaltsanalyse. Am Beispiel von Sprachhandlungen von Sportlehrerinnen und -lehrern zeigt er in ausführlicher Weise, wie sich bestimmte Begründungsmuster zu Aufgabenstellungen im Sportunterricht rekonstruieren lassen und welche förderlichen oder hinderlichen Bedeutungen für effektive Lehr- und Lernprozesse in diesen Begründungsmustern angelegt sind.

Lehrreiche Fälle stehen im Brennpunkt der Unterrichtsforschung von Wolters. Wodurch wird ein Unterrichtsgeschehen zum Fall? Wie lassen sich Fälle darstellen, analysieren, interpretieren und schließlich normativ reflektieren? Welche typischen Probleme treten bei diesen Konstruktionen zweiter Ordnung auf? Wolters gelingt es, die interpretativen Wege zu Erkenntnissen kasuistischer Sportdidaktik in nachvollziehbarer, schlüssiger und anschaulicher Weise zu verdeutlichen.

Den im ersten und zweiten Teil des Buches behandelten Verfahren, Methoden und Konzepten qualitativer Forschung in der Sportpädagogik ist bei aller Unterschiedlichkeit und Eigenartigkeit gemein, dass sie nicht im Sinne deduktiv abgeleiteter, standardisierter Methodologie entstehen und andererseits auch nicht einer der methodologischen Beliebigkeit anheim fallenden, falsch verstandenen ‚Anything-Goes-Haltung' entspringen, sondern bestimmten Forschungsstilen oder Paradigmen folgen. Schlagwortartig angedeutet handelt es sich um eine Methodologie, die durch einen bestimmten Grad an Offenheit gegenüber ihrem Gegenstand, durch Prozesse des Verstehens und der Verständigung von und mit den Akteuren in deren Lebenswelten und nicht zuletzt durch eine (hermeneutische) Zirkularität im Prozess der Rekonstruktionen sozialer Wirklichkeit gekennzeichnet ist.

Im dritten Teil des Buches sind deshalb solche Beiträge angesiedelt, in denen stärker als bei den vorangehenden aktuelle ‚Methodologische Stile' erkennbar werden. Das Ziel dieser Beiträge ist es jedoch nicht, methodologische Diskurse zu führen – obwohl wir nichts dagegen einzuwenden hätten, wenn solche dadurch angeregt würden – sondern es geht weiterhin dem Anliegen des Buches folgend um beispielgebende Explikationen nunmehr orientiert an bestimmten Stilen in der sportpädagogischen Forschungspraxis.

An den kasuistischen Ansatz von Wolters schließt der Beitrag von Schierz, Messmer & Wenholt über die ‚Dokumentarische Methode' an, indem er die herkömmliche Methodologie interpretativer Unterrichtsforschung im Lichte neuerer sozialwissenschaftlicher Ansätze fortentwickelt. Nach einer kurzen Erläuterung des wissenssoziologischen Fundaments sensu Mannheim liegt der Schwerpunkt der Ausführungen in der differenzierten Darstellung der interpretativen Verfahrensweisen, durch welche immanenter und dokumentarischer Sinn aus Videomitschnitten von Sportunterricht erschlossen werden kann. Die empirisch belegte Ausgestaltung von Sportunterricht als Möglichkeitsraum von Erfahrungen wird somit erkennbar und im Hinblick auf seinen Bildungsgehalt und epochalen Charakter reflektierbar.

Die Gewinnung empirisch verankerter Theorien – das Grundanliegen der sog. Grounded Theory von Glaser & Strauß sowie Strauß & Corbin – wird mitunter insofern missverstanden, als würde sich durch Befolgung der vielfältigen methodischen Anleitungen (Codierverfahren) aus empirischen Daten eine Theorie als inhärenter Bestandteil dieser Daten voraussetzungslos herausschälen lassen. Im Beitrag von Frei & Reinartz wird dieses Missverständnis ausgeräumt. Sie zeigen, dass es sich bei der Grounded Theory schon im Verständnis der Urheber selbst um einen Forschungsstil handelt. Die Fruchtbarkeit dieses methodologischen Konzeptes verdeutlichen sie anhand zweier Beispiele, in denen die Arbeitsschritte zur Entdeckung zentraler Kategorien beschrieben werden. Die Beispiele stammen aus zwei Forschungsprojekten, die sich zum einen mit den Schülersichtweisen auf ihre Sportlehrer befassen und zum anderen mit biographischen Wissensbeständen von Sportlehrern/innen bez. Sport, Erziehung und Schule.

Für die Re-Konstruktion der komplexen sozialen Wirklichkeit des Schulsports gibt es offenbar keinen methodischen Königsweg. Mehr noch versprechen gerade die Kombinationen verschiedener Wege und Perspektiven einen erheblichen Erkenntniszuwachs. Im abschließenden Beitrag von Miethling über ‚Triangulation-Kompositionsformen von Methoden- und Perspektivenvielfalt' werden deshalb die Möglichkeiten solcher ‚Mixed strategies' im Feld sportpädagogischer Forschung erörtert. Dabei richtet sich der Blick nicht nur auf den Bereich qualitativer Untersuchungskonzepte, sondern auch auf Formen triangulatorischer Verknüpfung von qualitativen mit quantitativen Ansätzen. Partielle Einblicke in die ‚Forschungswerkstatt' eines Sportlehrer-Projektes ermöglichen es hier – wie im gesamten Buch – nicht nur die von bestimmten Erkenntnisinteressen geleiteten methodischen Konstruktionen, sondern auch deren Begrenzungen und ihre Entwicklungsoffenheit wahrzunehmen. In diesem Sinne beginnt im Folgenden der erste Teil des Buches mit dem bezeichnenden Titel des Beitrags von Richartz: Wie man bekommt, was man verdient. –

Teil I

Konzepte und Verfahrensweisen von Interviews

Inhalt

- Wie man bekommt, was man verdient. Faustregeln zum Führen qualitativer Interviews (ALFRED RICHARTZ) 15

- Leitfaden- Interviews (CLAUS KRIEGER) 45

- Narrative Interviews (DIRK BLOTZHEIM) 65

ALFRED RICHARTZ

Wie man bekommt, was man verdient. Faustregeln zum Führen qualitativer Interviews

1   Prolog

2   Die richtige Strategie: Finde die Textsorte!

3   Das Arbeitsbündnis

4   Der Kampf um die Episode

5   Erzählungen unterstützen

6   Wie detailliert muss das Material sein?

7   Fehler

1 Prolog

Im Jahre 1932 veröffentlichte P.G. Cressey eine Studie über ‚Taxi-Dance-Halls'. Sie wird heute als die Letzte in der Reihe jener ‚klassischen' Chicago-School-Studien angesehen, deren Bedeutung für das Selbstverständnis qualitativer Forschung kaum zu überschätzen ist (Lindner, 2004, S. 113). Cressey hatte eine neue, ziemlich anrüchige Art von Tanz-‚Schulen' beforscht: Männer bezahlten eine Eintrittsgebühr für den Abend und trafen dort junge Frauen, die allesamt beim Besitzer des Etablissements angestellt waren. Die Frauen – offiziell als ‚Tanzlehrerinnen' bezeichnet – waren verpflichtet, jede Aufforderung zum Tanz anzunehmen, vorausgesetzt der Mann händigte ihnen ein Billett aus. Diese Billetts waren bei einem ‚Schaffner' im Tanzsaal zu erwerben; jedes berechtigte für einen Tanz von exakt 90 Sekunden Dauer – daher Bezeichnung der Frauen als ‚Taxi-Dancers'. Cressey interessierte, woher diese jungen Frauen und ihre Kunden kamen, welche Motive sie hatten, welche Biographien die Frauen in diese Situation geführt hatten und welche Perspektive sich ihnen bot. Er interessierte sich auch für die sozialen Strukturen dieses Milieus – z. B. für Cliquen und Gangs. Er berichtet folgende Episode über die Gang eines Mädchens mit dem Namen ‚Red':

> „Red und zwei ihrer Kumpaninnen hatten vom Besitzer die Erlaubnis erwirkt, früher zu gehen. Um 11 Uhr hatte Sie ihre Capes angezogen und standen an der Türe. Red gab mir ein Zeichen, dass ich zu ihr kommen sollte. Nach einer kurzen Unterhaltung sagte Sie: „Es gibt jetzt gleich einen Kampf hier. Sieh dir das Mädchen mit den schwarzen Augen und dem weißen Kleid an. Unsere Gang kann sie nicht leiden, und wir haben beschlossen, dass Stella 'rübergeht und ihr ordentlich Eins verpasst. Bleib' einen Moment und Du siehst was Lustiges."
>
> Ich wartete und beobachtete. Einen Moment später war der Tanz beendet und das Mädchen mit den schwarzen Augen stand an der Seitenlinie und sprach mit einem Gast. Dann sah ich Stella zu ihr herüberschlendern und ihr ohne viel Federlesens einen harten, wohlgezielten Schlag verabreichen. Das Mädchen krümmte sich auf dem Boden, Stella schlenderte triumphierend zurück zu Red und ihren Kameradinnen. Einen Augenblick später verschwanden sie die Treppe hinunter." (Cressey, 1932, S. 255. Übersetzung von mir, A.R.)

Diese Vignette hat auf den ersten Blick nichts mit unserem Thema zu tun. Aber stellt man sich die Frage, wie Cressey an diese Episode gekommen ist, ändert sich das Bild. Ein ‚Investigator' aus seinem Team hatte sie in einem Beobachtungsprotokoll notiert. Er war von Red auf den Vorfall aufmerksam gemacht worden, ja genau genommen hatte sie ihm ein Verstehen der Attacke überhaupt erst ermöglicht: Ein bloßer Augenzeuge hätte nur mit Glück den Zusammenhang zwischen der Gang an der Tür und Stellas Faustschlag auf der Tanzfläche registriert und damit den sozialen Sinn der Episode erraten können. Wie hat es der Forscher angestellt, dass ihm dieses ‚Geschenk' gemacht wurde? Seine Beobachtung muss eine Vorgeschichte haben, und zwar eine, in der es ihm gelang, die Qualität der Beziehung zwischen ihm und Red so zu entwickeln, dass sie motiviert war, forschungsrelevante Ausschnitte ihrer Lebenswelt mit ihm zu teilen, anstatt sie zu verbergen. Wir sind nicht gezwungen anzunehmen, dass sie über seine Forschungsabsichten im Bilde war (man wird das Gegenteil vermuten), wohl aber muss sie die Erfahrung gemacht haben, dass man ihm trauen kann, dass er sich interessiert und dass es angenehm ist, ihn einzubeziehen. Der Forscher muss erhebliche Investitionen an Zeit, Engagement und vor allem Beziehungsarbeit getätigt haben, um sich das Geschenk dieser Episode zu verdienen. Dieses Sich-Einlassen auf die Beziehung zu den Menschen, die im Mittelpunkt des Forschungsanliegens stehen, ist nur begrenzt technisierbar und vielleicht noch weniger ökonomisierbar. Meine erste und wichtigste Faustregel lautet deshalb:

1. Willst Du qualitative Daten im Personenkontakt erheben, reserviere viel Zeit, damit Du Interesse und emotionales Engagement für Deine Partner investieren kannst!

Es braucht Zeit, Kontakt herzustellen, einen freundlichen und geeigneten Ort zu finden und gemeinsam mit dem Partner in die Interviewsituation hineinzufinden. Diese Vorbereitungen haben erhebliche Auswirkungen auf die Etablierung einer konstruktiven Interview-Beziehung.[1] Im Interview selbst ist die Investition von Zeit und Interesse unausgesprochen immer auch ein Ausdruck von Wertschätzung des Gesprächspartners – oder seiner Geringschätzung, wenn man sie unterlässt. Man sollte deshalb allein solche Themen anschneiden, die man tatsächlich explorieren und nicht bloß ‚schnell abhaken' will.

---

[1] Diese Bemühungen können hier nicht dargestellt werden. Ausgezeichnete Vorschläge finden sich z.B. bei Fuchs-Heinritz, 2000; Helfferich, 2004.

2 Die richtige Strategie: Finde die Textsorte!

In der neueren methodischen Literatur erscheint das qualitative Interview nur noch in der Mehrzahl – meist werden wenigstens vier oder fünf verschiedene Formate vorgestellt, die sich durch besondere Verfahrensregeln und Ziele voneinander unterscheiden (Flick, 1995; Friebertshäuser, 1997; Lamnek, 2002; Maidonk, 2003; Helfferich, 2004). Eine ähnliche Pluralität findet sich auch auf der Ebene der konkreten Interviewfragen: Es gibt keine Idealfrage oder ‚verbotene' Frage schlechthin. Ob eine Intervention ein Missgriff ist, lässt sich nur feststellen, wenn man das Untersuchungsziel kennt. Eine provokative oder suggestive Frage kann ein unbewusst begangener Interviewerfehler sein oder ein absichtsvoll herbeigeführtes kleines Experiment. Bevor der angehende Interviewer also entscheiden kann, welches Interviewformat zu seinen Absichten passt, muss er wissen, welche Art von Material das Interview erbringen soll.

Das klingt merkwürdig, denn natürlich will jeder Interviewer einen thematisch fruchtbaren, reichhaltigen Text nach Hause bringen. Aber die von Probanden gesprochenen Texte können sehr unterschiedlichen Sorten angehören. Zum Beispiel kann ein Experte sein Wissen zur physiologischen Funktionsweise von Dopingmitteln darstellen, ein Lehrer kann sein Urteil zur Pflichtteilnahme türkischer Mädchen am Sportunterricht begründen oder ein Zeuge kann eine Begebenheit erzählen, z. B. wie Stella das ‚schwarzäugige Mädchen' niederschlug oder wie der Sportler N. das Mittel Ephedrin einnahm.

Vom Experten würde der Forscher erhoffen, dass er erklärt, was geschieht, wenn der menschliche Körper dieses Mittel aufnimmt. Dazu müsste dieser eine Textsorte wählen, die einen allgemein gültigen Ablauf darzustellen erlaubt, also einen, der regelhaft immer eintritt, wenn die Voraussetzungen gegeben sind. Um glaubhaft zu sein, darf der Experte sich nicht auf einen singulären Vorfall beschränken – etwa, was im Körper des Sportlers N. am 28.5.1999 einmal vorgefallen ist. Ein solcher Einzelfall könnte höchstens als Illustration für den generalisierten Ablauf dienen. Eine allgemeine Verlaufsbeschreibung antwortet auf die Frage: „Was geschieht (immer), wenn ...?"

Geradezu entgegengesetzt verhält es sich beim Bericht eines Augenzeugen. Hier erhält der Interviewer die gesuchten Informationen nur dann, wenn der Zeuge die singuläre Begebenheit wiedergibt. Eine allgemeine Feststellung, dass Athleten gewisser Sportarten zu verbotenen Mitteln greifen, hätte bezogen auf den Sportler N. keinen Informationswert. Der Zeuge müsste vielmehr exakt berichten, wann, wo, wie und unter welchen Umständen der Sportler N. Ephedrin einnahm. Die einzige Textsorte, die diesen Anforderung gerecht wird, ist die Erzählung. Sie unterscheidet sich grundlegend von der allgemeinen Verlaufsbeschreibung: Zeitpunkt, Ort, Akteure und ihre konkreten Handlungen müssen dargestellt werden. Eine Erzählung antwortet auf die Frage: „Was geschah, als ... (Zeitpunkt, Ort, Akteur)?"[2]

Wieder anders liegen die Dinge beim Urteil über den Pflichtunterricht türkischer Mädchen. Der hierzu befragte Sportlehrer würde keine der beiden Textsorten wählen, denn er muss Argumente vortragen. Diese können mit Erzählungen oder allgemeinen Verläufen unterlegt sein, aber im Zentrum steht ein Argument, das in diesem Fall auf Normen und Werte zurückgreifen muss. Eine Argumentation antwortet auf die Frage: „Warum ...?"

Diese drei Textsorten – generalisierte Verlaufsbeschreibung, moralische Argumentation und Zeugenbericht[3] – versprachlichen sachlogisch unterschiedliche Arten von Problemstellungen. Weil die Probleme eine verschiedene Sachlogik aufweisen, müssen Texte, die sie angemessen darstellen, sprachlich unterschiedlich strukturiert sein, also unterschiedlichen Textsorten angehören. Die unterschiedliche Sachlogik erfordert auch jeweils eine andere kognitive bzw. mentale Repräsentation; und tatsächlich werden in unseren drei Beispielen drei unterschiedliche Wissensformen angesprochen, die überdies verschiedenen Gedächtnissystemen angehören (Tulving, 2006; Vanderkerckhove, Scheve & Markowitsch, 2006). Dies hat Konsequenzen für ein mögliches Interview: Weil Sachlogik, passende mentale Repräsentation und angemessene Textsorte miteinander zusammenhängen, sollte der Interviewer seine Fragen so formulieren, dass der Befragte mit der geeigneten Textsorte antworten kann. Versäumt er dies, wird er einen Bruch im Material erzeugen. Im Alltag sind diese Verweisungsketten so geläufig, dass sie nur bemerkt werden, wenn Sprecher sie nicht beachten: Wir interpretieren es als Ausflucht, wenn wir auf die Frage nach einem bestimmten Streitfall nur allgemeine Erörterungen über Eskalationsprozesse zu hören bekommen usw.[4]

---

[2] In diesem Sinne verwende ich im Folgenden die Begriffe Erzählung, Bericht und Narration synonym.

[3] P.M. Wiedemann (1990), dem dieses Argument zu verdanken ist, unterscheidet zwei weitere Textsorten: Geschehenstypen und Konzeptstrukturen. Ich gehe aus Platz- und Relevanzgründen hier nicht weiter auf sie ein.

[4] Dies ist insgesamt etwas zu strikt gesprochen, denn natürlich wird auch durch den Kontext Information übermittelt, so dass der Befragte die Intention des Interviewers erraten kann. Wenn die Mutter das Kind fragt: „Warum hast Du wieder das Glas umgeworfen?", weiß das Kind, dass die Mutter nicht wirklich eine Explikation erwartet, sondern ein schlechtes Gewissen.

Die sprachpraktische Selbstverständlichkeit der Textsortenwahl ist für den angehenden Interviewer eine üble Fallgrube, denn sie verführt dazu, die Implikationen von Fragestrategien zu übersehen. Zur passgenauen Wahl seiner Fragen müsste der Interviewer nämlich wissen, welche Textsorte er erzeugen will, und dies wird allzu oft als selbstverständlich vorausgesetzt. Um die geeignete Textsorte anzusteuern, müsste er wiederum Klarheit darüber besitzen, welche Art von Problemrepräsentation beim Befragten für seine Forschungsfrage angemessen ist. Die Faustregeln zur Wahl der Interviewstrategie lauten also:

2. Verschaffe Dir Klarheit darüber, wie das, was Du erfahren willst, beim Befragten kognitiv repräsentiert ist!
3. Entscheide, welche Textsorte der kognitiven Repräsentation am besten entspricht!
4. Wähle das Interviewformat und die Frageform, die diese Textsorte erzeugen!

Ist es wirklich nötig, so umfangreiche Vorüberlegungen anzustellen? Nehmen wir an, Forscher A. will aufklären, mit welchen Motiven 15-Jährige Sport betreiben. Nichts leichter als das, die passende Frage lautet: „Warum treibst Du Sport?" Diese Frage, so verführerisch einfach sie anmutet, baut auf weit reichenden impliziten Voraussetzungen auf. Es wird nämlich, möglicherweise ohne dass Forscher A. sich darüber Rechenschaft abgelegt hat, unterstellt, dass Menschen volles Bewusstsein über ihre Motive besitzen. Denn nur, wenn die Befragten bewusstes und damit sprachlich organisiertes Wissen über ihre Motive haben, können sie auf die Warum-Frage zutreffend antworten. Diese Voraussetzung trifft aber nur für wenige Ausnahmesituationen zu. Im Alltag entscheiden Menschen in der Regel ‚aus dem Bauch heraus' – sie wägen nur in seltenen Fällen das Für und Wider einer Handlung in einer bewussten Bilanzierung ab.[5] Die Frage „Warum treibst Du Sport?" steuert deshalb ein Wissen an, das zwar im Befragten vorliegt, bei ihm selbst aber bestenfalls vage, wahrscheinlich überhaupt nicht bewusst repräsentiert ist. Was geschieht in einer solchen Situation?

In der Interview-Frage ist die Unterstellung enthalten, man müsse über die eigenen Handlungsgründe Bescheid wissen. Dies scheint alltagspsychologisch hoch plausibel – das Ich muss doch Herr im eigenen Haus sein! Deshalb wird der nun eine Ad-hoc-Theorie darüber entwickeln, welche Motive er zum Sporttreiben hat. Diese

---

[5] Vgl. hierzu Gigerenzer (2007) mit einer Fülle von überraschenden Argumenten.

kann einfach („Weil es Spaß macht!") oder elaboriert ausfallen („Weil ich mich ausgeglichener fühle!"). Aber in welchem Verhältnis diese Ad-hoc-Theorie zu den tatsächlichen Sportmotiven steht, bleibt völlig offen. Ein gehöriges Maß an Pessimismus ist allerdings angeraten.[6]

Aussichtsreicher wäre also, zunächst zu fragen: Welches Wissen über das eigene Sporttreiben liegt bei Interviewpartnern vor? Zweifellos ist jeder Jugendliche ein kompetenter Beobachter des eigenen Sporttreibens. Er kann am besten berichten, zu welchen Gelegenheiten er Sport getrieben hat, welche äußeren Beobachtungen er dabei gemacht hat (Akteure und ihre Handlungen) und auch welche inneren Vorgänge (Gefühle und Gedanken) er wahrgenommen hat. Mit anderen Worten: Er ist ein qualifizierter Informant für sein Sporttreiben. Für die inneren Vorgänge, wie Spannungsgefühl, Glückserleben, Befriedigung, Enttäuschung, Langeweile ist er sogar ein privilegierter Zeuge. Die Warum-Frage stimuliert jedoch gerade nicht Erzählungen über das eigene Sporttreiben – sie fordert als Textsorte eine Alltagstheorie oder eine moralische Legitimation. Will der Interviewer aber das Wissen aktivieren, das dem Befragten sprachlich zugänglich ist, muss er eine Erzählaufforderung wählen, z. B.: „Hast Du in dieser Woche Sport getrieben? Erzähle mir davon!"

Der Forscher bekommt – einen guten Report vom Befragten vorausgesetzt – dann reichhaltiges Material darüber, welche Formen des Sporttreibens mit welchen positiven und negativen Erlebnissen verbunden sind. Daraus muss er nun selbst eine Theorie der Sportmotive entwickeln, er bekommt sie nicht wie im ersten Anlauf erhofft, von den Befragten auf dem Silbertablett serviert.

Forschungsfragen dürfen also nicht mit Interviewfragen verwechselt werden – Abstraktionen und Kategorisierungen des Materials, in diesem Fall etwa die Zuordnung von Gesprächspassagen zu den Konstrukten ‚soziale Motive', ‚gesundheitliche Motive', ‚Erlebnis-Motive' des Sporttreibens, muss der Forscher sich für seine sorgfältige Auswertung vorbehalten. Damit dies überhaupt möglich ist, darf

---

[6] Gazzaniga hat in neuropsychologischen Experimenten den Probanden die ‚Warum'-Frage in Situationen gestellt, in denen ausgeschlossen war, dass sie überhaupt beantwortet werden konnte. Er hat trotzdem stets eine Antwort erhalten: „… unsere Begabung, Hypothesen darüber aufzustellen, warum wir etwas Bestimmtes tun, scheint grenzenlos. Kurzum, unsere Spezies verfügt über eine spezielle Gehirnkomponente, die ich als ‚Interpreten' bezeichnen möchte." Der Interpret weiß zwar häufig genug nicht, woher die Handlungsimpulse stammen, doch er entwickelt ständig Theorien über die Handlungsmotive (Gazzaniga, 1988, S. 19). Korrespondierend dazu stellt Singer (2000, S. 3 f.) fest: „Und so kommt es, dass Menschen, wenn sie nach Motiven für bestimmte Handlungen gefragt werden und die wirklichen Motive auf solchen unbewußten Prozessen beruhen, flugs und ohne zu zögern frisch erfundene Motive anbieten, ohne sich gewahr zu werden, dass diese Begründung unzutreffend ist."

er nicht vorschnell während des Gesprächs kategorisieren. Leider neigen Wissenschaftler genau dazu und verderben damit ihre Interviews (Hopf, 1978, S. 112). Genauso wenig darf sich der Forscher auf die Abstraktionen und Theorien der Befragten verlassen.

Bei gewissen Fragestellungen steht man vor dem Problem, dass ein bestimmtes Wissen im Befragten vorliegt, aber eben nicht sprachlich organisiert sondern prozedural. Dies ist bei kognitiven Routinen der Fall, z. B. Bewältigungsmechanismen schwieriger Situationen, gilt aber auch für soziale und sprachliche Alltagsregeln. Muttersprachler können fehlerlose Sätze bilden, ohne die grammatischen Regeln nennen zu können; Sprecherwechsel in Gesprächen funktionieren reibungslos, obwohl die Gesprächspartner die Regeln nicht nennen können, an die sie sich dabei halten. Trotz dieser Schwierigkeit kann ein Interview das geeignete Forschungsinstrument sein. Wenn man nämlich dieses implizite Wissen ‚in Aktion' versetzt, kann man es in actu beobachten: seinen Niederschlag im Affektausdruck, in Bewegungen, im Sprachhandeln. Motorische Steuerung gehört zum Beispiel zum prozeduralen Wissen. Ob und in welcher Qualität es vorliegt, lässt sich allein daran ablesen, ob ein Proband eine bestimmte Bewegung – ein Rad schlagen – ausführen kann. Die Frage: „Kannst Du ein Rad schlagen?" führt hier zu unzuverlässiger Information, die Aufforderung: „Führe mir ein Rad vor!" dagegen zeigt das Gesuchte. Spezielle Interviewformate sind nach diesem Prinzip „Aktiviere das implizite Wissen!" konstruiert: Mit Struktur-Lege-Techniken werden Subjektive Theorien rekonstruiert (Friebertshäuser, 1997, S. 382; Dann & Barth, 1995), mit dem Erwachsenen-Bindungsinterview die Bindungsrepräsentionen (Gloger-Tippelt, 2001). Solche Interviewformate setzen voraus, dass Forscher sich im Vorhinein für spezifische und elaborierte Rahmentheorien entschieden haben. Da das qualitative ‚Durchschnitts-Interview' aber von flexibleren theoretischen Bezügen ausgeht und oft der Exploration unerschlossener Felder dient, bleiben diese Interviewformate im Folgenden außer Betracht. Gleichwohl zeigen sie, dass Forscher vor dem ersten Interview gezwungen sind, darüber nachzudenken, ob die gewünschten Informationen als implizites oder explizites Wissen bei den Informanten vorliegen.

Auch die Befragten abstrahieren von ihren Erlebnissen – sie generalisieren Episoden zu typischen Abläufen oder entwickeln Alltagstheorien über ihr Handeln. Der Forscher muss wissen, ob er diese Generalisierungen und Alltagstheorien untersuchen will oder die Erfahrungen und Verarbeitungsformen, die ihnen zugrunde liegen. Will er an das Rohmaterial der Erfahrung, darf er das Abstrahieren nicht den Probanden überlassen, sondern muss die theoretische Synthese sich selbst vorbehalten.

Mustert man die Fragestellungen, die für qualitative Interviews einschlägig sind, so spielen subjektive Erfahrungen, Lebensentwürfe, Erlebnismuster und Bewältigungsstrategien eine überragende Rolle. Weiss hält sie für das genuine Thema des qualitativen Interviews, und deshalb ist für ihn in den meisten Fällen der Zeugenbericht über innere und äußere Vorgänge, die konkrete Episode, die einzig zulässige Textsorte (Weiss, 1994, S. 66). Von allen Textsorten steht die Erzählung dem episodischen Ablauf des Erlebens am nächsten. Sie ist bereits eine Verarbeitungsform des Erlebens, aber sie ist diejenige, die der ursprünglichen Form der Erfahrung, der erlebten Episode, am nächsten kommt. Mehr noch: Das episodische Gedächtnis „ist die das einzige Gedächtnissystem, das es Menschen ermöglicht, vergangene Erfahrung bewusst wiederzuerleben" (Tulving, 2006, S. 56). Die erinnerte Episode zeigt den Befragten als Akteur, und damit die in den Handlungsablauf eingewobenen Gedanken, Emotionen, Bewertungen und Verarbeitungsprozesse. Die erinnerte Episode enthält und bewahrt eine Vielzahl von kontextsensiblen und selbstbezüglichen Informationen, die über den offenen Wortsinn des Gesagten weit hinausgehen.

> „In Erzählungen zeigt sich, dass Menschen sehr viel mehr von ihrem Leben ‚wissen' und darstellen können, als sie in ihren Theorien über sich und ihr Leben aufgenommen haben."(Rosenthal, 1995, S. 191)

Die Episode als Erfahrungsform und die Erzählung als korrespondierende Textsorte kann also auch für implizite Wissensbestände ein angemessenes Interviewformat sein.

Weiss betont darüber hinaus, dass allgemeine Verlaufsbeschreibungen besonders anfällig sind für Irrtümer, Verfälschungen und nachträgliche Bewertungen durch den Befragten. Er hält deshalb die Episode für die einzige Form des Reports, der für den Forscher verlässliche Daten erzeugt. Man muss dieses Vertrauen in die Narration per se nicht teilen. Untersuchungen zu Zeugenberichten und zum episodischen Gedächtnis zeigen, dass auch das erzählende Erinnern allen möglichen Umarbeitungen und späteren Re-Konstruktionen unterliegt.[7] Gleichwohl bietet die

---

[7] Selbst reich detaillierte episodische Erinnerungen bieten keine Gewähr, dass die geschilderten Begebenheiten tatsächlich stattgefunden haben. Vgl. dazu den Überblick bei Markowitsch und Welzer (2005, S. 25-39).

Erzählung dem Forscher die bei weitem besten Möglichkeiten, den Report zu prüfen.
Die Faustregel zur Textsortenwahl für qualitative Interviews lautet also:

> 5. Versuche Episoden zu erhalten, die Dein Interviewpartner zum Forschungsproblem erlebt hat – wenn Du nicht gute Gründe für eine andere Entscheidung hast! Wähle Erzählaufforderungen oder Fragen, die geeignet sind, Narrationen zu erzeugen!

3 Das Arbeitsbündnis

Die Begegnung von Interviewer und Befragten verdankt sich einzig dem Zweck, Daten für ein Forschungsanliegen zu produzieren. Der Forscher hat um diese Begegnung gebeten; er möchte einen möglichst umfassenden, unverfälschten und rückhaltlosen Zugang zu Informationen, die der Befragte bieten kann. Der Befragte kann diesen Zugang ermöglichen oder verweigern. Der Befragte hat mit dem Forscher eine Übereinkunft über das Interview getroffen; er hat eingewilligt, mit dem Forscher zusammenzuarbeiten und dabei wohl das Risiko einer Selbstoffenbarung einzugehen. Forscher und Befragte führen also gewiss kein Alltagsgespräch, sie gehen eine begrenzte Arbeitsbeziehung ein, die mehr oder weniger produktiv ausgestaltet werden kann.

Was kann der Forscher tun, um einen möglichst offenen und unverstellten Report zu erleichtern? Ein Befragter wird immer dann Informationen zurückhalten, beschönigen oder anderweitig verdecken, wenn er sich unsicher fühlt, wenn er der Meinung ist, der Forscher überschreite Grenzen oder wenn er sich nicht respektiert fühlt. Er hat eine Empfindung dafür, zu welchen Themen und in welchem Maß eine Selbstoffenbarung erwartet werden kann. Sicher beabsichtigt er nicht, sich kränken oder verletzen zu lassen; er hat den Forscher auch nicht beauftragt, ihm Ratschläge zu erteilen, ihn nicht um Belehrung oder Einmischung in seine Angelegenheiten gebeten.

Wie in allen sozialen Situationen bleiben die wechselseitigen Erwartungen der Interviewpartner zum größten Teil implizit und machen sich erst bei Störungen des Interaktionsflusses bemerkbar. Um Störungen vorzubeugen und eine produktive Arbeit im Interview zu fördern, ist es hilfreich, wenn Interviewer sich Rechen-

schaft ablegen, wie sie die Situation ‚definieren', also welchen Entwurf sie von der Situation haben und welche Kommunikations-Regeln damit verbunden sind.
Robert Weiss hat vorgeschlagen, die Interview-Beziehung als Forschungs-Partnerschaft zu definieren; ich stimme inhaltlich überein, ziehe aber den Begriff des Arbeitsbündnisses vor. Es gibt zahlreiche Alternativen zu diesem Situationsentwurf: Der Interviewer kann voraussetzen, er könne den Befragten mit Geschick überlisten, mit Unvorhersehbarem übertölpeln, mit Engelszungen verführen oder durch Bedrängen zur Hergabe von Informationen zwingen. Geht man jedoch vom Modell ‚Arbeitsbündnis' oder ‚Forschungs-Partnerschaft' aus, könnte man den teils expliziten teils unausgesprochenen Kontrakt zwischen den Partnern mit den folgenden Klauseln umreißen (Legewie, 1987, S. 146; Weiss, 1994, S. 65):

- Interviewer und Befragter arbeiten zusammen an der Herstellung nützlicher Informationen für das Forschungsanliegen.
- Die Aufgabe des Interviewers ist, das Themenfeld abzustecken und auf die Qualität der Informationen zu achten. Der Befragten trägt zum Erfolg bei, indem er externale oder internale Beobachtungen im Rahmen des Themenfeldes zur Verfügung stellt und sich dabei auf die Art des Berichts einlässt, die für das Forschungsanliegen benötigt wird.
- Die Grenzen des Themenfeldes gehören zum Kontrakt. Sie sind im Vorhinein festgelegt. Die Einwilligung des Befragten bezieht sich nur auf das vereinbarte Themenfeld. Stellt sich heraus, dass diese Grenzen im Gespräch erweitert werden sollen, hat der Interviewer eine erneute Einwilligung einzuholen.
- Der Forscher stellt Fragen nie aus bloßer Lust an der Neugier. Auf der anderen Seite ist ihm erlaubt, in den Grenzen des Themenfeldes Fragen zu stellen, die der Befragte als persönlich empfindet und über die er vielleicht sonst mit niemand sprechen würde.
- Der Interviewer respektiert und schützt die Integrität des Befragten. Dies bedeutet, dass der Interviewer die Weltsicht, Beurteilungen, Entscheidungen, Motive, Wahrnehmungen oder persönlichen Werte des Befragten nicht in Frage stellt. Es bedeutet auch, dass der Interviewer Selbstvertrauen und Wohlbefinden des Befragten nicht beschädigt.
- Der Interviewer stellt sicher, dass der Befragte während und nach dem Interview in keiner Weise beschädigt oder benachteiligt wird, weil er am Interview teilgenommen hat. Insbesondere wird der Interviewer volle Vertraulichkeit der Teilnahme des Befragten und seiner Informationen sicherstellen.

Dieser Kontrakt manifestiert sich hauptsächlich im Verhalten des Interviewers. Teile davon können jedoch in einem Einwilligungs-Formular festgehalten sein, das der Befragte vor Beginn der Aufnahme erhält. Andere Aspekte wird der Interviewer in seine einleitenden Erläuterungen aufnehmen, indem er z. B. Vertraulichkeit zusichert, das Themenfeld noch einmal benennt und die Rollenverteilung umreißt. Die wichtigste Funktion dieses stillen Kontraktes ist, dass er dem Befragten die Chance gibt, sich sicher zu fühlen. Nur wenn diese Chance gegeben ist, kann man einen detaillierten und rückhaltlosen Bericht über äußere oder innere Beobachtungen erhoffen. Das Sicherheitsgefühl hängt natürlich auch von der Persönlichkeit des Befragten ab – erwartet er, dass der Interviewer seine Selbstoffenbarungen freundlich-empathisch aufnimmt oder kritisch-abwertend, hat er einen offen-realistischen Zugang zu eigenen Gefühlen oder einen kontrollierend-bewertenden, aktualisiert das Interview-Thema schmerzliche oder beschämende Erinnerungen? Auch wenn die Klauseln des Arbeitsbündnisses unausgesprochen bleiben, beeinflusst seine Güte die Qualität des Interviewmaterials beträchtlich, stärker jedenfalls als viele technische Einzelheiten oder gelegentliche Interviewer-Fehler. Solange der Interviewer sich an das Arbeitsbündnis hält, ist persönliches Vertrauen in ihn gerechtfertigt. Dies ist für den Befragten meist das zentrale Kriterium für die Frage, ob er sich auf das Anliegen des Forschers einlässt. Forschungsziele und fachliche Kompetenz des Forschers sind demgegenüber nachrangig. W.F. Whyte berichtet aus der Entstehung seiner klassischen Studie ‚Street-Corner-Society' über ein amerikanisches Italienerviertel:

> „Als ich anfing, in Cornerville herumzuhängen, stellte ich fest, dass ich eine Erklärung für mich und mein Projekt brauchte. (…) Ich fing mit einer ziemlich ausführlichen Erklärung an. Ich würde die Sozialgeschichte Cornervilles untersuchen. (…) Damals gefiel mir meine Erklärung gut, aber niemand sonst schien viel davon zu halten. Ich brachte sie nur bei zwei Gelegenheiten vor, und jedes Mal folgte eine peinliche Stille. (…) Bald fand ich heraus, dass die Leute ihre eigene Erklärung für mich und meine Anwesenheit entwickelten: Ich schriebe ein Buch über Cornerville, hieß es. Dies mag sich wie eine viel zu unklare Erklärung anhören, aber sie war ausreichend. Ich entdeckte, dass der Grad meiner Akzeptanz im Viertel viel mehr von den persönlichen Beziehungen, die ich entwickelte, abhing als von irgendwelchen Erklärungen, die ich geben konnte. (…) Wenn ich in Ordnung war, war auch mein Projekt in Ordnung; wenn ich nicht okay war, konnten noch so viele Erklärungen sie nicht überzeugen, dass das Buch eine gute Idee sei." (Whyte, 1996, S. 302)

Dieselbe Erfahrung macht er bezogen auf das Fragenstellen:

> „Ich lernte einfach zu beurteilen, wie heikel eine Frage war, und wie meine Beziehung zu den Leuten jeweils aussah, sodass ich eine Frage zu einem heiklen Thema nur stellte, wen ich sicher war, dass die Beziehung zu den Leuten, die damit zu hatten, sehr solide war." (Whyte, 1996, S. 305)

Die Einladung zum Arbeitsbündnis durch den Interviewer ist zunächst ein Versprechen. Sein Verhalten im Interview wird erweisen, ob Vertrauen in ihn gerechtfertigt ist. Zeigt sich, dass er ‚in Ordnung' ist, wird dies zur Grundlage einer produktiven Begegnung. Der Interviewer hat viele Möglichkeiten, das Arbeitsbündnis zu untergraben: Er kann persönliche Grenzen überschreiten, den Befragten respekt- oder taktlos behandeln, den Beitrag des Befragten geringschätzen, Machtkämpfe mit ihm ausfechten, ihn ‚austricksen' oder bedrängen wollen.

Die wichtigste Leitlinie, um das Arbeitsbündnis zu stärken, ist, die Situation für den Befragten transparent zu machen. Der Interviewer kann die Unklarheiten des Befragten wahrnehmen und aufklären, er kann seine eigene Vorgehensweise durchsichtig machen und für den Befragten verdeckte Prozesse aufdecken – egal ob sie sich zeitlich vor oder nach dem Interview oder während des Gesprächs in seinem Kopf abspielen. Dazu zwei Beispiele:

Ich frage vor Beginn der Aufnahme meine Partnerin, eine 9-jährige Sportlerin, ob sie ein bisschen aufgeregt sei. Sie lacht: Ja, ein bisschen schon. Ich schlage vor, dass ich ihr vorweg sage, über welche Themen ich sprechen will und welche Art von Fragen ich stellen werde. Dankbar nickt sie. Ich lege den Leitfaden zwischen uns beide auf den Tisch, zeige flüssig die Themenbereiche Sport, Schule, Familie und Freunde, wähle einige Fragen aus und lese sie vor. Ich frage, ob sie dies ‚okay' finde. Sie ist einverstanden. Ich frage, ob ich nun das Band anstellen darf. Das Interview kann beginnen und wird eröffnet mit einer sehr ergiebigen Sequenz darüber, was die Sportlerin denkt, fühlt und macht, wenn sie aufgeregt ist.

In jedem Interview gibt es Augenblicke, in denen ich einen Moment über den Fortgang oder einen geeigneten Impuls nachdenken muss. Diese Brüche im Dialogfluss werden vom Gegenüber unfehlbar wahrgenommen. Der Interviewer, so registriert der Befragte, ist innerlich mit etwas anderem beschäftigt – was könnte das sein? Ist mein Beitrag nicht zufrieden stellend? Überlegt der Interviewer sich eine Strategie? Eine Strategie für welches Ziel? Diese Irritation kann verschiedene Gefühle auslösen: Unsicherheit über die Qualität des eigenen Beitrags, Misstrauen über die Absichten des Interviewers. Um das Sicherheitsgefühl des Befragten zu stärken und das Arbeitsbündnis zu festigen, lege ich meist offen, über was ich gerade nachdenke, z. B. mit der Formulierung: „Ich denke gerade darüber nach, wie wir jetzt am besten weitermachen."

> 6. Bemühe Dich um sachliche und emotionale Transparenz, sodass Dein Interviewpartner ein angemessenes und tragfähiges Bild Deiner Absichten und Reaktionen haben kann!

Die Qualität des Arbeitsbündnisses kann sich während des Interviews verändern. Der Interviewer tut deshalb gut daran, auf Anzeichen von Irritation, Ärger, Unwohlsein oder Langeweile beim Befragten zu achten. Der Interviewer sollte darauf sofort reagieren. Der Befragte hat vielleicht das Gefühl, er mache seine Sache nicht gut. Der Interviewer kann die Schwierigkeit der Frage hervorheben, die Schuld für misslungene Passagen auf sich nehmen oder inhaltlich zu einem Thema zurückkommen, über das der Befragte lebendig berichtet hat. Ein guter Anzeiger für die Qualität des Prozesses sind die eigenen Gefühle, da sie zumindest teilweise als unbewusste Resonanz auf den Kommunikationsprozess entstehen. Fühle ich mich als Interviewer gelangweilt, werde ich müde oder bekomme ich gar Kopfschmerzen? Solche Reaktionen können sich mit frappierender Stärke einstellen, obwohl man frisch und tatenfroh zum Interview erschienen ist. Nicht selten ist dies ein Anzeichen dafür, dass unausgedrückte Gefühle im Raum stehen.[8] In solchen Situation kann man vorsichtig versuchen, die unangenehmen Gefühle zu erraten, und vielleicht findet sich eine taktvolle Möglichkeit, sie anzusprechen. Auf jeden Fall macht es wenig Sinn, gelangweilt und müde in einem Themenbereich herumzustochern – das Material wird beim Auswerten und später beim Lesen denselben Effekt hervorrufen.

> 7. Halte das Gespräch lebendig! Bekämpfe taktvoll die Ursache, wenn Du Langeweile, Müdigkeit oder Kopfschmerzen bemerkst, oder wechsle das Thema.

---

[8] In der Psychoanalyse wird diese Resonanz als ‚Gegenübertragung' bezeichnet und ist das zentrale Instrument des Verstehens unbewusster Prozesse. Dementsprechend existiert eine reiche Literatur zu Müdigkeit als Gegenübertragungsreaktion (Zwiebel, 1992). Die stärkste Gegenübertragungsmüdigkeit, die ich erlebte, brachte mich dazu, dass ich – obwohl ich mit aller Kraft dagegen ankämpfte - in einen Sekundenschlaf fiel während ich auf meinen Notizblock schrieb. Die Bleistiftspur auf dem Blatt zeigte, wie der Stift mitten im Wort hinunterglitt. Vor und nach dem Gespräch fühlte ich mich frisch und wohl.

4 Der Kampf um die Episode

Ist die Erzählung über äußere und innere Erlebnisse die bevorzugte Textsorte für qualitative Interviews, dann gehört es zu Grundkompetenzen für Interviewer, in einer Weise zu fragen, dass Befragte mit Narrationen antworten. Interviewer sollten auch ‚online' im Gespräch unterscheiden können, ob Befragte mit einer Narration oder einer allgemeinen Verlaufsbeschreibungen antworten. Schließlich brauchen sie Taktgefühl, Geduld, Empathie und einige Techniken, um Befragte von Generalisierungen zu Narrationen zu geleiten.

Wenn man sich also nicht bewusst dazu entschieden hat, Alltagstheorien oder (moralische) Argumentationen zu untersuchen, lautet die nächste Faustregel:

> 8. Streiche alle Warum-Fragen aus dem Leitfaden und aus Deinem intuitiven Frage-Verhalten!

Leider ist die Warum-Frage eine sehr hartnäckige schlechte Angewohnheit. Aus einem Leitfaden ist sie leicht zu entfernen, aus dem spontanen Frageverhalten nicht. Interview-Führen kann leider aus Texten nicht gelernt werden – auch aus diesem nicht. Es ist unabdingbar, in einem Training Probe-Interviews zu führen, sie aufzuzeichnen, zeilengenau auszuwerten und dann weitere Probe-Versuche zu unternehmen. Auch als erfahrener Interviewer muss man sich auf die Differenz zum alltäglichen Gesprächsverhalten konzentrieren, und es treibt einem immer wieder Tränen in die Augen, die eigenen Transkripte zu lesen.

Interview-Führen ist eine komplexe Aufgabe: Der Interviewer muss einerseits die Qualität des Arbeitsbündnisses wahrnehmen und positiv beeinflussen. Er muss bei jeder thematischen Einheit prüfen, ob die Explorationstiefe erreicht ist, die für das Forschungsanliegen erforderlich ist. Gleichzeitig soll er offen sein für unerwartete Informationen und Gesprächswendungen. Er muss die ‚Marker' des Befragten wahrnehmen, also Bemerkungen, die zeigen, dass dieser bestimmte Themen für wesentlich hält oder über bestimmte Themen zu sprechen bereit ist. Ich halte es deshalb im Gegensatz zu vielen Empfehlungen in der Literatur für außerordentlich hilfreich, sich mit einem Leitfaden auszurüsten, der ‚Ideal-Impulse' bereitstellt. Diese müssen bis in die Wortwahl ausformuliert und selbstverständlich auf ihre Wirkung geprüft sein. Ein solcher Leitfaden verführt keineswegs per se zur ‚Leitfadenbürokratie', er führt nicht einmal dazu, dass die Fragen immer genauso gestellt werden, wie sie auf dem Papier stehen. Dennoch: Die ‚Ideal-Impulse' entlas-

ten den Interviewer, sodass er in der Situation Kapazitäten frei hat, sich auf den Gesprächsverlauf einzustellen und sich vor allem auf dem Befragten empathisch zuzuwenden.[9]
Warum ist es so schwierig, erzählgenerierende Fragen zu stellen? Die Gründe dafür sind vielfältig. Im Interview muss man eine Kommunikationshaltung einnehmen, die im Alltagsgespräch als regel- und grenzverletzend gilt. Wenn Sprecher im Alltag Persönliches oder Intimes berichten, erwarten sie einen ähnlichen Grad an Selbstenthüllung auch von ihrem Gegenüber. Ein Interviewer muss diese Regel verletzen, noch mehr: Er muss ein Maß an Detaillierung verlangen, das im Alltag völlig unüblich ist. Leicht mag er sich selbst dabei als zudringlich erleben und auch der Befragte mag sich bedrängt vorkommen. Da wir im Alltag solche Rollen meiden, wird die Schwierigkeit, wirklich sensible und erzählgenerierende Fragen zu stellen, weithin unterschätzt; diese Fähigkeit wird im Alltag nicht gelernt (Rosenthal, 1995, S. 186).
Andere Gründe liegen in der Sache selbst. Eine Episode zu berichten erscheint leicht. Man muss sich nur erinnern und den Ablauf Schritt für Schritt erzählen. Vergisst man etwas, kann man es doch leicht mit einer Rückblende einfügen. Dagegen erscheinen Verallgemeinerungen viel schwieriger: Der Sprecher muss abschätzen, wie oft er etwas erlebt hat, er muss verallgemeinernde Kategorien finden. Dennoch macht jeder Interviewer die Erfahrung, dass es ungleich leichter ist, eine allgemeine Verlaufsbeschreibung zu bekommen als eine Episode.
In Wahrheit ist die Lage genau umgekehrt. Das episodische Gedächtnis ist eine späte Errungenschaft, sowohl gattungs- wie individualgeschichtlich. Kinder sind viel früher in der Lage, Fakten und Scripts zu erinnern als einzelne Episoden. Alle anderen Gedächtnisformen müssen entwickelt sein, bevor das Individuum die Zeitreise im episodischen Gedächtnis antreten kann (Nelson, 2006; Tulving, 2006; Vandekerckkhove, Scheve & Markowitsch, 2006). Das Erzählen einer Episode ist also gerade keine ‚einfache' Operation; sie erfordert eine besondere Art des Erinnerns, auf die man sich einstellen muss.
Hinzu kommt, dass Befragte hilfreich sein möchten; es erscheint ihnen viel informationshaltiger, wenn sie nicht eine einzelne Begebenheit erzählen, sondern das vermeintlich Typische zusammenfassen. Wichtiger erscheint mir allerdings, dass der Sprecher in einer Episode zu einer Detaillierung gezwungen wird, die den

---

[9] Leitfäden, die lediglich Themen auflisten, halte ich für eine trügerische Hilfe. Im Gedränge des Interviews verleiten sie dazu, Forschungsprobleme als Interviewfragen zu stellen oder ähnlichen Unsinn anzustellen. Ein Beispiel für einen Leitfaden in diesem Sinne findet sich in Richartz, 2000, S. 293 ff.

schützenden Schleier vager Begriffe beiseite schiebt. Wenn der Sprecher z. B. sagt, er habe oft Streit mit seiner Partnerin, bleibt völlig offen, was zwischen beiden wirklich vorfällt: Tauschen sie mürrische Blicke und abfällige Bemerkungen aus, kränken sie einander in Gossensprache oder werfen sie mit Gegenständen? Eine einzige Streitepisode würde das Maß der Gewalt enthüllen. Der Sprecher muss sich in der Erzählung offenbaren und gibt zugleich die Interpretationshoheit über seine Lebenserfahrung auf. Die Episode zeigt den Befragten intimer und schutzloser als alle anderen (sprachlichen) Darstellungsformen. Sie ist deshalb mit dem höchsten Selbstenthüllungsrisiko verbunden. Dieses Risiko wird meist nur vage gefühlt, es handelt sich nur selten um eine bewusste Vermeidungsstrategie, wenn Befragte ausweichend antworten.

In der folgenden Sequenz versucht der Interviewer, affektiv bedeutsame Episoden aus dem Trainingsalltag zu erhalten.[10]

I:[11] *Können Sie sich an Momente im Training erinnern, so aus der letzten Zeit, wo Sie gedacht haben, DAS hat jetzt GUT geklappt zwischen uns, also zwischen Ihnen und dem Matthias, da haben Sie sich gut verstanden?*	Der Impuls ist nicht überragend, weil er auf Gedanken hinweist, aber akzeptabel. Der Interviewer fokussiert eine Begebenheit, um eine Erinnerungseinstellung beim Befragten zu aktivieren. Ist die Begebenheit gefunden, will er eine Erzählaufforderung folgen lassen.
P: *Also Matthias ist erst mal ein Typ, der generell, wenn er was zeigen MUSS, also wenn er in den Wettkampf geht, kann er bessere Leistungen zeigen als das, was er im Training macht. Das bedeutet, er besitzt ein höheres Potenzial, schöpft sich eigentlich zu wenig aus. Könnte ein höheres Niveau haben als das, was er zurzeit hat.*	Der Befragte geht auf die Frage gar nicht ein, er thematisiert eher negative Gefühle (Matthias strengt sich nicht genug an). Er tut dies mit allgemeinen Beschreibungen.

---

[10]Das folgende Material stammt aus dem Projekt ‚Chronische Belastungen und protektive Ressourcen im Kinderleistungssport'. Vgl. Richartz, Hoffmann & Sallen im Druck.

[11]I: bedeutet im Folgenden ‚Interviewer', P: Proband.

I: *Hm. Hm. Und wie, wie macht sich das so../also mit dem, wie Sie miteinander arbeiten, wie../ also gab es da einen Moment, wo Sie sagen, DAS hat jetzt gut geklappt im Training, also da haben Sie sich gut verstanden jetzt in den letzten 14 Tagen?*	Der Interviewer setzt an, auf die negativen Gefühle einzugehen. Schwenkt dann um – er möchte validieren, ob er wirklich keine positive Episode bekommt.
P: *(Atmet durch) Na es gibt../ wo man sich bei ihm wundert, er dort../ er löst dann mal Elemente, wo man sagt: Mensch, das hätte man ihm nicht zugetraut, dann kann man sagen../ Und dann gibt es aber auch Dinge, wo man sagt, wo er an den Voraussetzungen arbeiten müsste, wo er einfach dann mal von der Anzahl wieder runter geht und dass man alles nicht so exakt macht. Und dort versteht man sich bestimmt dann weniger, wo man dann versuchen muss, bei ihm pädagogisch bissl einzuwirken. (...)*	Der Befragte spinnt seinen eigenen Faden weiter: Er blockiert die Frage nach positiven Gefühlen und bleibt auf der Ebene allgemeiner Beschreibungen.
I: *Hm. Ja, also gab es im Moment im Training jetzt, wo Sie gedacht haben, ach heute, das war jetzt nicht so gut zwischen uns? Also speziell zwischen Ihnen und dem Matthias? Was hat nicht so gut geklappt?*	Der Interviewer folgt jetzt thematisch, zielt aber auf eine episodische Erinnerungseinstellung.
P: *Na, wobei ich sagen muss, er,../ (..) oder wo ich mit ihm nicht zufrieden bin, dass er an seinen Voraussetzungen (klopft auf Tisch) nicht arbeitet. Also wenn er zum Beispiel nicht begreift, dass ich für meine Armkraft was machen muss und in den Kraftkreisen, die wir machen, dort lieber schludert und sich dann selbst../ oder darüber ärgert, dass er zum Beispiel an den Ringen keine Zugstemme schafft, dann sieht er nicht unbedingt, dass das einhergeht miteinander. Und das ist dann das, wo ich sage, dort ist er vielleicht auch noch nicht so weit, in vielen Dingen.(...)*	Der Befragte geht thematisch mit, nähert sich auch über die Beispiele an Episoden. Aber er selbst als Akteur bleibt völlig außerhalb des Bildes.
I: *Haben Sie mal ein Beispiel aus ..?* P: *Na ich hab ja gesagt, die Zugstemme zum Beispiel jetzt.* I: *Kam das jetzt vor diese Woche oder letzte Woche?* P: *Ja, hat er zum Beispiel bei den ../ er hatte bei den Ringen zu turnen...*	Der Interviewer gerät in einen Machtkampf – er unterbricht den Befragten, um ihn von allgemeinen Beschreibungen wegzuleiten. Der Machtkampf ist ein schwerer Intervie-

I: *Erzählen Sie mal, wie, wie das../* P: *und am Barren, das sind alles solche Dinge, wo ich sagen muss, dort müsste er an den Voraussetzungen arbeiten, und dort macht er einfach zu wenig.#* (...)	werfehler. Der Befragte antwortet auch prompt, indem er noch allgemeiner wird
I: *Vielleicht habe ich Sie auf ein falsches Gleis geleitet. Also ich würde mir mal, damit ich mir den Matthias genauer vorstellen kann im Training, weil, wir wollen hinterher Kinder sehr genau beschreiben, würde ich mir gern vorstellen, wie das so ist, wie er zum Gerät geht, oder das Gesicht verzieht und was machen Sie dann../*	Der Interviewer hat seinen Fehler bemerkt. Er versucht, das Arbeitsbündnis zu reparieren und die Ängste des Befragten zu beruhigen.

Der Interviewer erhält auch weiterhin keine Episode, gibt sich damit zufrieden und sucht ein fruchtbareres Gesprächsfeld. Schließlich kommt er wieder auf Episoden zurück: Er fragt nach Momenten, in denen der Athlet Angst hatte, in denen er sich verletzte oder Schmerzen hatte, in denen er erfolgreich war.

Der Befragte bleibt stets bei allgemeinen Beschreibungen. Der Interviewer versucht, weitere Konfrontationen zu vermeiden und dem Befragten Erfolgserlebnisse zu verschaffen. Später stellt sich heraus, dass ein Teil des Interviews wegen eines technischen Defekts unbrauchbar ist. Es wird ein zweiter Termin zwei Wochen später vereinbart. Bei diesem Treffen geht der Interviewer eingangs auf die Spannungen ein: Er habe den Befragten möglicherweise mit seinem Beharren auf Episoden gequält, es sei zuweilen auch schwierig, konkrete Episoden zu erinnern. Er entschuldigt sich für die Zudringlichkeit und erläutert noch einmal, warum diese aber für die Forschungsziele unabdingbar ist. Erst nach dieser Gesprächssequenz wird das Aufzeichnungsgerät angeschaltet.

I: *Wir haben ja zuerst darüber gesprochen, was Ihnen eigentlich Spaß macht und was Ihnen manchmal weniger Spaß macht. (lächelt) Fangen wir damit noch mal an. Wenn Sie an die Woche vor dem Turnfest denken oder die 14 Tage, 3 Wochen vor dem Turnfest an Ihre Trainingsgruppe, an was können Sie sich erinnern, was hat Ihnen Spaß gemacht?*	Der Interviewer wirbt um den Befragten; vielleicht war es sein Fehler, dass das erste Interview dürftig blieb?
P: *Na das hatte ich ja schon das letzte Mal gesagt: Spaß macht die Arbeit generell, wenn man sich einmal für die*	Das Bild des ersten Interviews

Arbeit für den Menschen entscheidet, dann macht sie ja auch Spaß muss ich sagen. (...)Und Spaß, klar wird man immer bei Niederlagen nicht so viel Spaß haben wie bei Erfolg. Das ist erst mal klar. (...)Aber ich muss sagen, die Arbeit direkt, macht schon Spaß.	wiederholt sich: Der Befragte bleibt bei allgemeinen Redensarten. Der inhaltliche Informationswert geht gegen Null.
I: *Ja, erzählen Sie mir mal vielleicht eine Sache, die Ihnen einfällt, wo Sie sagen würden, DAS hat mir Spaß gemacht.* P: *Na eine, kann ich gar nicht sagen, es gibt../*	
I: *Oder zwei? Irgendwas so, das wäre jetzt sehr hilfreich. So 'ne kleine Geschichte aus dem Training.*	Der Interviewer droht wieder in einen Machtkampf zu fallen. Er benutzt das Signalwort ‚Geschichte‘, um sein Anliegen deutlicher zu machen.
P: *Also kleine Geschichten kann ich nicht sagen, weil man generell, geht man ins Training rein und dort kann man nicht sagen, dass es nicht Spaß macht, dann würde man die Arbeit nicht machen, dann hätte man sich für eine andere Arbeit entschieden. Weil, die Arbeit mit den Menschen macht eigentlich generell Spaß. Aber ich kann jetzt nicht sagen, das ist jetzt eine bestimmte Episode. Das (phh) geht, das, was nicht Spaß macht, sind höchstens dann mal Kleinigkeiten, wo man sagt, Mensch, wenn der eine Ausrede bringt, wo man sagt, warum bringt er eigentlich die Ausrede, er kann doch ehrlich sagen, es ist das und das gewesen ist.*	Auch hier wiederholt sich der Prozess des ersten Interviews. Der Befragte kommt auf keine Episode; der Versuch der Erinnerung bringt ihn wiederum auf negative Gefühle.
I: *Gut! Wenn das leichter ist, fangen wir mit solchen Episoden an. (lacht) Erzählen Sie mir noch mal eine, wo es Ihnen keinen Spaß gemacht hat.*	Der Interviewer versucht, dem Thema des Befragten zu folgen.
P: *Das sind, das ist eigentlich, wenn jemand in dem Moment unehrlich ist, das würde, das ist eigentlich das, was nicht so viel Spaß../ weil man eigentlich keinen Sinn sieht, warum man unehrlich ist in dem Moment.*	Es gibt eine kleine Hoffnung. Der Befragte antwortet detailliert thematisch, bleibt aber bei

	allgemeinen Beschreibungen. Der Befragte schiebt sofort eine rationale Begründung nach für seine negative Reaktion: Unehrlichkeit ist sinnlos. Dass er emotional reagieren könnte, mit Ärger, Enttäuschung, dem Gefühl des Betrogenseins, diese Vorstellung ist ihm offenbar unerträglich.
I: *Haben Sie mal ein Beispiel dafür?*	Der Interviewer versucht, seinen Job zu tun.
P: *Ah, Beispiel hab ich jetzt nicht. Kann ich nicht sagen. Wüsste ich jetzt nicht.*	An dieser Stelle sind die Verhältnisse endgültig klar. Der Interviewer wird keine Episode bekommen.

Der Interviewer hat trotz redlichem Bemühen keine Episode bekommen. Er hat zwar Fehler gemacht, aber keine irreparablen. Er kann auf den ersten Blick wenig darüber sagen, wie der Befragte und sein Athlet in affektiven Situationen handeln – dennoch lassen sich aber aus dieser Leerstelle Informationen gewinnen: Was bedeutet es für die Beziehung zwischen Trainer und Athlet, wenn der Trainer keine Erinnerungen an positive Gefühle in gemeinsamen Situationen hat? Wie sicher fühlt sich der Befragte im Umgang mit seinen Emotionen, wenn er sich dazu nur so spärlich im Gespräch einlassen kann? Diese Interpretationen sind allerdings nur zulässig, wenn der Interviewer tatsächlich, wie hier geschehen, zweifelsfrei Episoden angesteuert hat und wenn die Voraussetzung zutrifft, dass solche Episoden tatsächlich repräsentiert werden können. Dies zeigt die folgende Passage mit einer anderen Probandin:

I: *Haben Sie eine Situation aus den letzten 14 Tagen, wo Sie gedacht haben (schnippt mit den Fingern), das war jetzt gut zwischen uns, das hat mir Spaß gemacht mit ihm?*	Interviewer versucht, auf das positive Affekterleben zuzuspitzen.
P: *Ja, was heißt Spaß gemacht?! Er heute zum Beispiel mal.., in der Athletik machen wir immer auf dem Stützholm, da müssen die Kinder so stützen und dann gehen sie hoch und halten den Spitzen-Winkel-Stütz. Und da hat er zu mir gesagt: „Na ja Frau Müller, können Sie mich heute (-) noch mal halten?" Sonst hält er immer so den Spitz-Winkel (zeigt einen ungenügenden Winkel mit der Hand, A.R.). Auf einmal hält er den heute HIER oben. Ich habe wirklich nicht viel gemacht, wirklich nicht viel gehalten. Ich habe richtig gemerkt, wie der mal RICHTIG GEDRÜCKT HAT, damit er den Po hoch kriegt. Da gehen dann die Beine so aufs Gesicht und dann halten die hier oben, die Arme sind hier unten. (schmunzelt ein bisschen) Und da war ich so fassungslos. Ich sage: „Frieder, das hast du doch noch nie so gemacht! Da hast du dir aber so richtig große Mühe gegeben, war doch prima!" „Das mach ich aber doch immer so! (kindlich)" Und dann sagen aber die anderen schon: „Frieder, das ist aber nicht so! Es ist nicht so. Du hältst sonst immer hier unten!" Und das habe ich natürlich dann ausgenutzt und hab gesagt: „Naja Frieder, dann machen wir mal noch gleich zwei Versuche!" Ja, das muss ich ja dann in dem Moment dann immer gleich machen. Na, und da hat er dann noch mal zwei Versuche so geturnt. Und hab ihm das erklärt, wenn er das mal kontinuierlich so weiter trainieren würde, dann könnte er das Element dann auch am Boden turnen, das wäre ein C-Teil.*	Die Trainerin leitet mit einer allgemeinen Situationsbeschreibung ein. Sie steht charakteristischerweise im Präsens. Die Trainerin wechselt zum Beginn der Episode ins Perfekt (umgangssprachlich inzwischen das geläufigere Erzähltempus) Übergang ins Präsens, aber hier, weil sie lebendig in der Episode ist. Die Nachahmung von Frieders Sprechweise unterstreicht dies.

Eine inhaltliche Interpretation dieser Passage ist hier nicht angebracht, man sieht sofort, dass Episoden eine viel intensivere und validere Rekonstruktion von Trainer-Athlet-Interaktionen zulassen als allgemeine Verlaufsbeschreibungen. Auf den ersten Blick zeigt sich auch, wie verletzlich sich die Probandin macht – es wird schonungslos deutlich, wie stark sie Anteil nimmt, ob sie die richtigen Worte findet, ob sie ermutigt oder die Gelegenheit verpasst. Hält man sich diese Schutzlosigkeit vor Augen, wird man als Interviewer die Selbstoffenbarung von Probanden erst richtig zu schätzen wissen und mit jener Aufmerksamkeit und Dankbarkeit zuhören, mit der diese Freigebigkeit beantwortet werden sollte.

> 9. Zu Deiner Forschungsfrage sind einschlägige Episoden kostbar! Bestaune und bewundere sie!

5 Erzählungen unterstützen

Episoden wird man nur erhalten, wenn man den Befragten ausdrücklich darauf hinweist, dass dies die Art der Information ist, auf die man es abgesehen hat. Das Gespräch vor dem Anstellen des Aufnahmegeräts ist der richtige Zeitpunkt, dies aus den Forschungszielen zu begründen. Der Befragte soll sich in eine erinnernde, erzählende Haltung dem Material gegenüber versetzen. Es scheint mir dafür nicht besonders nützlich, wenn man die Schwierigkeiten des Erzählens bagatellisiert („erzählen Sie einfach einmal..."). Im Gegenteil hat es sich als hilfreich herausgestellt, die Probleme des Erinnerns und Erzählens explizit anzuerkennen. Erzählaufforderungen können als grenzverletzendes Ausfragen erlebt werden; der Interviewer stärkt deshalb das Arbeitsbündnis, wenn er offen ausdrückt, dass er zu dieser potentiellen Taktlosigkeit gezwungen ist.

Um eine Erzählung zu erleichtern, kann der Interviewer alle Mittel anwenden, die es ermöglichen, gemeinsam mit dem Befragten ‚in die Szene' zu gehen. Gewöhnlich fordert er dazu auf, ein Beispiel zu fokussieren, meist das ‚letzte Mal' oder ‚ein Mal' an dem ein interessierender Vorgang aufgetreten ist. Berichtet der Befragte dann nicht von selbst, kann man anschließen: „Fangen Sie doch bitte dort (Zeitpunkt; szenischer Moment) an und erzählen Sie mir, was dann passierte!"
Alle weitergehenden Vorschläge laufen darauf hinaus, die Situation lebendig zu machen oder die Aufmerksamkeit auf Details zu richten. Man kann den Raum und die Akteure lebendig machen („Zeigen Sie mir, wie weit Herr X. entfernt war!", „Wie hell war es?", „Was konnten Sie von Ihrem Standort sehen?", „Wer war noch dabei?", „Wie waren X, Y und Z bekleidet?", „Was taten X, Y und Z?"). Falls man überhaupt noch keinen Ansatzpunkt für eine Episode gefunden hat, sondern nur eine allgemeine Verlaufsbeschreibung, kann man versuchen, einen Geschichtenanfang aus den bisherigen Informationen ‚erfinden' und diesen dann vervollständigen lassen:

I: *Haben Sie sich über die Katrin schon mal geärgert?* P: *Ja klar!* I: *Ja (lacht. P: lacht) Erzählen Sie mir mal ein Beispiel.* … I: *Aha, sie kommt irgendwie an und Sie stehen am Beckenrand, (P: Genau.) und was haben Sie da gesagt?* P: *Da kriegen die eine kurze Auswertung.* I: *Ja. Was haben Sie da gesagt?* P: *Und dann halt die Zeit gesagt. Ja, Auswertung mache ich immer das, was, was, was am Schlechtesten war. Immer den gröbsten Fehler. (lange verallgemeinerte Beschreibung) Und daraufhin, ja, ich sag es mal ganz schlimm, wird sie angelassen. Also, kriegt von mir ein straffes Wort gesagt.* I: *Was denn zum Beispiel?* P: *Wegen mir../ was soll man am besten sagen? Also als Beispiel jetzt.* I: *Irgendwas aus der letzten Woche../ was gerade passiert ist.* P: *Ja. Dass der Sandmann in zwei Stunden kommt. So, also ungefähr so in der Richtung.*	I: bekommt trotz hartnäckiger Versuche keine Episode. Er zeichnet schließlich ein ‚Lagebild': wo steht der Trainer, wo ist die Athletin in der Trainingssituation, trotzdem bleibt der Trainer allgemein.

Der Interviewer hat immer noch keine Episode bekommen, aber immerhin ist er ein Stück vorangekommen: mehrere Puzzlestücke von Episoden hat er und ein wörtliches Zitat. Er kann daraus nun immerhin rekonstruieren, welchen Art und welchen Grad an Zurechtweisung der Trainer mit einem ‚straffen Wort' meint.

6　Wie detailliert muss das Material sein?

Ein Interview ist ein begrenztes Arbeitsbündnis – Zeitgrenzen gehören auch dazu. Wie detailliert muss das Material sein, damit die spätere Auswertung auf sicheren Beinen steht? Stern (2005) hat mit dem ‚mikroanalytischen Interview' gezeigt, dass die Exploration von wenigen Minuten eines alltäglichen Frühstücks leichthin 45 Interviewminuten in Anspruch nehmen kann. Diesen Grad von Detaillierung wird man nur in wenigen Fällen erreichen wollen. Für die meisten Fälle angemessen scheint mir ein Maßstab, den ich ‚szenische Vollständigkeit' nennen möchte. Der Interviewer sollte eine Erwartung darüber haben, welche Akteure, welche Handlungen und welche inneren Vorgänge er rekonstruieren möchte. Wenn er eine

Erzählung hört, kann er sich fragen, ob die Informationen ihn in Stand setzen, als virtueller Regisseur die Szene auf einer Bühne nachzustellen. ‚Auf einer Bühne nachstellen' bedeutet, dass er den Darstellern Positionen, Bewegungen und Worte exakt vorgeben könnte. Die Detaillierungsbreite und -tiefe wird dabei von der Fragestellung gesteuert: Wieviele Beteiligten müssen berücksichtigt werden? Sollen bestimmte Augenblicke herausgehoben werden?

Um diesen Maßstab anzuwenden, muss der Interviewer selbst seine szenische Vorstellungskraft aktivieren, und er sollte prüfen, welche Teile der Szenerie er wirklich den Informationen des Befragten entnimmt und welche er selbst hinzufügt.

10. Frage solange, bis Du ein Drehbuch der Szene schreiben kannst!

7 Fehler

Es gibt eine Menge Fehler, die man als Interviewer begehen kann: Man kann unklare Fragen stellen, doppelte Fragen, Fragen, die auf die falsche Textsorte führen, wertende Fragen, Sachverhalte bereits unterstellende Fragen, verwirrende Fragen, überfallartige Fragen, beschämende oder taktlose Fragen usw. usf. Fast alle Fragefehler lassen sich reparieren, indem man die Kommunikationsstörung, die von ihnen ausgelöst wird, wieder auflöst. Manchmal bekommt man sogar auf ‚falsche' Fragen ‚richtige' Antworten. Man kann sogar vermuten, dass diese kleinen Störungen und ihre Reparatur das Arbeitsbündnis vertiefen – beide Partner stellen fest, dass der andere nicht perfekt ist und Störungen sich ausräumen lassen. Das ist kein Grund, sie vorsätzlich herbeizuführen, denn sie stellen sich unfehlbar von allein ein.

Allerdings gibt es zwei Fehler, die besonders schwer zu beheben sind. Der Erste ist der Kampf um die Oberhand. Eine solche Verstrickung kann sich darin zeigen, dass man seine Fragen oder Erklärungen weiterführt, obwohl der Befragte unterbricht, um etwas zu sagen, dass man den Befragen unterbricht, seine Sätze zu Ende spricht, Erklärungen über sein Tun anbietet oder gar nicht mehr zuhört. Bei solchen Symptomen eines Dominanzkampfes sollte man sofort hellwach werden, einhalten, sich zurücklehnen, die Schultern entspannen. Man kann darüber nachdenken, weshalb man ums Wort kämpft, aber wichtiger ist, dass man sich möglichst schnell aus der Kampfhaltung löst, den Interviewpartner aussprechen und ihn seinen Standpunkt behaupten lässt. Das Interview wird ja nicht geführt, um den Befragten zu belehren, ihn zu erziehen oder seine Probleme zu lösen. Der Interviewte hat jedes Recht, sich zu behaupten.

11. Kämpfe nie um Kontrolle oder Oberhand! Nie.

Der zweite schwerwiegende Fehler besteht darin, den Befragten mit seinen Gefühlen zurückzuweisen. Es gibt Zurückweisungen, die leicht zu erkennen sind: Der Interviewer zensiert den Beitrag des Befragten negativ (‚reicht nicht'), weist ihn thematisch zurecht (‚dies interessiert hier jetzt nicht so') oder doziert Erklärungen, Theorien, Kenntnisse. Subtiler sind Zurückweisungen bei heftigen, gar negativen Emotionen wie Enttäuschung, Trauer und Wut. Interviewer können verführt sein, billigen Trost zu spenden, eilfertige Ratschläge zu erteilen, Gefühle zu beschwichtigen oder gar das Thema zu wechseln. In jedem Fall wird sich der Befragte in seinen Gefühlen nicht ernst genommen und abgelehnt fühlen. Die Folgen können so massiv sein, dass Rosenthal dies als ‚Straßensperren' für den weiteren Verlauf bezeichnet (1995, S. 201). Empathisches Verständnis für die Perspektive des Erzählers – nicht zu verwechseln mit Parteinahme – dagegen kann in solchen Situationen Türen öffnen, die sonst verschlossen bleiben. Warum ist es schwer, vitale Gefühle, vor allem negative, anzuerkennen und mitzufühlen? Der Interviewer kann heimlich identifiziert sein mit einer Person, die implizit oder explizit beschuldigt wird, z. B. dem Trainer, der die Wut oder den Schmerz des Befragten verursacht hat. Er kann sich auch vor der Hilflosigkeit fürchten, die in ihm aufsteigt, wenn er einem Gesprächspartner mit heftigen Gefühlen gegenübersitzt.

Im Vorstehenden wurde zu zeigen versucht, dass etwas so Alltägliches wie ein Gespräch eine komplizierte, voraussetzungsreiche Angelegenheit ist, bei der man viele Fehler machen kann. Tatsächlich werden sie ständig auch von erfahrenen Interviewern gemacht. Dies hängt natürlich mit der Vielfalt der Anforderungen und der Prozesshaftigkeit des Interaktionsgeschehens zusammen.
Aber ein zweiter Grund besteht darin, dass Interviewen ein Handeln ist – und damit (prozedurales) Können verlangt, nicht bloß (deklaratives) Wissen. Der effektivste Weg, Können zu erweitern, ist so bekannt, wie er ungern beschritten wird: Übung mit Reflexion. Im Sprechen über Interviews fühlen wir uns viel sicherer als beim Üben – der Kränkung des Fehltritts, noch dazu von anderen bemerkt, können wir beim Reden leicht ausweichen. Das Üben gedeiht deshalb nur in fehlerfreundlicher

und zugleich konsequenter Umgebung. Je mehr es in Zielen und Lernschritten didaktisch durchdacht ist, je präziser die Rückmeldungen, je höher die Übungszeit, umso besser.

Man sollte dabei aber nicht vergessen, dass wir bereits hervorragend für die Aufgabe des Interviewens vorbereitet sind. Bereits Säuglinge sind kompetente Dialogpartner und mikroanalytischen Untersuchungen von Eltern-Kind-Interaktionen zeigen, dass durchschnittliche Erwachsene über ganz erstaunliche implizite pädagogisch-didaktische Kompetenzen verfügen: Unbewusst stimmen Erwachsene ihr Interaktionsverhalten auf das Aufnahmevermögen des Kindes ab, sie stimulieren wirksam seine Aufmerksamkeit und positive Affekte, sie justieren die Anforderungen des Zusammenspiels auf seine Kompetenzen hin und sie tun dies alles im Dialog, also indem sie sich responsiv auf das Wechselspiel der Interaktionspartner einstellen (Papoušek & Papoušek, 1987). ‚Intuitiv' nennen Papoušek und Papoušek diese Kompetenzen unter anderem deshalb, weil sie völlig ohne Bewusstsein aktiv sein können und weil im Dialog so knappe Reaktionszeiten nötig sind, dass Nachdenken als Steuerungsinstrument ausgeschlossen werden muss – Gestik, Mimik, Sprache werden also emotional-intuitiv gesteuert. Dieses implizite Kommunikations- und Beziehungswissen ist offenbar genetisch ‚vorverdrahtet', und es entfaltet sich biographisch. Man kann die Geschichte der Pädagogik in weiten Phasen als Versuch lesen, den Menschen diese impliziten pädagogischen Kompetenzen auszutreiben (Rutschky, 1977). Beim Üben und Evaluieren des Interviewens sollten wir die entgegengesetzte Richtung einschlagen.

Literatur

Dann, H.-D. & Barth, A.-R. (1995). Die Interview- und Legetechnik zur Rekonstruktion kognitiver Handlungsstrukturen (ILKHA). In E. König & P. Zedler (Hrsg.), *Bilanz qualitativer Forschung*. Bd. II: Methoden (S. 31-62). Weinheim: Deutscher Studien Verlag.

Cressey, P.G. (1932). *The taxi-dance hall. A sociological study in commercialized recreation and city life*. (Nachdruck 2003). London: Routledge.

Flick, U. (1995). *Qualitative Forschung. Theorien, Methoden, Anwendung*. Hamburg: Rowohlt.

Flick, U., v. Kardorff, E., Steinke, I. (Hrsg.) (2000). *Qualitative Forschung. Ein Handbuch*. Reinbek: Rowohlt.

Friebertshäuser, B. (1997). Interviewtechniken – ein Überblick. In B. Friebertshäuser & A. Prengel (Hrsg.), *Handbuch Qualitative Forschungsmethoden in der Erziehungswissenschaft* (S. 371-395). Weinheim: Juventa.
Fuchs-Heinritz, W. (2000). *Biographische Forschung. Eine Einführung in Praxis und Methoden.* Opladen: Westdeutscher Verlag.
Gazzaniga, M.S. (1989). *Das erkennende Gehirn. Entdeckungen in den Netzwerken des Geistes.* Paderborn: Junfermann.
Gigerenzer, G. (2007). *Bauchentscheidungen. Die Intelligenz des Unbewussten und die Macht der Intuition.* München: Bertelsmann.
Helfferich, C. (2004). *Die Qualität qualitativer Daten. Manual für die Durchführung qualitativer Interviews.* Wiesbaden: VS Verlag.
Hopf, C. (1978). Die Pseudo-Exploration – Überlegungen zur Technik qualitativer Interviews in der Sozialforschung. *Zeitschrift für Soziologie,* 7, 97-115.
Hopf, C. (1995). Qualitative Interviews in der Sozialforschung. Ein Überblick. In U. Flick at al. (Hrsg.), *Handbuch qualitative Sozialforschung. Grundlagen, Konzepte, Methoden und Anwendungen* (S. 177-185). Weinheim: Beltz.
Hopf, C. (2003). Qualitative Interviews – ein Überblick. In U. Flick, E. v. Kardoff & I. Steinke (Hrsg.), *Qualitative Forschung. Ein Handbuch* (S. 349-360). Hamburg: Rowohlt.
Lamnek, S. (2002). Qualitative Interviews. In E. König & P. Zedler (Hrsg.), *Qualitative Forschung. Grundlagen und Methoden* (S. 157-182). Weinheim: Beltz.
Legewie, H. (1987). Interpretation und Validierung biographischer Interviews. In G. Jüttemann & H. Thomae (Hrsg.), *Biographie und Psychologie* (S. 138-150). Berlin: Springer.
Maindok, H. (2003). *Professionelle Interviewführung in der Sozialforschung.* Herbolheim: Centaurus.
Markowitsch, H.J. & Welzer, H. (2005). *Das autobiographische Gedächtnis. Hirnorganische Grundlagen und biosoziale Entwicklung.* Stuttgart: Klett-Cotta.
Nelson, K. (2006). Über Erinnerung reden: Ein soziokultureller Zugang zur Entwicklung des autobiographischen Gedächtnisses. In H. Welzer & H. J. Markowitsch (Hrsg.), *Warum Menschen sich erinnern können. Fortschritte der interdisziplinären Gedächtnisforschung* (S. 78-94). Stuttgart: Klett-Cotta.
Papoušek, H. & Papoušek, M. (1987). Intuitive parenting: A dialectic counterpart to the infant's integrative competence. In J. D. Osofsky (Hrsg.), *Handbook of Infant Development* (S. 669-720). New York: Wiley.
Richartz, A. (2000). *Lebenswege von Leistungssportlern. Anforderungen und Bewältigungsprozesse der Adoleszenz.* Aachen: Meyer & Meyer.
Richartz, A., Hoffmann, K. & Sallen, J. (2007). Chronische Belastungen und protektive Ressourcen im Kinderleistungssport. Pädagogische Diagnostik und Unterstützungsansätze. In Bundesinstitut für Sportwissenschaft (Hrsg.), *BISp Jahrbuch, Forschungsförderung 2006/ 07* (S. 289-294). Bonn.

Rutschky, K. (Hrsg.) (1977). *Schwarze Pädagogik. Quellen zur Naturgeschichte der bürgerlichen Erziehung*. Berlin, Frankfurt/M, Wien: Ullstein.

Singer, Wolf (2000): Wahrnehmen, Erinnern, Vergessen. Über Nutzen und Vorteil der Hirnforschung für die Geschichtswissenschaft: Eröffnungsvortrag des 43. Deutschen Historikertags am 26.09.2000 in Aachen. Zugriff am 05.09.2007 unter http://www.mpih-frankfurt.mpg.de/global/Np/Pubs/Historikertag.pdf

Stern, D.A. (1992): *Die Lebenserfahrung des Säuglings*. Stuttgart: Klett-Cotta

Stern, D.A. (2005). *Der Gegenwartsmoment. Veränderungsprozesse in Psychoanalyse, Psychotherapie und Alltag*. Frankfurt/M: Brandes & Apsel.

Tulving, E. (2006). Das episodische Gedächtnis: Vom Geist zum Gehirn. In H. Welzer & H. J. Markowitsch (Hrsg.), *Warum Menschen sich erinnern können. Fortschritte der interdisziplinären Gedächtnisforschung*. (S. 50-77). Stuttgart: Klett-Cotta.

Vanderkerckhove, M.M.P, Scheve, Chr.v. & Markowitsch, H.J. (2006). Selbst, Gedächtnis und autonoetisches Bewußtsein. In H. Welzer & H. J. Markowitsch (Hrsg.), *Warum Menschen sich erinnern können. Fortschritte der interdisziplinären Gedächtnisforschung* (S. 323-343). Stuttgart: Klett-Cotta.

Weiss, R. S. (1994). *Learning from strangers. The art and method of qualitative interview studies*. New York: The Free Press.

Wiedemann, P. M. (1990). Qualitative Forschung. In I. Seiffge-Krenke (Hrsg.), *Krankheitsverarbeitung bei Kindern und Jugendlichen. Jahrbuch der medizinischen Psychologie*, 4 (S. 335-374). Berlin: Springer.

Witzel, A. (2000). Das problemzentrierte Interview. Forum Qualitative Sozialforschung/ Forum Qualitative Social Research On-Line Journal. Zugriff am 05.05.2003 unter

http://www.qualitative-research.net/fqs-txte-1-00/1-00witzel-d.htm

Zwiebel, R. (1992). *Der Schlaf des Psychoanalytikers. Die Müdigkeitsreaktion in der Gegenübertragung*. Stuttgart: Verlag Internationale Psychoanalyse.

CLAUS KRIEGER

Leitfaden-Interviews

1   **Einleitung**

2   **Leitfaden-Interviews in der qualitativen Sozialforschung**

3   **Eigene Forschungserfahrungen: Leitfaden-Interviews mit Schülern im Sportunterricht**

4   **Themaerschließung: Gegenstand – Forschungsfrage – theoretische Überlegungen - Methodenwahl**
Probleme
Beispiel

5   **Leitfadenkonstruktion**
Probleme
Beispiel

6   **Interviewsituation**
Probleme
Beispiel

7   **Fazit und Merksätze**

1 Einleitung

Leitfaden-Interviews bzw. leitfadengestützte Interviews[12] sind nicht nur in der sportpädagogischen Forschungslandschaft mittlerweile weit verbreitet (vgl. Krieger & Miethling, 2005), sondern spielen auch im Rahmen von Lehrveranstaltungen zu sozialwissenschaftlichen Methoden an vielen sportwissenschaftlichen Instituten eine zunehmend bedeutsame Rolle. Insbesondere wenn studentische Abschlussarbeiten einem rekonstruktiv-qualitativen Forschungsansatz folgen, werden bevorzugt Leitfaden-Interviews als Erhebungsmethoden verwendet. Offenbar handelt es sich hierbei um eine gut vermittel- und ‚übbare' Interviewtechnik, die im Gegensatz zu noch offeneren Varianten (z.b. narrativen Interviews) durch das Vorhandensein eines Leitfadens Schutz bzw. Sicherheit bei der Bewältigung der Verunsicherung durch die offene und prinzipiell unklare Gesprächssituation bietet.

Was ist ein Leitfaden? Diese Frage lässt sich im Sinne des Wortes selbst beantworten: Es ist der leitende, ‚rote Faden', der sich nach der Vorstellung des Forschenden vom erwarteten Gesprächsverlauf durch das Gespräch ziehen wird. Die im Sinne einer Normalitätserwartung vorgesehene Abfolge und Strukturierung von Fragen wird dann im konkreten Erhebungskontext variiert und der Situation und den Erfordernissen der Situation angepasst. Ein Leitfaden ist somit keine starre Strukturvorgabe für den Ablauf einer Frage-Antwort-Sequenz, sondern eröffnet viele Spielräume in den Frageformulierungen, Nachfragestrategien und in der Abfolge der Fragen (vgl. Hopf, 2003, S. 351). Tatsächlich stellt die Notwendigkeit der Variation der Fragen einen hohen Anspruch an die situative Interaktionskompetenz und die Sensibilität des Interviewers für den konkreten Interviewverlauf, die eine intensive Interviewerschulung erfordern.

Im vorliegenden Beitrag werden nun in Form eines ‚Werkstatt-Berichts' aus der eigenen Forschungspraxis mit Schüler-Interviews zum Thema ‚Gruppenbeziehungen im Sportunterricht' Hinweise für die Entwicklung und Durchführung von Leitfaden-Interviews gegeben.

---

[12] Leitfäden kommen bei unterschiedlichen Interviewformen zum Einsatz. Von Flick (1995) werden beispielsweise unterschieden: Auf bestimmte Situationen bezogene Interviews (fokussiertes Interview, episodisches Interview), auf bestimmte Themen/Probleme bezogene Interviews (halb- oder teilstrukturiertes Interview, problemzentriertes Interview) sowie auf bestimmte Anwendungsfelder bezogene Interviews (Experten-Interviews, ethnografische Interviews).

2   Leitfaden-Interviews in der qualitativen Sozialforschung

Praktisch alle Lehr- und Handbücher zur ‚Qualitativen Sozialforschung' verweisen – in allerdings stark unterschiedlicher Form und Ausprägung – auf den Begriff des ‚Leitfaden-Interviews'. An dieser Stelle soll und kann nun zwar kein umfassender Überblick über die vielfältigen Verwendungsformen des Begriffs gegeben, stattdessen aber der Versuch unternommen werden, aus den betreffenden (zum Großteil deutschsprachigen) Quellen stichwortartig einige für die sportpädagogische Forschung zentrale Merkmale und (theoretische) Prämissen von leitfadengestützten Interviews herauszuarbeiten. Eine besondere Rolle spielt dabei die inzwischen schon zu einem ‚Klassiker' der Literatur zu qualitativen Interviews gewordene Arbeit von Hopf (1978).

Als einige wesentliche Kennzeichen von Leitfaden-Interviews können herausgearbeitet werden:
- Sind konkrete Aussagen über einen Gegenstand bzw. ein spezifisches Thema Ziel der Datenerhebung, so ist ein Leitfaden-Interview der ökonomischste Weg (Flick, 1995, S. 112 ff.). Durch den Einsatz eines Leitfadens ergibt sich eine gute Möglichkeit des Vergleichs von Daten, wobei der Leitfaden jedoch nur zur Orientierung – als Gerüst offener Fragen, die das Thema umschreiben – dienen darf (vgl. Mayer, 2002, S. 36).
- Es gilt dabei eine gelungene Verbindung herzustellen zwischen einer Leitfadenstruktur zur thematischen Orientierung und frei erzählenden Sequenzen der Befragten. Das theoretische Konstrukt stellt auf der einen Seite eine Art ‚Prüfrahmen' dar, soll aber die Interviewsituation auf der anderen Seite nicht dominieren (vgl. Lamnek, 2002, S. 177). Es ist also insbesondere ein geschickter Umgang mit dem Leitfaden gefordert.
- Dass es hierbei auch zu (strategischen) Fehlern kommen wird, ist relativ wahrscheinlich. Zu den typischen strategischen Fehlern gehört die ‚Leitfadenbürokratie', die dem im Leitfaden geplanten Gesprächsverlauf absolute Priorität einräumt und den Gesprächsverlauf ignoriert. Als Ursachen für die Unterordnung des eigenen Verhaltens unter die Vorgaben des Leitfadens nennt Hopf (1978. S. 101 ff.) die Unsicherheit des Interviewers, eine falsch verstandene Loyalität gegenüber gemeinsam erarbeiteten Leitfäden in kollektiven Forschungsprozessen und die Sorge, das Interview nicht in der zur Verfügung stehenden Zeit ‚zu schaffen'. Die Leitfadenbürokratie erscheint in diesem Fall als ein ‚Abhaken' der Leitfadenfragen und

beinhaltet rasche Themenwechsel, das Ignorieren der Themen der Befragten sowie das Aufdrängen der Leitfadenstruktur. Hinzu kommt ein weiteres, noch grundlegenderes Dilemma: Das qualitative Interview soll einer ‚natürlichen' Gesprächssituation möglichst nahe kommen, ohne zugleich auch die Regeln der Alltagskommunikation zu übernehmen. Hopf (1978, S. 99 f.) formuliert hierzu insgesamt vier Anforderungen an Leitfaden-Interviews:

- *Reichweite*: Im Interview muss ein hinreichend breites Spektrum von Problemen angesprochen werden, damit die Befragten eine möglichst große Chance haben, in nicht antizipierter Weise zu reagieren.
- *Spezifität*: Die im Interview aufgeworfenen Themen und Fragen sollen in spezifizierter Form behandelt werden. „Erst die Spezifizierung bestimmter Stellungnahmen, Entscheidungen, Optionen und die Erläuterung ihres Hintergrundes ermöglicht ein sinnhaftes Verstehen von Reaktionen" (ebd., S. 99).
- *Tiefe*: Der Befragte soll bei der Darstellung der affektiven, kognitiven und wertbezogenen Bedeutung bestimmter Situationen und bei der Darstellung seiner Involviertheit unterstützt werden.
- *Personaler Kontext*: Der persönliche und soziale Kontext, in dem die Reaktionen der Befragten stehen, muss in ausreichendem Umfang erfasst sein. Seine Kenntnis ist unter anderem Voraussetzung für die Interpretation der Reaktionen.

Alle Lehr- und Handbücher betonen unisono die absolute Notwendigkeit einer intensiven Interviewerschulung vor dem Eintritt ins Forschungsfeld sowie der langfristigen Erfahrungssammlung: „Diese Einzelfallentscheidungen, die nur in der Interviewsituation selbst getroffen werden können, verlangen vom Interviewer ein großes Maß an Sensibilität für den konkreten Interviewverlauf und für den Interviewten. Darüber hinaus verlangen sie ein großes Maß an Überblick über das bereits Gesagte und seine Relevanz für die Fragestellung der Untersuchung" (Flick, 1995, S. 113).

3 Eigene Forschungserfahrungen: Leitfaden-Interviews mit Schülern im Sportunterricht

Die folgende Darstellung von Problembereichen, exemplarischen Lösungsmöglichkeiten und Merksätzen im Rahmen der Entwicklung und Durchführung von Leitfaden-Interviews basiert auf langjährigen Erfahrungen mit Schüler-Interviews zum Gegenstand Sportunterricht.

Im Rahmen des Projekt RETHESIS (Zur Rekonstruktion relevanter Themen und Situationen im Sportunterricht aus Schülersicht) wurden im Zeitraum von insgesamt acht Jahren 118 Interviews mit Gymnasial-Schülern der 8.-10. Klasse geführt[13].

Die Interviews bestanden aus drei Teilen:

- Zunächst wurden die relevanten Unterrichtserfahrungen, -themen und -erlebnisse der Schüler in einem *offenen und narrativen* Teil, in dem es um Geschichten, typische Verlaufsmuster, individuelle Erfahrungen und Einstellungen zum Sportunterricht geht, erfragt. Dieser Teil ist offen für das jeweilige Interesse und die Logik der Erzählungen seitens der Befragten.

- Der *kontrolliert-explorative* Teil fokussierte dann auf bedeutsame, gut in Erinnerung gebliebene Unterrichtssituationen. Solche prägnanten, positiv oder negativ besetzten Situationen wurden auf der Grundlage eines handlungstheoretischen Rahmens (vgl. Miethling, 1986) systematisch und differenziert aufgeschlüsselt hinsichtlich Entstehung, Verlauf und Konsequenzen für die Beteiligten. Die Kodierung der mit diesen beiden Techniken erhobenen Interviews führte zur Entzifferung von prägnanten Phänomenen, d.h. relevanten Themenbereichen aus Schülersicht.

- Auf der Folie der theoretischen Auseinandersetzung mit diesen Themen entstand ein dritter Interviewteil: Das *Leitfaden-Interview*. Dieser Teil ist weder offen wie das narrative Interview, noch halboffen wie das kontrolliert-explorative, sondern ist themenspezifisch strukturiert durch differenzierte Fragen, die aus dem jeweiligen theoretischen Ansatz abgeleitet sind. Zu den im Projekt als relevant erkannten Themenbereichen wurden entsprechende Be-

---

[13] Dabei konnten mithilfe der Kodierverfahren der Grounded Theory nach Strauss und Corbin (1996) insgesamt sieben relevante Themenbereichen aus Schülersicht (Das Erleben von Ungerechtigkeit, Leistungsansprüche, Gruppenbeziehungen, Verständigung, Lehrerengagement, Doppelte Verletzbarkeit sowie Körperliche Exponiertheit) sowie eine Kernkategorie (Sicherungsstrategien) entziffert werden.

zugstheorien gesichtet, aufgearbeitet und in den Leitfaden eingearbeitet (z.B. Moraltheorien zum Thema *Erleben von Ungerechtigkeit* oder Selbstkonzepttheorien zum Thema *Doppelte Verletzbarkeit*, etc. (vgl. Miethling & Krieger, 2004).

Die folgenden vier Kapitel lassen sich im Sinne eines groben Ablaufplans zur Entwicklung und Durchführung von Leitfaden-Interviews lesen: Themaerschließung (Gegenstand, Forschungsfrage, theoretische Vorüberlegungen, Methodenwahl), Leitfadenkonstruktion, Interviewsituation und Interviewauswertung. Hierzu werden jeweils zunächst zentrale Problembereiche benannt und anschließend am Beispiel des Themenbereichs ‚Gruppenbeziehungen im Sportunterricht' aus der Schüler-Studie RETHESIS eine konkrete Vorgehensweise beschrieben.

4 Themaerschließung: Gegenstand – Forschungsfrage – theoretische Vorüberlegungen – Methodenwahl

Probleme:
Die Festlegung des Untersuchungsgegenstandes, die Formulierung einer klaren Untersuchungs- bzw. Forschungsfrage sowie die theoretischen Vorüberlegungen bestimmen die strategischen Entscheidungen über Fälle (und Fallzahlen) bzw. über Erhebungs- und Auswertungsmethoden. Es ist in der qualitativen Sozialforschung immer wieder zu beobachten, dass Befragungen ohne ‚echte' Forschungsfrage(n) oder theoretische Vorüberlegungen angestellt werden. Die dahinter liegende Auffassung, man könne ohne Vorannahmen in eine empirische Untersuchung gehen, wird an dieser Stelle ausdrücklich zurückgewiesen – tatsächlich besteht lediglich die Wahl zwischen bewussten und unbewussten Vorannahmen (vgl. Gläser & Laudel, 2004, S. 59). Was im Grunde genommen generell für qualitative Forschung gilt, trifft bei einer Entscheidung für Leitfaden-Interviews im Besonderen zu. Für ein Leitfaden-Interview entscheidet man sich in der Regel gerade dann, wenn ein Thema der Untersuchung klar abgrenzbar und eine Wissenslücke im Theoriegebilde zu diesem Thema beschreibbar ist. In den Leitfaden fließen dann die explizierten Vorüberlegungen des Forschers zu diesem Forschungsthema auf zentrale Art und Weise ein. Es ist dabei selbstverständlich, neben dem alltagsweltlichen Wissen zum Thema, auch den Stand der Forschung, d.h. möglichst viel relevantes publiziertes Wissen zusammenzutragen. Da es sich jedoch um ein Vor-

dringen in (noch) nicht hinreichend erforschte Bereiche handelt, ist dann die Frage nach dem ‚Neuen' des Ansatzes bedeutsam, d.h. bei der Aufarbeitung des Forschungsstandes und entsprechender Theorien muss immer wieder nach den Kriterien gesucht werden, wie diese zum Anliegen der Forschung passen (bez. Reichweite, Tiefe, Spezifität).

Beispiel:
In unserer Studie stellte die Schülersicht im Sportunterricht den Forschungsgegenstand dar, den es zu rekonstruieren galt. Die zentrale Forschungsfrage der Untersuchung lautete: Welches sind die für Schülerinnen und Schüler subjektiv bedeutsamen Erfahrungen und Themen ihres alltäglichen Sportunterrichts? Und wie gestalten, verarbeiten und konstruieren sie auf der Grundlage ihrer Alltags-Orientierungen die soziale Wirklichkeit des Sportunterrichts mit (vgl. Miethling & Krieger, 2004)? Eine spezifischere Fragestellung innerhalb dieser Studie richtete sich dann auf den hier als Beispiel gewählten Themenbereich ‚Gruppenbeziehungen': Wie erleben, deuten und gestalten SchülerInnen ihre Gruppenmitgliedschaft(en), -identifikationen und -beziehungen im Sportunterricht? (vgl. Krieger, 2005). Die theoretischen Vorüberlegungen bezogen sich auf vielfältige Aspekte dieses Gegenstandsbereichs in unterschiedlichen sozialwissenschaftlichen Disziplinen. Bei der Sichtung relevanter Bezugstheorien sowie empirischer (Vor-) Arbeiten erwies sich die sozialpsychologische ‚Social Identity Theory' nach Tajfel und Turner (1979) als besonders ‚brauchbare', d.h. als eine im vorliegenden Untersuchungsfeld passende und explorativ fruchtbar erscheinende Rahmentheorie[14].
Die intensive Auseinandersetzung mit der Social Identity Theory ist im Theorieteil der Arbeit enthalten und floss unmittelbar in die Konzeption des Interviewleitfadens ein. Die Entscheidung für dieses Erhebungsinstrument orientierte sich somit

---

[14] In der Theorie der sozialen Identität werden die kognitiven und motivationalen Prozesse beschrieben, die das Konzept der sozialen Identität mit dem Phänomen (inter-)gruppalen Verhaltens verbinden. Ihre Hauptaussagen lauten:
- Über soziale Kategorisierung segmentieren Individuen ihre Umwelt in Zusammengehöriges und Nicht-Zusammengehöriges.
- Aus der Zugehörigkeit zu einer bestimmten Gruppe leitet sich die soziale Identität eines Individuums ab.
- Informationen über seine soziale Identität und deren Positionierung gewinnt das Individuum über Vergleiche der eigenen Gruppe mit (relevanten) anderen Gruppen.
- Jedes Individuum ist bestrebt, eine positive soziale Identität zu haben (motivationales Postulat). Diese kann nur dann erreicht werden, wenn die eigene Gruppe positiv von relevanten Vergleichsgruppen abgesetzt wird.

maßgeblich am Gegenstand und den theoretischen Vorüberlegungen zur Forschungsfrage.

5 Leitfadenkonstruktion

Probleme:
Leitfäden sind die Bindeglieder zwischen den theoretischen Vorüberlegungen und den qualitativen Erhebungstechniken. Sie steuern die empirische Untersuchung, indem sie die Informationen, die erhoben werden müssen bzw. das Wissen das zu beschaffen ist, benennen. Nach Gläser & Laudel (2004, S. 88 ff.) haben Leitfäden zwei Funktionen: Zum einen geben sie – ähnlich wie in empirisch-analytischer Forschung – vor, was die Erhebungsmethoden an Daten erbringen sollen. Zum anderen übersetzen sie die Forschungsfrage in Fragen an die Empirie. Sie bilden damit die Grundlage für Handlungen des Forschers als ‚aktives Erhebungsinstrument'. Der Forscher kann anhand des Leitfadens entscheiden, welche Nachfragen im Interview gestellt werden müssen.

Ein zentrales Problem ergibt sich dabei im Prozess der Operationalisierung, d.h. der ‚Übersetzung' der aus der Theorie hervorgehenden Fragen in konkrete Leitfragen. Es stellt sich die zugespitzte Frage: Wie viel Abstraktion *darf*, wie viel Konkretion *muss* sein? Ein gewisses Maß an Abstraktion scheint unerlässlich, will man den theoretischen Vorüberlegungen Rechnung tragen. Allerdings besteht hierbei die Gefahr, dass solche abstrakten Fragen nicht zur Identifizierung des benötigten empirischen Wissens beitragen. Konkrete, zugespitzte Fragen scheinen besonders geeignet für Leitfäden, bergen jedoch wiederum die Gefahr, komplexe theoretische Implikationen (zu) stark zu vereinfachen. Ein weiteres Problem ergibt sich bezüglich der Struktur bzw. Strukturiertheit des Leitfadens. Eine lange Liste von Fragen, die zwar wichtige empirische Sachverhalte erfragt, aber unübersichtlich ist, lässt keine Prüfung auf Vollständigkeit zu und erschwert auch in erheblichem Maße die ‚Aneignung' der Leitfragen für einen flexiblen Gebrauch in der Interviewsituation. Die angeführten Problembereiche zeigen: eine klare und eingängige Leitfadenkonstruktion erfordert ein beträchtliches Maß an Kreativität und Erfahrung.

Gläser und Laudel (2004, S. 90) schlagen zur Leitfadenkonstruktion folgende, gerade für ‚Anfänger' hilfreiche Checkliste vor:

- Welche Prozesse und Situationen müssen rekonstruiert werden?
- Welche Akteure sind an diesen Prozessen beteiligt/befinden sich in diesen Situationen?
- Welche Ziele und Interessen hatten diese Akteure bezogen auf die jeweiligen Prozesse und Situationen?
- Welche Handlungen, Handlungsbedingungen und Handlungsresultate beeinflussen den Verlauf der Prozesse/die Situationen?
- Welche Konflikte sind aufgetreten? Wodurch wurden diese Konflikte verursacht? Wie wurden sie gelöst?

Beispiel:
Da wir in unserem Projekt zu mehreren Themenbereichen Leitfäden konzipiert haben, die dann auch von unterschiedlichen Mitgliedern der Forschergruppe eingesetzt werden sollten, erschien uns eine einheitliche Vorgehensweise und Struktur bei der Leitfadenkonstruktion unablässig.

Den Anfang dieses Prozesses stellte ein ausgiebiges Brainstorming dar, welches unmittelbar nach der (ggf. zunächst nur vorläufigen) Festlegung eines als relevant rekonstruierten Themenbereiches erfolgte – also noch vor der theoretischen Durchdringung dieses Themas. In dieser frühen Phase flossen v. a. die alltagstheoretischen Überlegungen der einzelnen Forscher sowie die aus dem bereits vorliegenden Datenmaterial hervorgehenden Heuristiken ein.

In der nächsten Phase der Literaturarbeit wurden *begleitend* solche Fragen gesammelt, die in Auseinandersetzung mit den rezipierten Theorien Relevanz für die Empirie versprachen. Dabei sollte bei der Formulierung der Fragen schon auf einen starken Adressatenbezug geachtet werden. D.h. im Beispiel der Schüler-Studie haben wir versucht, die theoretischen Fragen in eine für die 15-17-jährigen Jugendlichen verständliche Sprache zu ‚übersetzen'. Gleichzeitig erwies es sich zur besseren Nachvollziehbarkeit und ggf. weiteren Spezifizierung und Differenzierung als hilfreich, die den Fragen zugrunde liegenden Schlagwörter aus der Theorie in Klammern anzuhängen.

Aus dieser ausführlichen und intensiven ‚deduktiven' Generierungsphase von Leitfragen ergaben sich in der Regel wiederum ‚induktive' weiterführende, ergänzende, kontrastive, etc. Fragen, die im Austausch der Forschergruppe schließlich zu einer (in unseren Beispielen mehrere Textseiten umfassenden) unsystematischen Fragensammlung führte (zur Veranschaulichung siehe Abbildung 1).

- Welchen Gruppen/Cliquen gehörst du an? Wenn zu mehreren gleichzeitig, wann dann zu welcher? *(soziale Identität)*
- In welchen Fällen unterscheidest du zwischen ‚wir' und ‚die anderen'? *(soziale Kategorisierung)*
- Wie stark sind diese Bindungen im Sportunterricht? (Eher lose oder ganz enge Freundschaften?)
- Was findest du gerade gut an deiner Gruppe/schlecht an anderen?
- Inwieweit unterscheiden sich diese Gruppen/Cliquen von denen in deiner sonstigen Freizeit?
- Bist du im Sportunterricht mit deinen (besten) Freunden zusammen?
- Fühlst du dich in der/den Gruppe(n) (deiner Gruppe bzw. der Klasse) wohl?
- Würdest du gern zu einer anderen Gruppe gehören? Zu welcher und weshalb? Was unternimmst du ggf. um dazuzugehören?
- Findest du bestimmte Gruppen ‚cooler' als andere? Woran zeigt sich das?
- Möchtest du überhaupt zu einer Gruppe gehören? Warum? Warum nicht? *(motivationale Komponente)*
- Wie glaubst du sehen die anderen in deiner Klasse ihre Gruppenzugehörigkeit (zu deiner oder zu einer anderen Gruppe)?
- Wie würdest du deine Rolle in der Gruppe beschreiben?
- Wie verhältst du dich in der Gruppe?
- Wie verhältst du dich anderen Gruppen gegenüber? (zurückhaltend oder eher offensiv)?
- Vergleichst du dich oft mit anderen? Mit wem? In welchen Situationen?
- Mit wem spielst du am liebsten zusammen im Schulsport?
- Was ist der Unterschied, wenn du im Sportunterricht bei den einen bzw. den anderen bist?
- Hast du immer/oft die gleiche Meinung wie der Rest der Gruppe? Wann nicht?
- Wenn du anderer Meinung bist als eine/deine Gruppe, vertrittst du diese oder ist es dir egal?
- Kannst du jemanden nicht leiden aus der Klasse? Wer ist deiner Ansicht nach ein Außenseiter in der Klasse, gehört nicht dazu? Wie stehen die anderen aus deiner/einer anderen Gruppe dieser Person/diesen Personen gegenüber?
- Findest du, dass sich manche in der Klasse merkwürdig, ‚andere' verhalten (z.B. Ausländern, anderes Geschlecht usw.)? Wie? Wie verhältst du dich denen gegenüber?

Abb. 1: Auszug aus der unsystematischen Fragensammlung zum relevanten Themenbereich ‚Gruppenbeziehungen im Sportunterricht aus Schülersicht'.

Es wird an dieser Stelle für das Ausformulieren der Fragen plädiert (im Gegensatz zur reinen Aufzählung von Stichwörtern), da man dadurch gezwungen ist, über die konkreten Formulierungen der Frage (in der Adressatensprache) nachzudenken. Es ist hierin ein klarer Vorteil für die Sicherheit im Interview zu sehen, insbesondere was die schwierige Ausbalancierung der (auf den interessierenden Themenbereich gerichteten) Sach- und (auf die subjektiven Antwortmotive gerichteten) Adressatenorientierung betrifft.

Es folgt nun der zentrale Arbeitsschritt der Leitfadenkonstruktion: die Strukturierung und übersichtliche Gestaltung der Fragensammlung. Die Fragen sollten dabei so angeordnet werden, dass durch Kategorienbildung (Überschriften) inhaltlich zusammengehörende Themenkomplexe entstehen. Auf diese Weise ließ sich in unserem Projekt ein Großteil der entwickelten Fragen einer überschaubaren Anzahl von Kategorien zuordnen. Einige Fragen werden zunächst aber auch ‚übrig' bleiben, da sie zu keiner Kategorie eindeutig passen bzw. da es keine thematisch ‚verwandten' Fragen gibt. Solche Fragen – werden sie denn weiterhin als relevant zur Bearbeitung der Forschungsfrage angesehen – sollten nun jedoch keinesfalls weggelassen, sondern zum Anlass der Überarbeitung der Kategorien- und Strukturbildung sowie zur Weiter- und Neuentwicklung von Fragen genommen werden. Es geht in dieser Phase auch darum, eine sinnvolle Reihenfolge der Kategorien bzw. Themenblöcke festzulegen, die einem möglichen Gesprächsverlauf vermeintlich nahe kommt. Bis zum ersten Einsatz des Leitfadens werden zumeist mehrere solcher Überarbeitungen notwendig und dabei (gerade was die Kategorienbildung betrifft) auch die Literatur zu den theoretischen Vorüberlegungen erneut hinzuzuziehen sein. Besondere Bedeutung kommt zudem der Vorformulierung einer Einstiegsfrage zu (s.u.). Ggf. kann auch die (z.B. farblich hervorgehobene) Unterscheidung von Schlüsselfragen (die zentral für die Forschungsfrage sind und allen Befragten gestellt werden) und Eventualfragen (die nur zum Einsatz kommen wenn bestimmte Aspekte von den Befragten selbst angesprochen werden) zusätzliche Übersichtlichkeit im Leitfaden schaffen.

Der hier beschriebenen Strukturierungsphase kommt eine hohe Bedeutung zu, weil der Forscher hierdurch seine Zugangsweise zum Gegenstand vorbereitend entwickelt und in eine klare Form gießt, auf die er später in der Interviewsituation sicher und flexibel zugreifen kann. Der Interviewer wird nach unseren Erfahrungen die inhaltliche Struktur eines Leitfadens nur dann vollständig verinnerlichen können, wenn er an dem hier dargelegten Entwicklungsprozess auch tatsächlich selbst *aktiv* beteiligt war.

Es entsteht schließlich ein *ausführlicher* Leitfaden, auf dem alle Kategorien (und ggf. Sub-Kategorien) sowie die zugeordneten konkreten Fragen aufgelistet sind. Dieser ausführliche Leitfaden enthält alle wesentlichen Aspekte der bisherigen Vorarbeiten und sollte unbedingt unmittelbar vor dem Interview durchgegangen werden.

In unserem Projekt haben wir aufgrund des großen Umfangs einiger Leitfäden (ca. 4-6 Seiten) für die Interviewsituation selbst eine Kurzfassung des Leitfadens in Form einer Mindmap entwickelt, auf der alle Kategorien und Sub-Kategorien des ausführlichen Leitfadens enthalten, die konkreten Fragen jedoch ausgelassen sind (s. Abb. 2). Die grafische Darstellung als Mindmap bietet einige Vorteile: zum einen bildet sich bereits auf den ersten Blick die komplette, mitunter sehr komplexe Struktur des erarbeiteten Gegenstandbereichs anschaulich auf nur einer Seite ab und der Interviewer erhält einen klaren Überblick über alle seine Dimensionen und Facetten. Zum anderen löst sich durch diese Darstellungsform die (erwartete) Aneinanderreihung der Fragekomplexe auf und wird (auch grafisch) ‚durchlässiger' für die in der Interviewsituation tatsächlich erwartbaren Antwortmotive der Befragten, die von Brüchen, Sprüngen, Vermengungen, etc. innerhalb der vorstrukturierten Themen gekennzeichnet sein können und werden. Der Interviewer kann in diesen Fällen schnell(er) erkennen, welche Äste der Mindmap angesprochen sind und flexibler seine Nachfragestrategien anpassen.

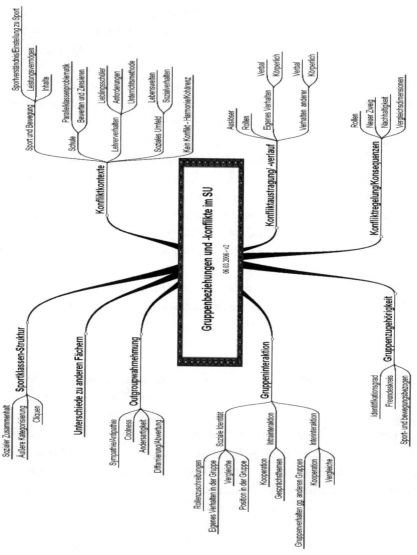

Abb. 2: Leitfaden als Mindmap.

Unabdingbar ist eine intensive Erprobungsphase des Leitfadens vor dem ersten Interview der Erhebungsphase. Hierzu bieten sich sowohl Rollenspiele innerhalb der Projektgruppe als auch ‚echte' Probeinterviews – in unserem Beispiel mit Gymnasialschülern – an. Diese sollten auf jeden Fall bereits aufgezeichnet und eingehend analysiert werden (im Erfolgsfall können sie später auch als Daten verwendet werden). Hierbei zeigt sich sowohl die inhaltliche als auch die strukturelle Brauchbarkeit des Leitfadens, der nochmals überarbeitet werden kann und sich zugleich auch vom Interviewer weiter verinnerlichen lässt.

6 Interviewsituation

Probleme
Die Interviewsituation betreffend lassen sich zunächst einige allgemeine Prinzipien bzw. Problemfelder formulieren, die für qualitative Interviews generell gelten.[15] Im Wesentlichen interessiert hier jedoch die Interviewführung und die Frage nach dem ‚angemessenen' Einsatz des Leitfadens.

Das zentrale Problem der Interviewführung bei Leitfaden-Interviews wurde bereits weiter oben mit dem Schlagwort ‚Leitfadenbürokratie' umrissen.

Der prinzipiell bei qualitativen Verfahren geforderten Offenheit der Fragen stehen die Vor-Strukturierung des Gegenstand- bzw. Themenbereichs und damit das spezifizierte Vorwissen auf Seiten des Interviewers gegenüber. Überwiegt letzteres, kann es zu einem zu dominierenden, lenkenden Kommunikationsstil, z.B. zu suggestiven Vorgaben, oder bewertenden Aussagen kommen (vgl. Hopf, 2003, S. 359).

Das beschriebene Dilemma drückt sich auch insbesondere in unterschiedlichen Interviewerhaltungen aus: Während auf der einen Seite eine *Sach*orientierung dominiert, der es in erster Linie um gehaltvollen und umfassenden Informationsgewinn in Bezug auf das Thema des Leitfadens geht, steht demgegenüber auf der anderen Seite eine *Erfahrungs*orientierung, die wesentlich enger an den konkreten Erlebnissen, Situationslogiken und Handlungsorientierungen des Befragen ansetzt

---

[15] Z.B.: Datenerfassung auf Ton- oder Videoband, Interview möglichst in gewohnter Umgebung des Befragten; Sprache des Befragten als Verständigungsbasis, Zusatzinformationen sind in einem Postskriptum zu notieren; die Interpretation wird abgesicherter durch die Berücksichtigung verbaler und nonverbaler Äußerungen; der zu Interviewende ist über Sinn, Zweck und Gegenstand des Interviews aufzuklären; absolute Vertraulichkeit und Anonymität sind zuzusichern; Gerechtigkeit und Respekt dem Interviewpartner und sich selbst gegenüber.

und diese als Dreh- und Angelpunkt der Interviewführung bestimmt (was mitunter zu deutlichen Überschreitungen des Leitfadens führen kann). Eine zentrale Schwierigkeit des Leitfaden-Interviews besteht in der Ausbalancierung dieser unterschiedlichen aber gleichermaßen berechtigten und wichtigen Haltungen und Orientierungen. Sowohl ein reines sachliches ‚Abarbeiten' des Leitfadens als auch ein gänzlich offenes Sammeln von Erfahrungen ist zu vermeiden.

Weitere Probleme der Interviewführung beziehen sich auf die vier Aspekte der Fragen, des Interviewers, der Befragten sowie des Interaktionsgeschehens zwischen Interviewer und Befragtem.

Im Hinblick auf die *Fragen* ist festzuhalten, dass die konkrete Wahl der Formulierung starken Einfluss auf die Interviewführung hat. Es gilt sich der Eigenschaften und Konsequenzen verschiedener Frageformen, d.h. dem Einfluss der Frage auf die Antwort bewusst zu sein – insbesondere bezüglich besonderer, in der Regel problematischer Arten von Fragen (z.B. Suggestivfrage, rhetorische Frage, Ja/Nein-Frage, etc.). Spezielle Aufmerksamkeit kommt dem Beginn des Interviews und der Einstiegsfrage zu. Da sich zu Beginn das Klima des Interviews herausbildet, die Rollen der Gesprächspartner definieren und sich eine bestimmte Art der Kommunikation einstellt, sollte die Einstiegsfrage leicht zu beantworten sein und einen konkreten, für den Befragten möglichst angenehmen Gegenstand betreffen.

Auch in der Person des *Interviewers* können sich in der Interviewsituation spezifische Probleme manifestieren. Hier zeigen sich (oder eben auch nicht) die Früchte der mehr oder weniger intensiven Interviewerschulung bzw. des Interviewtrainings. ‚Richtigem', guten Interviewerverhaltens (z.B. aktives Zuhören, Unaufdringlichkeit, Flexibilität, etc.) stehen typische Fehlerquellen beim Interviewer (z.B. Aufdrängen, komplexe Fragen, Unsicherheit im Umgang mit dem Thema/Leitfaden, starke Bewertungen, etc.) gegenüber. Vielen dieser Fehlerquellen kann durch Übung und wachsende Erfahrung konstruktiv begegnet werden.

Auch seitens des *Befragten* können sich Probleme der Interviewführung ergeben. Die Einstellung des Befragten zum Interview, d.h. sein Interesse, seine Stimmung und Haltung sowie seine emotionale Involviertheit bestimmen den Verlauf und auch den Gehalt des Leitfaden-Interviews in beträchtlichem Maße. Mit der Verwicklung in Widersprüche oder dem Phänomen der soziale Erwünschtheit ist ggf. insbesondere dann zu rechnen, wenn ‚schwierige' Fragen gestellt werden (z.B. komplexe, mehrdeutige oder verschachtelte Fragen), die möglicherweise auch dann beantwortet werden, wenn sie gar nicht wirklich verstanden sind.

Schließlich liegt noch eine Problemquelle in der *Interaktion zwischen Interviewer und Befragtem*, z.B. den Umgang mit passiv-rezeptiven Anteilen des Interviewens oder Schwierigkeiten und fehlende Geduld beim Zuhören, das Aushalten von Pausen und Aufgreifen von Anhaltspunkten und Nachfragen betreffend. Einfluss auf das Interaktionsgeschehen im Interview hat dabei nicht zuletzt die konkrete Beziehung, in der Interviewer und Befragter zueinander stehen. Handelt es sich um eine sehr enge (Freundes- oder familiäre) Beziehung, besteht die Gefahr, dass einige Dinge in der (gewohnten) Interaktion unbewusst ablaufen oder unausgesprochen bleiben und dadurch für den Analyseprozess nur sehr schwer nachvollziehbar werden. Sind sich die Interaktionspartner gänzlich unbekannt, besteht andererseits die Gefahr, dass gewisse Hemmungen vorherrschen und einer völligen Öffnung des Befragten im Wege stehen. An unterschiedlichen Stellen wird ein Beziehungsverhältnis des ‚erweiterten oder entfernten Bekannt-Seins' als hilfreich für die Interviewsituation beschrieben. Wichtig scheint eine Interviewatmosphäre zu sein, die von wechselseitigem Interesse, Wertschätzung und Respekt gekennzeichnet ist.
Kaum auflösbar scheint ein Grundproblem, das von Miethling (1986, S. 91) als ‚Pseudo-Gespräch' beschrieben wird: Einerseits wird Alltagskommunikation betrieben, z.B. indem die Sprache des Alltags dominiert; andererseits wird im Interesse der Informationsgewinnung gegen Regeln der Alltagskommunikation verstoßen, wie z.B. die Reziprozitätsnorm, die Tabuisierung des Ausfragens, etc..

Beispiel:
Bei unseren Interviews hatten wir in der Regel den Leitfaden – nach Wahl des Interviewers entweder die ausführliche Fassung oder (häufiger) die MindMap – vor uns liegen und behielten somit immer einen schnellen Überblick über die bereits besprochenen bzw. noch ausstehenden Themenblöcke (Äste). Mögliche Einstiegsfragen waren vorbereitet, meist knüpften die ersten Fragen des Leitfadenteils (der in unserer Studie ja als dritter und letzter Teil des Interviews erfolgte) jedoch an Themen und Antworten aus den ersten beiden Interviewteilen an. Im weiteren Gesprächsverlauf kann und soll der Interviewer dann entscheiden, wann und in welcher Reihenfolge er welche Fragen stellt. Ebenso steht der Interviewer vor der Frage, ob und wann er detaillierter nachfragen bzw. ob und wann er bei Abschweifungen zum Leitfaden zurückkehren sollte (vgl. Flick, 1995, S. 112 f.). Diese Entscheidungen sind nicht generalisierbar, sie setzen aber unbedingt die flexible Handhabung und dazu die komplette Verinnerlichung des Leitfadens voraus – zumindest die zentralen Kategorien müssen auswendig präsent sein. Im Zweifels-

fall ist jedoch stets an die ‚Durchlässigkeit' des Leitfadens für die Antwortmotive der befragten Person und an das Vermeiden einer ‚Leitfadenbürokratie' zu denken. In guten Leitfaden-Interviews wird der Interviewer nur sehr selten oder gar nicht auf seinen Leitfaden blicken müssen, sondern kann sich vollständig auf das Gespräch konzentrieren und dabei dennoch alle Rubriken abarbeiten.

Für uns haben sich einige Grundregeln der Interviewführung als besonders wichtig herauskristallisiert:

- Es gilt zunächst ein *gutes Klima* zu schaffen. Dies ist nur dann möglich, wenn die Interviewsituation räumlich und zeitlich entspannt hergestellt wird, d.h. wenn weder Störungen durch Umweltbedingungen noch Zeitdruck vorherrschen. Es ist auch durchaus sinnvoll, dem Interviewpartner im Vorgespräch die häufig vorhandene eigene Nervosität (und deren ‚Normalität') zu signalisieren und dadurch Nähe zu schaffen. Zu einem entspannten Gesprächsklima gehört in der Regel, dass sich der Interviewer zurückhaltend verhält und das Gesagte ggf. mit verstehenden Gesten unterstützt. Trifft er auf ‚schwierige' Interviewpartner, muss er sich an den jeweiligen Charakter (z.B. ‚Misstrauische', ‚Kritiker', ‚Plauderer', ‚Schweiger', ‚Neugierige, etc. vgl. Gläser & Laudel, 2004, S. 173 ff.) möglichst gut anpassen können.
- Die *Sprache des Befragten* sollte als Verständigungsbasis genommen werden; dies bedeutete bei unseren Schülerinterviews im süddeutschen Raum z.B. häufig den Verbleib im Dialekt. Wichtig ist, dass auch bei einer Anpassung des Sprachniveaus immer noch unbedingt die eigene Sprache gesprochen und keine Milieusprache imitiert wird.
- Bezüglich der Fragetechnik ist vor allem zu fordern, klar verständliche, kurze Fragen zu stellen und keine theoretischen Kategorien abzufragen. Dabei bringt der *Einsatz variabler Fragetypen* die ertragreichsten Ergebnisse, z.B. Nachhaken, Spezifizierungsfragen, direkte und indirekte Fragen, Strukturierungsfragen, Interpretationsfragen, etc. (vgl. Scholl, 2003, S. 68). Der Interviewer sollte sich der Gefahr von Suggestivfragen bewusst sein, gleichzeitig aber gerade vor Interpretationsangeboten zum Gesagten im Sinne von Rückkopplungen nicht zurückschrecken; solche Angebote, mit denen der Befragte dann offen umgehen kann, sind durchaus erwünscht! (z.B. in der Form: „Habe ich das richtig verstanden, dass..."). Generell gilt, dass nicht Verstandenes durch Nachfragen und die Bitte um genauere Erläuterung geklärt werden muss.
- Eine besondere Qualität der Interviewführung liegt im (aktiven) *Zuhören- und Abwarten-Können*. Es geht nicht nur darum, den Befragten nicht zu unterbre-

chen, sondern bewusst Pausen zuzulassen und auszuhalten und dem Befragten dadurch das Signal zu geben: „Lass und nimm dir Zeit für deine Antworten!". Ebenso kann und darf sich der Interviewer selbst Pausen und Zeit zum Nachdenken vor dem Stellen der nächsten Frage nehmen. Dies ist durchaus als bewusste Technik zu verstehen, die entsprechend trainiert werden muss.

- Schließlich erwies sich noch – metaphorisch gesprochen – das Prinzip des ‚*Schwenkens mit der roten Fahne*' (vgl. Strauss & Corbin, 1996) als sehr hilfreich in der Interviewsituation. Hierbei geht es um das Hinterfragen von scheinbar einleuchtenden, ‚klaren' Sachverhalten sowie insbesondere von Absolutismen und Pauschalisierungen (z.b. wenn von ‚immer', ‚ganz', ‚nie' etc. die Rede ist). Der Interviewer sollte in der Lage sein, sich naiv stellen zu können, sich Begriffe, Situationen, Vorgänge – am besten möglichst detailliert – erläutern zu lassen, auch wenn sie ihm zunächst selbstverständlich erscheinen (z.B.: „Was meinst Du mit Beziehungsproblem, was ist passiert?").

7 Fazit und Merksätze

In den vorangehenden Kapiteln wurde im Sinne eines ‚Best Practice'-Berichtes auf erfahrene Problembereiche und Lösungsvorschläge an Hand von Beispielen bei der Entwicklung und Durchführung von Leitfaden-Interviews hingewiesen. Abschließend fassen die folgenden Merksätze die wichtigsten Aspekte der Entwicklung und Durchführung von Leitfaden-Interviews zusammen:

- Erst auf der Basis *fundierter theoretischer oder empirischer Erkenntnisse* (Feldkompetenz) lassen sich zunächst *Forschungsfrage*(n) und dann darauf bezogene Leitfaden-Fragen formulieren, die sowohl auf alltagstheoretischen Überlegungen als auch auf wissenschaftlicher Theorie gründen.
- Der Leitfaden muss eine *klare Struktur* besitzen. Am besten viele Fragen sammeln und unter einer überschaubaren Anzahl an Kategorien ordnen (z.B. in MindMap); die einzelnen Kategorie sollten dem Interviewer auswendig präsent sein.
- Der Leitfaden sollte in der Interviewsituation als *Hintergrundsfolie* im Auge behalten werden, aber *so flexibel wie möglich* auf die Interviewsituation und die Befragten angepasst werden. „Um den Leitfaden richtig zu gebrauchen, darf sich der Interviewer weder zu fest an ihn klammern noch sich munter über ihn hinwegsetzen" (Hopf, 1978, S. 101).

- Der Leitfaden darf *nicht im Sinne eines Frage-Antwort-Katalogs* benutzt werden; das Explorieren konkreter Situationen sollte im Vordergrund stehen.
- „Der Leitfaden schneidet die interessierenden Themen aus dem Horizont möglicher Gesprächsthemen heraus und dient dazu, das Interview auf diese Themen zu focussieren" (Meuser & Nagel, 1997, S. 488). Wenn man jedoch merkt, dass das Thema des Leitfadens einfach nicht das Thema des Befragten ist, sollte man *flexibel auf das Thema des Befragten eingehen*.
- Eine intensive Interviewerschulung (insbesondere durch Rollenspiele) muss sowohl vor dem ersten Interview als auch nach jedem geführten Interview gewährleistet sein. Hierzu bietet sich eine Analyse der geführten Interviews anhand der Problembereiche *Fragen, Interviewer, Befragter und Interaktion Interviewer/Befragter* an.

Literatur

Flick, U. (1995). *Qualitative Forschung. Theorien, Methoden, Anwendung*. Hamburg: Rowohlt.

Gläser, J. & Laudel, G. (2004). *Experteninterviews und qualitative Inhaltsanalyse als Instrumente rekonstruierender Untersuchungen*. Wiesbaden: Verlag für Sozialwiss..

Hopf, C. (1978). Die Pseudo-Exploration – Überlegungen zur Technik qualitativer Interviews in der Sozialforschung. *Zeitschrift für Soziologie, 7*, 97-115.

Hopf, C. (2003). Qualitative Interviews – ein Überblick. In U. Flick, E. v. Kardoff & I. Steinke (Hrsg.), *Qualitative Forschung. Ein Handbuch* (S. 349-360). Hamburg: Rowohlt.

Krieger, C. (2005). *Wir/Ich und die anderen. Gruppen im Sportunterricht*. Aachen: Meyer & Meyer.

Lamnek, S. (2002). Qualitative Interviews. In E. König & P. Zedler (Hrsg.), *Qualitative Forschung. Grundlagen und Methoden* (S. 157-182). Weinheim: Beltz.

Mayer, H. (2002*). Interview und schriftliche Befragung*. München: Oldenbourg.

Meuser, M. & Nagel, U. (1997). ExpertInneninterviews – vielfach erprobt, wenig bedacht. In D. Garz & K. Kraimer (Hrsg.), *Qualitativ-Empirische-Sozialforschung* (S. 443-471). Weinheim: Beltz.

Miethling, W.-D. (1986). *Belastungssituationen im Selbstverständnis junger Sportlehrer*. Schorndorf: Hofmann.

Miethling, W.-D. & Krieger, C. (2004). *Schüler im Sportunterricht*. Schorndorf: Hofmann.

Scholl, A. (2003). *Die Befragung: sozialwissenschaftliche Methode und kommunikationswissenschaftliche Anwendung.* Konstanz: Universitäts-Verlag.

Strauss, A. & Corbin, J. (1996). *Grounded Theory. Grundlagen qualitativer Sozialforschung.* Weinheim: Beltz.

Tajfel, H. & Turner, J. (1979). An integrative theory of intergroup conflict. In W. Austin & S. Worchel (Hrsg.), *The Social Psychology of Intergroup Relations* (S. 33-47). Monterey: Brooks/Cole.

DIRK BLOTZHEIM

Narrative Interviews

1   **Einleitung**

2   **Theoretische Grundlagen: Das narrative Interview als Methodenklassiker qualitativer Sozialforschung**

3   **Praktisches Anwendungsfeld I: Das narrative Interview als Methode zur Erfassung der im Verlauf von Schülerbiographien gemachten Erfahrungen**
3.1   Vorgehensweise bei der Datenerhebung
3.2   Vorgehensweise bei der Datenauswertung

4   **Praktisches Anwendungsfeld II: Das narrative Interview als Methode zur Vermittlung und zum Erwerb biographischer Kompetenz in der Sportlehrerausbildung**

5   **Chancen und Grenzen beim Einsatz des narrativen Interviews**

1 Einleitung

In diesem Beitrag wird das narrative Interview vorgestellt, wie es von Schütze und Mitarbeitern in den 1970er-Jahren entwickelt worden ist. Bei den mit Sport, Spiel und Bewegung (im Folgenden: Sport) gemachten Erfahrungen besteht ein starker Bezug zum Körper, der eine besondere Ebene der subjektiven Wahrnehmung darstellt. Wenn man davon ausgeht, dass Lern- und Bildungsprozesse spezifische Arten von Selbst- und Weltinterpretationen sind (vgl. Marotzki, 1990) und die leiblichen Erfahrungen mit Sport Teile dieser Zugangsperspektive der Menschen zu sich und zur Welt sind, ist es für die sportpädagogische Forschung von Interesse, eine Methode zu berücksichtigen, die den Anspruch erhebt, Zugang zu diesen Erfahrungen zu ermöglichen.

Bei der folgenden Darstellung wird zwei Missverständnissen zu begegnen versucht: Zum Ersten wird der Begriff des narrativen Interviews oftmals als Synonym für jegliche offene Interviewform gebraucht und zum Zweiten wird häufig angenommen, dass es im narrativen Interview darum gehe, etwas mehr oder weniger Beliebiges zu erzählen. Um diesen Irrtümern zu begegnen, werden eingangs die theoretischen Grundlagen dieses Methodenklassikers der qualitativen Sozialforschung umrissen (Kapitel 2). Anschließend wird die Vorgehensweise bei der Datenerhebung und -auswertung mit dem narrativen Interview an zwei Anwendungsfeldern anschaulich gemacht: Einmal als Methode zur Rekonstruktion der im Verlauf von Schülerbiographien gemachten Erfahrungen (Kapitel 3), zum anderen als Methode zur Vermittlung und zum Erwerb biographischer Kompetenz in der Sportlehrerausbildung (Kapitel 4). Der Beitrag schließt mit einer kritischen Würdigung, die Chancen und Grenzen des narrativen Interviews hervorhebt (Kapitel 5).

2 Theoretische Grundlagen: Das narrative Interview als Methodenklassiker qualitativer Sozialforschung

Im Zuge der Entwicklung der Methodologie des narrativen Interviews kristallisierte sich heraus, dass es nicht nur geeignet ist, Zugang zu Alltagserfahrungen zu ermöglichen, sondern auch zu Prozessen im Rahmen der biographischen Entwicklung (vgl. Schütze, 1981; 1983; 1984; 1987). Deshalb wird es auch als autobiographisch-narratives Interview bezeichnet. Es ist die bevorzugte Methode in der Biographieforschung, einen verschiedene Wissenschaftsdisziplinen übergreifenden

Arbeitsbereich, der als gemeinsame Grundlage von einem empirischen Interesse und spezifischen Datenmaterial her begründet ist, nämlich von Lebensgeschichten aus der Sicht der handelnden Menschen (vgl. Fuchs-Heinritz, 2000). Über Schützes Schriften hinaus ist das narrative Interview gut dokumentiert in empirischen Forschungsarbeiten (vgl. z.B. Hermanns, 1984; Marotzki, 1990; Nittel, 1992; Riemann, 1987) und in Hand- und Lehrbüchern sowie diversen Aufsätzen (vgl. z.B. Bernart & Krapp, 1998; Bohnsack, 2003; Brüsemeister, 2000; Dirks, 2002; Glinka, 1998; Heinze, 2001; Jakob, 1997; Lucius-Hoene & Deppermann, 2002).

Da es sich beim narrativen Interview nicht nur um eine Form der Datenerhebung, sondern auch um eine damit verbundene Form der Datenauswertung handelt, die auf einer elaborierten Theorie beruht, sind die grundlagentheoretischen Annahmen der Biographieforschung im Allgemeinen und Schützes (1987) im Besonderen kurz vorzustellen. In Anlehnung an Marotzki (1990) kann eine Biographie als ein vom Subjekt hervorgebrachtes Konstrukt bestimmt werden, das als eine Einheit die Erfahrungen des gelebten Lebens zu einem Zusammenhang organisiert, wobei die Herstellung des Zusammenhanges der Erfahrungen über Akte der Bedeutungszuschreibung erfolgt. Mit dieser Biographisierung ergibt sich ein kommunizierbares Selbst- und Weltverhältnis, und der forschungspraktische Zugang hierzu ist mit der Versprachlichung dieser Erfahrungen verbunden. Durch eine Verschriftlichung entsteht eine ‚Biographie als Text' (Schulze, 1999), die Gegenstand der Auswertung ist.

Der Ansatz Schützes liefert eine originelle Antwort auf eine zentrale Frage der Biographieforschung, inwiefern es sich bei einer Biographie um eine Konstruktion handelt, bei der sich zumindest Spuren des in der Vergangenheit Erfahrenen erfassen lassen. Schütze hält Erzählungen aus dem Stegreif für das ideale Medium, durch die als Text begründete Rückschlüsse auf die biographisch gewordene Erfahrungsaufschichtung des Erzählers gezogen werden können, denn das mündliche Stegreiferzählen sei „Ausdruck selbst erlebter Erfahrungen" (Schütze, 1987, S. 77). Daraus ergibt sich, dass die eigentliche Leistung der Zusammenhangsbildung, die für die Konstruktion einer Biographie entscheidend ist, über das Erzählen erfolgt.[16]

---

[16] Schütze greift auf linguistische Erkenntnisse zurück und bezieht sich auf die Textsorten des Erzählens, Argumentierens und Beschreibens, die für sein Auswertungsverfahren zentral sind (vgl. Kap. 2.2.2). Beim Erzählen präsentiert der Befragte sich und andere Personen als Handelnde, schildert Situationen und Umstände, in denen Personen handelten und aus denen sich Konsequenzen des Handelns entwickelten, und stellt dar, welche Vor- und Nachgeschichte eine geschilderte Situation besaß. Erzählen lässt sich in weitere Muster wie das szenisch-episodische Erzählen, die berichtende und

Autobiographische Stegreiferzählungen können demnach als sprachliche Dokumente von Biographisierungsprozessen angesehen werden.

Zur Begründung seines Ansatzes sind von Schütze erzähl- und biographietheoretische Annahmen formuliert worden. Während die Kategorien der Erzähltheorie Auskunft über den formalen Aufbau von Erzählungen geben, unabhängig von deren Inhalten, vermitteln die Kategorien der Biographietheorie Zugang zum formalen Aufbau biographischer Erfahrungen, zu den Prozessstrukturen des Lebenslaufs, unabhängig davon, um wessen Biographie es sich handelt (vgl. Bohnsack, 2003, S. 92). Um Zugang zu diesen Kategorien zu finden, ist das wesentliche Strukturierungsmoment zu Beginn eines narrativen Interviews „eine autobiographisch orientierte Erzählaufforderung" (Schütze, 1983, S. 285), die dem Informanten die Möglichkeit gibt, „entlang eines selbstgewählten roten Fadens seine Lebensgeschichte zu erzählen" (Marotzki, 1999, S. 113). Weil der Erzähler bei einer autobiographischen Stegreiferzählung nicht kognitiv überhöht reflektiert, sondern versucht, das Vergangene, so wie es gewesen ist, nachzuzeichnen (vgl. Abraham, 2002, S. 231), muss er zur Darstellung der damaligen Handels- und Erleidenssituationen im Prinzip der Logik seines Handelns folgen. Hierfür sorgen die Zugzwänge des Erzählens:

- Der Zugzwang der Gestaltschließung bewirkt, dass jede Erzählung bzw. Teilerzählung in sich geschlossen sein muss. Der Erzähler ist dem Druck ausgesetzt, seine begonnene Darstellung zu einem Ende zu führen.
- Der Zugzwang der Kondensierung bewirkt, dass sich jede Erzählung auf das Wesentliche beschränken und dennoch die Gestalt ‚schließen' muss. Der Erzähler muss aus dem Gesamtstrom des damaligen Geschehensablaufs das auswählen, was den Zuhörer die wichtigsten Geschehensvorgänge verstehen lässt.

---

chronikartige Darstellung und das anekdotische Erzählen unterteilen. Zeitunabhängige Merkmalszuschreibungen von Objekten werden in der Textsorte des Beschreibens dargestellt. Diese Darstellung von ‚Welt' kann sich auf Personen, Gefühle, Räume oder Situationen beziehen. Die theoretisch-abstrahierende, bewertende, begründende oder erklärende Stellungnahme des Erzählers als Experte und Theoretiker seiner selbst wird in der Textsorte des Argumentierens dargestellt, in der die interpretative Verarbeitung des Ereignisablaufs in Deutungsmustern zum Ausdruck gelangt (vgl. Lucius-Hoene & Deppermann, 2002, S. 141-175). Vgl. auch die Ausführungen von Richartz in diesem Band zur Bedeutsamkeit des Erzählens für die Darstellung des Wissens über eigene Erfahrungen und zur Unterscheidung der Textsorten, die jeweils unterschiedliche Problemrepräsentationen bei den Befragten anzielen.

- Der Zugzwang der Detaillierung bewirkt, dass der Erzähler den vergangenen Geschehensablauf in allen wesentlichen Gesichtspunkten und in seinem chronologischen Ablauf darstellt. Dazu muss er gegebenenfalls Hintergrundinformationen liefern und plausible Verknüpfungen zwischen den Erzählstücken liefern.

Die dargestellten Grundannahmen sind vielfach Gegenstand der Kritik geworden, die sich vor allem gegen die Annahme einer „Homologie des aktuellen Erzählstrom(s) mit dem Strom der ehemaligen Erfahrungen im Lebenslauf" (Schütze, 1984, S. 79) richtet. Schütze (1987, S. 39ff.) zufolge erfassen autobiographische Stegreiferzählungen die vergangenen Ereignisse soweit wie diese in der Erfahrungsaufschichtung des Erzählers ‚abgelagert' seien, und es werde etwas dokumentiert, was schon seine Gestaltungsform gefunden habe, d.h. der Erzählvorgang werde in der Tendenz nicht von der aktuellen Interviewsituation gesteuert. Wenn man Schützes Ausführungen folgt, impliziert dies die Möglichkeit, über Erzählungen Zugang zu vergangenen Erfahrungen zu erhalten. Allen Kritikern dagegen ist der Hinweis auf den Konstruktionscharakter einer Erzählung in der Interviewsituation gemein. Lucius-Hoene und Deppermann (2002, S. 91) etwa schreiben, dass man weder beantworten könne, „was sich ‚wirklich' in einer Lebensgeschichte abgespielt" habe, noch könne man beantworten, „wie der Erzähler dies damals erlebt habe". Da die Konstruktivität von Erzählen und Erinnern nicht valide bestimmt werden könne und der Begriff einer wie auch immer gearteten ‚historischen Objektivität' erkenntnistheoretisch nicht zu legitimieren sei, folgere daraus, dass es anhand erzählter Lebensgeschichten einzig möglich werde zu bestimmen, wie der Informant in der aktuellen Erzählsituation seine biographische Erfahrung mit Hilfe seiner biographischen und narrativen Ressourcen konstruiere.

3 Praktisches Anwendungsfeld I: Das narrative Interview als Methode zur Erfassung der im Verlauf von Schülerbiographien gemachten Erfahrungen

Vor dem Hintergrund des beschriebenen Grundproblems, zu dem bei der eigenen Forschung eine reflektierte Haltung einzunehmen ist, sind an einem Beispiel zum ‚Schulsport in Schülerbiographien' (vgl. Blotzheim, 2006) die dem damit verbundenen Forschungsinteresse entsprechend modifizierte Vorgehensweise bei der Datenerhebung und -auswertung darzustellen.

3.1 Vorgehensweise bei der Datenerhebung

Das narrative Interview ist Teil eines mehrschichtigen Interaktionsprozesses, zu dem verschiedene Ebenen und Formen der Kommunikation zwischen Forscher und Beforschtem gehören. Zur *Vorbereitung* gehört die *Planung der Gesprächsstruktur*. Hierzu sind das Abstecken des Themenhorizonts, die Phasen des Interviews, die jeweiligen Erzählimpulse und die Fragensammlung des Nachfrageteils zu berücksichtigen. Bei einem biographischen Erkenntnisinteresse ist es von Vorteil, auf eine Erzählung der gesamten Lebensgeschichte abzuzielen. Wenn wie in der zu Grunde gelegten Arbeit sofort nach den im Verlauf der Biographie im Schulsport gemachten Erfahrungen gefragt worden wäre, hätte diese alleinige Konzentration auf den Schulsport den Schülern die Möglichkeit verwehrt, die im Schulsport gemachten Erfahrungen im Erzählprozess in die gesamte Lebensgeschichte einzubetten. Nur unter der Voraussetzung thematischer Offenheit kann rekonstruiert werden, welche Lebensbereiche für Schüler mit dem Schulsport verknüpft sind und welche nicht und wann für sie die Geschichte ihres Schulsports beginnt. Dies bedeutet, ihnen ‚Raum zur Gestaltentwicklung' (Rosenthal, 1995, S. 193ff.) zu lassen, um Ausführlichkeit, Dispositionsspielraum und Detailliertheit in der Darstellung zu gestatten (vgl. Hermanns, 1984, S. 53). Hierzu bietet sich folgender Erzählimpuls an:

> „Ich möchte Dich bitten, mir zunächst Deine Lebensgeschichte zu erzählen. Ich interessiere mich für all die Erlebnisse, die Dir persönlich wichtig waren. Du kannst Dir dazu so viel Zeit nehmen, wie Du möchtest. Ich werde Dich auch nicht unterbrechen und mir nur einige Notizen zu Fragen machen, auf die ich später noch eingehen werde. Erzähl` doch mal!" (Vgl. auch Rosenthal, 1995, S. 187).

Bei Erzählimpulsen ist durch Wie-Fragen das Erzählschema einzufordern, Warum- oder Was-Fragen sind daher auszuschließen (zur Problematik von Warum-Fragen vgl. auch Richartz in diesem Band). Wenn die Erzählung zu diesem Erzählimpuls abgeschlossen ist – die in der Regel umfassendes Datenmaterial liefert – sind Nachfragen zu bedenken. In dieser Phase werden nicht ausgeführte Ansätze zur Erzählung, unklar gebliebene Passagen und solche, die von Interesse für die Fragestellung erscheinen, durch erneute Erzählaufforderungen aufgegriffen. In besagter Arbeit war eine Erzählung zu den im Sport gemachten Erfahrungen vorgesehen, falls diese bis dahin nicht angesprochen worden waren: „Ich möchte Dich nun bitten, mir von Deinen im Sport gemachten Erfahrungen zu erzählen, wie da eins zum anderen gekommen ist. Erzähl' bitte einfach wieder!" Wie zur Anfangserzählung wird zum Nachfrageteil wieder nachgefragt: „Du sprachst von [...]. Erzähl' doch bitte einfach wieder!" Wie zuvor wird dann zu den weiteren interessierenden Themen verfahren, etwa zum Thema Schule („Ich möchte Dich nun bitten, mir von Deiner Schulzeit zu erzählen, wie da eines zum anderen gekommen ist!") und zum Schulsport: „Während Deiner Schulzeit hast Du am Schulsport teilgenommen. Der interessiert mich besonders und ich hoffe, Du kannst mir auch davon wieder etwas erzählen!" Für den abschließenden bilanzierenden Nachfrageteil werden Fragen formuliert, die auf erste Vermutungen zielen, die sich aus dem Erzählten ergeben haben. Danach finden vorbereitete Fragen Anwendung, die sich konkret auf die jeweilige Fragestellung mit ihren Teilfragen beziehen und für die die Empfehlungen zur Konstruktion von Interview-Leitfäden gelten (vgl. auch Krieger in diesem Band):

> „Welche Bedeutung hat der Schulsport in Deinem Leben?" „Was hat dein Schulsport Dir gebracht?" „Was hätte in deinem Schulsport besser gemacht werden können?" „In welchem Zusammenhang stehen die im Schulsport gemachten Erfahrungen mit Deinen sonstigen sportlichen Erfahrungen?" „So in einem Satz: Schulsport war für mich ...?"

Nachdem die Gesprächsstruktur dem Erkenntnisinteresse gemäß konzipiert worden ist, geht es um die *Gewinnung von Informanten*. Den Informanten muss das eigene Anliegen erläutert und, es muss ein ‚Arbeitsbündnis' (vgl. Richartz in diesem Band) geschaffen werden, denn davon hängt in starkem Maße der Erfolg narrativer Interviews ab. Die im Zuge der Vertrauensbildung zu machenden Anmerkungen zum Forschungsprojekt kollidieren allerdings mit dem Erfordernis, Vorab-Relevanzsetzungen zu vermeiden. Dabei erscheint es sinnvoll, dem Moment der Vertrauensbildung größeres Gewicht einzuräumen, weil es aus forschungsethischen Gründen nicht vertretbar ist, die Informanten über Gegenstand und Thema der zu führenden Interviews im Unklaren zu lassen. Zudem sollen sich die Befragten anstrengen und motiviert sein, zum Gelingen der Untersuchung beizutragen. Deshalb sollten verschiedene subjektive Sinngebungen zu aktivieren versucht werden, wie der Wissenschaft ein Opfer zu bringen, dem Forscher einen Gefallen zu tun, ein gemeinsames Interesse an einer bestimmten Sache zu haben, oder interviewt zu werden.

Zur Durchführung der Interviews gehört es, *Prinzipien der Gesprächsführung* zu beachten (vgl. Brüsemeister, 2000, S. 157-163; Fuchs-Heinritz, 2000, S. 237-262; Glinka, 1998, S. 10-18; S. 129-145; Hermanns, 2000; Lucius-Hoene & Deppermann, 2002, S. 302-305; Rosenthal, 1995, S. 186-207): Verzicht auf einen dominant-autoritären Interviewstil und wertende verbale und nonverbale Signale (Stirnrunzeln, Arme verschränken usw.); aufmerksames und aktives Zuhören mit schriftlichen Stichworten während des Interviews, um diese im Nachfrageteil aufgreifen zu können; Vermeidung einer Intervention bei der autonomen Gestaltung der Erzählung und Förderung der Erinnerungsprozesse der Befragten. Außerdem ist zu berücksichtigen, dass im narrativen Interview bestimmte Beziehungsschemata wirksam sind (vgl. Hermanns, 1984, S. 92-97). Das Herausragende ist das Beziehungsschema des Vertrauens. Ist dieses nicht in ausreichender Weise vorhanden, gewinnt das Beziehungsschema der Machtbeziehung die Oberhand. Das bedeutet, dass sowohl Erzähler und Zuhörer in der Kommunikationssituation ihre Identität darstellen wollen und ein Aushandlungsprozess erfolgt, wer sich im Interview ‚durchsetzt': Der Interviewer möchte eine Erzählung der Lebensgeschichte durchsetzen und räumt dem Erzähler deshalb das uneingeschränkte Rederecht ein, der Erzähler hat dagegen die Möglichkeit, die Erzählung relevanter Sachverhalte zu verweigern.[17]

Nachdem die grundlegenden Voraussetzungen zur Durchführung des Interviews geklärt sind – das Wissen und die Erfahrung des Informanten zur Beantwortung

---

[17] Die angestellten Überlegungen wären hinfällig, wenn technische Aspekte der Tonaufnahme nicht ebenfalls beachtet werden. Gespräche als flüchtige Ereignisse bedürfen einer Konservierung durch Aufzeichnung, wenn sie zum Untersuchungsgegenstand werden sollen. Die zu erstellenden Tonaufnahmen müssen daher in technisch guter Qualität vorliegen. In einer Checkliste zu technischen Aspekten der Interviewführung sollte vermerkt werden: Vertrautmachen mit der Funktionsweise der technischen Aufnahmegeräte; Funktionstüchtigkeit der technischen Aufnahmegeräte prüfen; ausreichend Speichermedien zur Verfügung haben; über Ersatzbatterien und Verlängerungsschnur verfügen; Erprobung der Aufnahmequalität vor Ort; darauf achten, dass das Aufnahmegerät läuft und das Mikrofon eingeschaltet ist.

der Fragestellung, Zeit, interviewt zu werden und die Bereitschaft, an der Untersuchung teilzunehmen – wird freigestellt, wann und wo es geführt werden soll. Bedingung ist eine ungestörte und ruhige Atmosphäre. Von besonderer Wichtigkeit ist, ausreichend Zeit einzuplanen, sodass kein Zeitdruck entstehen kann. Sodann nimmt das ‚interpersonelle Drama' (Hermanns, 2000, S. 361) seinen Lauf.

Bei der *Durchführung* narrativer Interviews werden die Befragten in der *Aushandlungsphase* darauf hingewiesen, dass es nicht nur um das eigentliche Thema wie den Schulsport geht, sondern um die Einbettung des Schulsports in ihre Lebensgeschichte. Weiter muss der Sinn der Interviews erläutert und der Ablauf erklärt werden. Den Informanten wird zudem das monologische Rederecht und die ungehinderte erzählerische Entfaltung eingeräumt. Es werden die Anonymisierung und der Umgang mit dem Material geklärt, wobei die Nichtweitergabe des Gesprächsprotokolls garantiert wird. Außerdem werden Absprachen über eine mögliche Veröffentlichung getroffen, und den Informanten werden gegebenenfalls Einspruchs- und Korrekturrechte zumindest bis direkt nach Beendigung des Interviews eingeräumt. Als Gegenleistung wird etwa die Überlassung des Transkripts angeboten. Zur Information kann ein vorgefertigter Text ausgehändigt werden, in dem die angesprochenen Aspekte in Ruhe durchgelesen werden können und die Möglichkeit gegeben wird, die Einwilligung in das Interview zu überdenken. Die Einwilligung erfolgt per Unterschrift, die gemachten Zusicherungen werden vom Interviewer ebenfalls per Unterschrift ratifiziert. Vor der Formulierung des ersten Erzählimpulses sollte das möglicherweise vorhandene ‚Recorder-Unwohlsein' (Hermanns, 2000, S. 362) thematisiert und nach Beginn der Tonaufnahme zunächst vom Interviewer zu zeigen versucht werden, wie ungezwungen man trotz Aufnahme sprechen kann.

Während der folgenden *Anfangserzählung* gilt es zu gewährleisten, dass die drei Zugzwänge des Erzählens nicht verlassen werden, indem der Interviewte verbal (‚hmmm', ‚ja', ‚ich verstehe') und nonverbal durch Gesten und Mimik unterstützt wird. Es gilt die „goldene Regel der Nichteinmischung (Mund halten, reden lassen, nicken)" (Hermanns, 1984, S. 80).

Die Einlösung der weiteren konzipierten Phasen hängt davon ab, inwiefern die vorab anvisierten Themen bereits angesprochen werden. Wenn in der Anfangserzählung eines oder gar alle diese Themen angesprochen werden, können erzählgenerierende Nachfragen hierzu gestellt werden, die so den vorbereiteten Erzählimpuls für eines der Themen ersetzen. Diese flexible Handhabung ergibt sich aus dem Erfordernis, die Steuerung der Relevanzsetzungen im Interview so weit wie möglich dem Erzähler zu überlassen.

Der *Interviewabschluss* besteht darin, sich zu bedanken, die vorangegangene Interviewsituation zu rekapitulieren und einen Kurzfragebogen auszufüllen, bei dem etwa Angaben zum Namen, Alter, Schullaufbahn, Beruf der Eltern, Sportverein, außerschulischen Sportaktivitäten und den letzten drei Sportnoten gemacht werden.

Zur *Nachbereitung* der Interviews gehört es, Aspekte zu dokumentieren, die nicht bei der Aufnahme erfasst worden sind, aber von Belang für die Interpretation sein können (vgl. Brüsemeister, 2000, S. 16; Lucius-Hoene & Deppermann, 2002, S. 305-308). Dabei wird dokumentiert, wie sich die Interaktion bei der Datenproduktion abgespielt hat, um u.a. Anhaltspunkte dafür zu gewinnen, wie und wann der Interviewer die Erzählweise des Befragten beeinflusst hat. Außerdem werden spontane thematische Auffälligkeiten und Interpretationsideen notiert, die Anregungen für die Auswertung geben können. Im Interviewbericht kann vermerkt werden: Dauer des Interviews/Ort; Kontaktaufnahme bei der Befragung; Dauer, Zahl, Orte der Kontakte; anwesende Dritte, Störungen der Befragung; Gespräche über Sinn und Zweck der Befragung; Vermutungen und Anhaltspunkte über die Interessenlage des Befragten, über Erwartungen und Befürchtungen; Selbststilisierung des Befragten, Gestaltung der Situation, besonders zu Anfang des Gespräches; Erinnerungs- und Erzählbereitschaft; kommunikative und emotionale Probleme; ausgelöste Gefühle beim Interviewer; Verlauf und Thematik des Gesprächs vor Einschalten und nach Abschalten des Tonbandgerätes. Das so aufgenommene Tonmaterial bildet die Voraussetzung für eine Transkription, mit der die dauerhafte Verfügbarmachung des flüchtigen Gesprächsverhaltens und eine kontrollierte Auswertung der Daten ermöglicht wird. Dabei ist eine literarische Umschrift in der Regel ausreichend, welche die umgangssprachliche Diktion in normaler Orthographie wiedergibt.

3.2 Vorgehensweise bei der Datenauswertung

Mit dem narrativen Interview liegt eine Methode vor, mit der rückblickend langwierige und vielschichtige Prozesse des biographischen Gewordenseins erfasst werden. Schütze grenzt seinen Ansatz nicht nur von der methodischen Vorgehensweise der quantitativen Lebenslaufforschung ab, sondern auch von solchen Auswertungsverfahren der qualitativen Sozialforschung, bei denen allein die Deutungsmuster von Menschen rekonstruiert werden. In Schützes Ansatz sind diese Deutungsmuster ebenfalls von Interesse, allerdings werden sie nicht losgelöst betrachtet, sondern im Zusammenhang der Handlungsmuster, die aus dem Erzählten rekonstruiert werden können (vgl. zum hiermit zusammenhängenden Problem impliziter Wissensbestände Richartz in diesem Band).[18] Diese beiden Ebenen werden vereinfacht gesagt bei der Auswertung in Beziehung gesetzt: Wie hat der Erzähler in Situationen seines Lebens gehandelt? Wie deutet er dieses Handeln? Diese Unterscheidung wird gemäß der Grundannahmen möglich, da sich Erleidens- und Handlungssituationen einerseits und die lebensgeschichtlich späteren Haltungen dazu andererseits in den Textsorten der Erzählung bzw. Argumentation niederschlagen (vgl. Brüsemeister, 2000).

Bevor man jedoch zu dieser Unterscheidung kommt, ist eine Narrationsanalyse in mehreren Schritten durchzuführen. Dabei sind *vorbereitende und ergänzende Schritte* zu durchlaufen, indem die anhand von Notizen skizzierte Interviewsituation dargestellt und eine Analyse der biographischen Daten durchgeführt wird, um einen Überblick über die zeitliche Abfolge von Ereignissen im Lebenslauf zu erhalten. Begleitend zur gesamten Datenauswertung werden fortlaufend Memos zu allen Fragen erstellt, die sich im Laufe der Auswertung ergeben haben.

Beim narrationsanalytischen Vorgehen wird der jeweilige Fall in seiner Gesamtgestalt herausgearbeitet, und es gilt das ‚Prinzip der Sequenzialität' (Jakob, 1997, 451f.; Rosenthal, 1995, S. 213ff.), das dem prozessualen Charakter sozialen Handelns Rechnung trägt. Der erste dies berücksichtigende Auswertungsschritt wird von Schütze (1983, S. 285) als formale Textanalyse bezeichnet. Die formale Textanalyse ermöglicht Zugriff zur Struktur der Erfahrungsaufschichtung und liefert Indikatoren für subjektiv relevante Ereignisse in einer Biographie. Bei der formalen Analyse erfolgt eine makroskopische Betrachtung der Grundstruktur des Interviewtextes, wobei sich die sequentielle Gliederung in Segmenten niederschlägt. Zu segmentieren bedeutet, den Text hinsichtlich Sprecherwechsel und der verschiede-

---

[18] Natürlich besteht die Möglichkeit, sich anderer Auswertungsverfahren zu bedienen. Alternativen liefert eine an der Objektiven Hermeneutik oder an der Grounded Theory (vgl. Frei & Reinhartz in diesem Band) orientierte Auswertung. Konkrete auf das narrative Interview bezogene Alternativen sind etwa von Fischer-Rosenthal (1997) und Rosenthal (1995) oder Haupert (1991) erarbeitet worden.

nen Textsorten zu gliedern. Die so gewonnenen Segmente können dann weiter hinsichtlich der darin eingelagerten Themen segmentiert werden. Anschließend wird die Beziehung zwischen den so gewonnenen Segmenten herausgearbeitet. Erzählsegmente müssen nicht linear angeordnet sein, sondern können ineinander verschachtelt sein, weil der Erzähler von der sich entwickelnden Eigendynamik der Erzählung getragen wird.

Beim zweiten Auswertungsschritt wird die *strukturelle Beschreibung* entsprechend der gewonnenen Segmente durchgeführt (vgl. Schütze, 1983, S. 286). Auch hier gilt das Prinzip der Sequenzialität, indem „die faktische Erfahrungs- und Erinnerungsaufschichtung des Erzählers und Biographieträgers in ihrer erzählkommunikativen und lebensgeschichtlichen Kontextgebundenheit" (Schütze, 1984, S. 114f.) rekonstruiert wird. Dies ist der zeitlich aufwändigste Schritt. Während sich die formale Textanalyse mehr auf das Wie des Erzählens bezieht, wird bei der strukturellen Beschreibung detailliert beschrieben, welche Handlungen im Rahmen der jeweiligen Biographie vollzogen werden, welche Konsequenzen diese haben und welche Alternativen bestanden hätten. Die strukturelle Beschreibung ermöglicht zudem, die sogenannten Prozessstrukturen des Lebensablaufs herauszuarbeiten. Diese sind „(wenn auch z.T. nur spurenweise) in allen Lebensläufen anzutreffen" (Schütze, 1983, S. 284) und beschreiben die Erfahrungshaltung, „die der Biographieträger den Ereignisabläufen gegenüber einnimmt" (Schütze, 1984, S. 92):

- Der Biographieträger nimmt eine Haltung gegenüber lebensgeschichtlichen Ereignissen ein, die im Sinne eines ‚institutionellen Ablaufmusters' (Schütze, 1981, S. 67-70, S. 138-145; 1984, S. 92) als vorgegeben und erwartet hingenommen wird. Bei einem institutionellen Ablaufmuster sieht sich der Biographieträger bestimmten normativen Erwartungen ausgesetzt. In der Regel werden die an den Biographieträger herangetragenen normativen Erwartungen nicht biographisch thematisiert, sondern beziehen sich auf routinisierte Vollzüge.
- Handelt der Biographieträger hingegen geplant und versucht erfolgreich oder erfolglos eigene biographische Ziele zu verwirklichen, liegt ein ‚biographisches Handlungsschema' (Schütze, 1981, S. 70-88, S. 133-138; 1983, S. 288; 1984, S. 92) vor.
- Das Gegenteil eines biographischen Handlungsmusters stellen die ‚Verlaufskurven' (Schütze, 1981, S. 88-103, S. 145-153; 1983, S. 288-292; 1984, S. 92) dar. Verlaufskurven werden durch Situationen schmerzhafter und auswegloser

werdenden Erleidens hervorgerufen. Dabei erfährt der Biographieträger den Verlust intentionaler Handlungsfähigkeit, was schließlich dazu führen kann, dass seine Biographie ‚ins Trudeln' gerät und ein Zusammenbruch erfolgt.
- Der Biographieträger kann außerdem an sich neue Handlungskompetenzen entdecken. Er nimmt eine Haltung ein, die im Sinne eines ‚Wandlungsprozesses' (Schütze 1981, S. 103-129; 1984, S. 92) als überraschend, herausfordernd und befreiend beschrieben wird.

Mit der *analytischen Abstraktion* als nächstem Auswertungsschritt ist eine Loslösung vom Primärdatenmaterial verbunden, indem die in der strukturellen Beschreibung erarbeiteten Aspekte „von den Details der einzelnen dargestellten Lebensabschnitte gelöst" und „die abstrahierenden Strukturaussagen zu den einzelnen dargestellten Lebensabschnitten [...] systematisch miteinander in Beziehung gesetzt" (Schütze, 1983, S. 286) werden. Auf dieser Grundlage wird

> „die biographische Gesamtformung, d.h. die lebensgeschichtliche Abfolge der erfahrungsdominanten Prozessstrukturen in den einzelnen Lebensabschnitten bis hin zur gegenwärtig dominanten Prozessstruktur herausgearbeitet" (ebd.).

Der letzte Auswertungsschritt auf der Ebene der Einzelfälle ist die *Wissensanalyse*. Hier werden „die interpretierenden Anstrengungen des Biographieträgers in den Zusammenhang faktischer Prozessabläufe seines Lebens" (Schütze, 1983, S. 284) eingebettet, d.h., die rekonstruierten Handlungs- und Deutungsmuster werden verglichen. Mit der Wissensanalyse kommt das Prinzip der pragmatischen Brechung zum Tragen, da Differenzen zwischen biographischen Abläufen und deren Deutung erklärt werden können. So werden Aussagen darüber getroffen, wie die Deutungsmuster des Erzählers entstanden sind, welche Funktionen sie für ihn haben oder dass er nicht erkennt, welche Strukturen seine Biographie maßgeblich beeinflussen. Am Ende des Auswertungsprozesses steht eine Fallbeschreibung wie die folgende:

Sanchay ist ein in Deutschland geborener Inder, der zum Zeitpunkt des Interviews kurz vor dem Abitur steht. Zunächst erfolgt die Bitte an ihn, seine Lebensgeschichte bis zum heutigen Tag zu erzählen. Sanchay entwirft daraufhin ein zentrales Deutungsmuster zum eigenen Leben, das ‚normal' verlaufen sei. Danach fängt er an zu erzählen, wie in seinem Leben eines zum anderen gekommen ist. Dabei zeigt sich, dass er in der Tat ‚normal' den Kindergarten, die Grundschule und das Gymnasium besucht hat, nach dem Abitur ist ein Studium geplant. Die Erzählung offenbart Auffälligkeiten: Die von ihm durchlaufenen schulischen Institutionen sind für ihn nicht nur ein Ort des Lernens gewesen, sondern vor allem ein Ort sozialer Kontakte. Dies ist nichts Ungewöhnliches. Ungewöhnlich ist, dass der Kontakt zu Gleichaltrigen auf die jeweilige Institution beschränkt geblieben ist. Sanchay erklärt dies mit der von seinen Eltern vorgelebten indischen Tradition, die nur wenig Raum für Freundschaften außerhalb der Schule gelassen habe. Auffällig ist, dass Sanchay darauf pocht, normal aufgewachsen zu sein. Dieses Deutungsmuster steht im Widerspruch zu dem, was er erzählt: Sein Aufwachsen ist zumindest in Bezug auf soziale Kontakte zu Gleichaltrigen nicht normal verlaufen. Ohne weiter ins Detail zu gehen, ist festzuhalten: Bei Sanchay ist ein biographisches Handlungsschema der Suche nach sozialen Kontakten zu Gleichaltrigen erkennbar. Weil ihm seine Eltern diese Kontakte außerhalb der Schule verboten, entstand ein Spannungsfeld zu den elterlichen Vorgaben, das sich auf vielerlei Bereiche auswirkte. Daneben verfolgt er ein biographisches Handlungsschema, das darin besteht, eine erfolgreiche Tenniskarriere anzustreben. Die beiden biographischen Handlungsschemata wirkten sich nachhaltig auf Sanchays Schulsport aus, denn dort suchte er beständig die Verwirklichung der damit verbundenen Ziele. Vor diesem Hintergrund machte er vor allem in der Mittelstufe negative Erfahrungen im Schulsport. Aufgrund seiner Fixierung auf Tennis war es ihm nur bedingt möglich, positive Erfahrungen in einem auf die Bundesjugendspiele ausgerichteten Schulsport zu machen. Sport wurde für ihn daher ‚ein Fach wie Mathe und Englisch'. Eher schon wurde es möglich, im Schulsport soziale Kontakte einzugehen, doch aufgrund der beschriebenen Grundproblematik blieben diese Kontakte auf die Schule beschränkt. Durch den Schulsport wurden bei Sanchay keine biographischen Handlungsschemata in Gang gesetzt, er suchte dort vielmehr die Verwirklichung der außerhalb des Schulsports in Gang gesetzten Handlungsschemata. Dies war u. a. deshalb wenig erfolgreich, weil im Schulsport ein institutionelles Ablaufmuster sein Handeln beeinflusste. Neue Handlungskompetenzen im Sinne eines Wandlungsprozesses entdeckte und entwickelte er durch den Schulsport daher auch nicht. Aufgrund seiner biographisch bedingten Affinität zum Sport war gleichzeitig ausgeschlossen, dass sich eine Schulsport-Verlaufskurve entwickeln konnte. Durch seinen neuen Tennistrainer, einem echten ‚Lebemann', wurde bei Sanchay ein Wandlungsprozess ausgelöst. Er löste sich aus dem engen Korsett elterlicher Verbote und entdeckte ein ‚anderes Leben' mit Freunden und Partys. Damit schließt sich der Kreis zum anfänglichen Deutungsmuster, ein normales Lebens gehabt zu haben. Dieses Deutungsmuster verweist auf einen konfliktbeladenen biographischen Prozess, den Sanchay durchlaufen musste. In dem Deutungsmuster, normal zu sein, steckt die Problematik, dass seine Biographie in Bezug auf soziale Kontakte zu Gleichaltrigen nicht normal gewesen ist. Gleichzeitig steckt darin der durch den Wandlungsprozess ausgelöste späte Triumph Sanchays, der es ihm erlaubt, Normalität beanspruchen zu können. Neben diesen Einfluss ausübenden Prozessstrukturen kommen bei Sanchay weitere wirkungsmächtige Prozessstrukturen hinzu, die inhaltlich nicht auf einen Nenner zu bringen sind, aber von Relevanz für die im Schulsport gemachten Erfahrungen sind. Hervorstechendes Ergebnis der Rekonstruktion dieser Schülerbiographie ist die geringe biographische Bedeutsamkeit, die den im Schulsport gemachten Erfahrungen zukommt. Vielmehr ist biographischen Vorerfahrungen aus anderen Lebensbereichen eine ausgeprägte Wirkungsmächtigkeit zuzuschreiben, und diese Vorerfahrungen fungieren als ein zentraler Filter für die Rezeption und Verarbeitung schulischer Lehrangebote und beeinflussen in maßgeblicher Weise die Art und Weise, wie Sanchay den Schulsport erfährt und welches Bild er von ihm entwirft.

Durch die Hinzuziehung weiterer Interviews und *kontrastive Vergleiche* wird die Ebene der Einzelfallanalyse verlassen, indem Fallhypothesen an Daten und Hypothesen aus anderen Fällen kontrastiv überprüft werden. Entsprechend des zirkulären Vorgehens qualitativer Sozialforschung werden nach einer ersten Phase der Datenerhebung Hypothesen gebildet, wobei die in dieser Phase entstehende Theorie über den Gegenstandsbereich die Auswahl der nächsten Fälle anleitet. Eine Vorgehensweise, dies umzusetzen, stellt das *Theoretical Sampling* dar (vgl. Glaser & Strauss, 1998). Dabei erfolgt die Auswahl der zu befragenden Personen nach theoretischen Befunden, die aus Felddaten gewonnen werden. Der dahinter stehende Gedanke ist der, dass ein bestimmter Handlungsbereich durch relativ wenige strukturelle Merkmale beschreibbar ist, deren Varianten aber nicht in unbegrenzter Anzahl vorliegen. So wird anhand der ‚Strategie des minimalen Vergleichs' (Schütze, 1983, S. 287) eine Auswahl vorgenommen, wobei solche Interviews herangezogen werden, die hinsichtlich des interessierenden Phänomens Ähnlichkeiten zum Ursprungstext aufweisen. Durch die Minimierung von Unterschieden wird die Wahrscheinlichkeit erhöht, ähnliche Daten zu finden. Im nächsten Schritt werden „in einer Strategie maximalen Vergleichs Interviewtexte maximaler Verschiedenheit zum Ausgangstext" (Schütze, 1983, S. 287) herangezogen, die immer noch Ähnlichkeiten zum Ursprungstext aufweisen. Die Suche nach Kontrastfällen wird von der sich entwickelnden Theorie geleitet und solange fortgesetzt, bis die ‚theoretische Sättigung' (Kelle & Kluge, 1999, S. 46) erreicht ist, d.h., bis die Bandbreite der zur Bearbeitung der Fragestellung relevanten Phänomene abgedeckt ist. Die abschließende Konstruktion eines theoretischen Modells ist dem Anspruch der Biographieforschung verpflichtet,

> „über eine methodisch kontrollierte Fallrekonstruktion den Fall nicht nur in seiner Komplexität zu erfassen und zu dokumentieren, sondern zu den konstituierenden Prinzipien [...] des Falles vorzudringen und so zu allgemeinen Einsichten in Prozesse der sozialen Praxis und in neuartige gesellschaftliche Phänomene zu gelangen" (Fabel-Lamla & Tiefel, 2003, S. 190).

4 Praktisches Anwendungsfeld II: Das narrative Interview als Methode zur Vermittlung und zum Erwerb biographischer Kompetenz in der Sportlehrerausbildung

Ergänzend zum beschriebenen ‚konventionellen' Anwendungsfeld wird nun verdeutlicht, welche Rolle narrative Interviews beim Einsatz in der universitären Sportlehrerausbildung zum Erwerb und zur Vermittlung von biographischer Kompetenz spielen können (vgl. Blotzheim, 2005; Blotzheim & Kamper, 2007). Dabei wird der Grundannahme gefolgt, dass Studierende des Lehramtes Sport frühzeitig eine Umorientierung vom Schüler und Sportler hin zum Sportlehrer vornehmen und fortwährend selbst prüfen müssen, wie ausgewiesene pädagogisch-professionelle Ansprüche von ihnen erfüllt werden können. Wenn Studierende etwa die in der Freizeit, im Schulsport und im Studium gemachten sportpraktischen Erfahrungen als hinreichend für die spätere schulische Berufspraxis ansehen, ist ein Lehr-Lernprozess notwendig, der dieses Selbstmissverständnis zu irritieren und zu relativieren versucht.

In Anlehnung an das im vergangenen Kapitel beschriebene Vorgehen wurden zur Relativierung dieses Missverständnisses seminarbegleitend narrative Interviews mit Sportstudierenden geführt, wobei Erzählimpulse zur gesamten Lebensgeschichte und zu den Themen Sport, Schule, Schulsport, Studium und Sportstudium gegeben wurden. Im Bilanzierungsteil wurden exmanente Nachfragen gestellt:

„War das dein eigener Entschluss, Sportlehrer zu werden? Wodurch bist du dazu angeregt worden? Hast du dir schon einmal Gedanken über die Erwartungen und Ansprüche gemacht, die auf dich im Beruf zukommen? Welche Ansprüche an dich hast du? Hast du schon einmal über deine Stärken und Schwächen für das Sportstudium und den Sportlehrerberuf nachgedacht? Welcher Lehrer willst du werden, was ist dir wichtig? Wie stellst du dir die Arbeit in der Schule vor? Wie wichtig ist wohl das Fach Sport? Was werden dir Schüler bedeuten? Hat sich durch das Studium etwas hinsichtlich deiner Einstellung zu deiner Berufsentscheidung geändert? Hat sich durch andere Erfahrungen als die im Studium gemachten etwas hinsichtlich deiner Berufsentscheidung geändert? Als wie groß beurteilst du den Einfluss des Studiums und des Sportstudiums auf deine persönliche Weiterentwicklung? Was hat dein Sportstudium dir bisher gebracht?"

Die Besonderheit des eingeschlagenen Weges besteht weniger darin, dass eine Biographie als erzählte Lebensgeschichte durch das narrative Interview hervorgebracht wird, sondern dass nicht der Interviewer die Daten auswertet, sondern die

Interviewten selbst. Die Sportstudierenden, gerade noch die Erzähler ihrer Lebensgeschichte, werden somit zu Forschern in eigener Sache, die zu ihrer Biographie in Distanz treten, sich ihr reflexiv zuwenden und sie selbstkritisch bewerten. Durch die damit verbundene Bewusstmachung des eigenen, biographisch erworbenen Wissens sollen implizite Überzeugungen zur subjektiven Wahrnehmung sportpraktischer Erfahrungen verfügbar gemacht, als veränderbar erkannt und in das spätere berufliche Handeln eingebracht und weiterentwickelt werden. Um dies umzusetzen, wurde im Austausch mit den Studierenden ein pragmatisches Auswertungsverfahren entwickelt:

> 1) Transkribiere die Aufnahme des Interviews. Notiere, was dir auffällt, welche spontanen Empfindungen du hast, welche Irritationen das Hören der eigenen Lebensgeschichte bei dir auslöst! 2) Segmentiere den Text! 3) Paraphrasiere den Text auf der Grundlage der Segmentierung (Was wird wie gesagt?)! 4) Verfasse eine ‚dichte Beschreibung' des Textes (Was wird wie wozu gesagt?)! Beantworte dabei folgende Fragen: Was ist typisch für meine (Sport-)Biographie? Welche Handlungsmuster sind erkennbar? Welche Deutungsmuster sind erkennbar? 5) Für eine selbstgesteuerte Rückmeldung beantworte bitte folgenden Fragenkatalog: Welche Sichtweise auf Sport habe ich in meiner Biographie entwickelt? Sind meine im Sport gemachten Erfahrungen einseitig? Wie habe ich meine Sportlehrer erlebt? Wie ist es dazu gekommen, dass ich Lehramt Sport studiere? Was sind meine Motive, Lehramt Sport zu studieren? Was bedeutet es für mich, Sportstudierender zu sein? Was will ich durch mein Sportstudium erreichen? Möchte ich das eigene Sporttreiben in der Ausbildung und im Beruf fortsetzen? Muss ich meine Erwartungen korrigieren? Welcher Lehrer möchte ich werden, was ist mir wichtig? Gehe ich davon aus, dass der Beruf des Sportlehrers Spaß machen wird wie das eigene Sporttreiben? Wie ist das theoretische Interesse am Fach bei mir ausgeprägt und bin ich am Erwerb wissenschaftlichen Wissens über das zukünftige Berufsfeld interessiert? Ist in meinen Ausführungen ein pädagogisches Leitbild erkennbar? Formuliere ich Ansprüche an mich selber? Wenn ja: Welche? Welche Aspekte davon könnten sich negativ auf den weiteren Verlauf meiner beruflichen Karriere auswirken? Inwiefern habe ich den Perspektivenwechsel vom Sportler zum Sportlehrer vollzogen? Inwiefern werde ich den Ansprüchen und Aufgaben für Sportlehrer noch nicht gerecht?

Als begleitende Literatur zur theoretischen Auseinandersetzung mit dem narrativen Interview und dessen Auswertung wurden Texte empfohlen (vgl. Brüsemeister, 2000; Hermanns, 1995; Lucius-Hoene & Deppermann, 2002; Richartz, 1999), deren Lektüre die Studierenden bei der Aneignung wissenschaftlicher Erkenntnisse und Arbeitsweisen unterstützen sollte.[19]

5 Chancen und Grenzen beim Einsatz des narrativen Interviews

Das narrative Interview ist im methodischen Spektrum der qualitativen Forschung eine mündliche Form der Befragung, die vor allem in der Biographieforschung eingesetzt wird. Es ist für die Untersuchung sportpädagogischer Fragen prädestiniert, denn beim Sporttreiben besteht ein besonderer Bezug zum Körper, und leibliche Erfahrungen stellen eine spezielle Ebene subjektiver Erfahrungen dar. Bildung und Erziehung im und durch Sport sind an diese Erfahrungen gebunden, und durch das narrative Interview wird es möglich, Aussagen zu pädagogisch wünschenswerten biographischen Erfahrungen beim Sporttreiben zu machen.

Wie bei jeder anderen qualitativen Methode bestehen Grenzen des Einsatzes beim narrativen Interview. So ist ein starker Zeitaufwand bei der Datenauswertung zu bedenken, und bei einer größeren Zahl von Interviews sind begründete Abkürzungsstrategien erforderlich. Das narrative Interview kann außerdem nur für solche Sachverhalte eingesetzt werden, die erzählbar sind. Es ist nur die Geschichte von etwas erzählbar, nicht aber ein Zustand oder eine Routine. Weiter ist die Alltagskompetenz des Erzählens nicht bei allen Menschen gleichermaßen vorhanden. ‚Gescheiterte' Interviews, in denen nicht erzählt wird, geben demnach aktuelle Deutungsmuster des Informanten wieder. Wie es zu diesen Deutungsmustern gekommen ist und welche biographischen Erfahrungen ihnen zugrunde liegen, kann nicht geklärt werden. Zudem hat die Forschungspraxis gezeigt, dass das narrative Interview erst ab einem Alter von etwa 15 Jahren einsetzbar ist. Als weiterer Aspekt ist zu bedenken, dass ethische Gründe seine Anwendbarkeit limitieren, denn

---

[19] Die Rückmeldung der Studierenden zur Methode war weitgehend positiv. Dennoch ist dieses Vorgehen nur bedingt in der Sportlehrerausbildung anwendbar. Einmal, weil es sehr aufwändig und an vorhandene Interviewerkompetenzen gebunden ist; zum anderen, weil sich die grundsätzliche Frage stellt, wie weit man in der Sportlehrerausbildung bei einem durch Methoden angeleiteten Erwerb von biographischer Kompetenz gehen kann und darf. Es ergibt sich nämlich das Dilemma, einerseits von der Bedeutsamkeit des reflexiven Zugangs zur eigenen Biographie für die spätere Berufstätigkeit überzeugt zu sein, andererseits aber Gefahr zu laufen, durch eine Intervention von außen zu respektierende Grenzen des Privaten zu verletzen.

die Zugzwänge des Erzählens lassen die Befragten möglicherweise über etwas sprechen, was in anderen Interviews unausgesprochen bliebe. Hinzuweisen ist zuletzt vor allem darauf, dass die Vorgehensweise beim narrativen Interview nicht rein theoretisch vermittelt werden kann, sondern des kommunikativen Austauschs wie etwa in Forschungswerkstätten bedarf. Wie generell in der qualitativen Forschung gilt auch hier das Prinzip des ‚Learning by doing', bei gleichzeitigem reflektierten und kritischen Umgang mit den voraussetzungsreichen theoretischen Grundlagen des narrativen Interviews!

Literatur

Abraham, A. (2002). *Der Körper im biographischen Kontext. Ein wissenssoziologischer Beitrag*. Wiesbaden: Westdeutscher.

Bernart, Y. & Krapp, S. (1998*). Das narrative Interview. Ein Leitfaden zur rekonstruktiven Auswertung. (Forschung, Statistik & Methoden, 2)*. Landau: Verlag Empirische Pädagogik.

Blotzheim, D. (2005). Überlegungen zur Vermittlung und zum Erwerb biographischer Kompetenz in der Sportlehrerausbildung. In *Bildungsforschung*, Jahrgang 2, Ausgabe 2. (Abrufbar unter http://www.bildungsforschung.org/Archiv/2005-02/sportlehrer/)

Blotzheim, D. (2006). *Schulsport in Schülerbiographien. Theoretisches, Methodologisches und Empirisches zum Schulsport aus Schülersicht*. Dissertation, Universität Dortmund. (Abrufbar unter http://hdl.handle.net/2003/22524)

Blotzheim, D. & Kamper, S. (2006). Berufsbiographische Selbstkonstruktion und Kompetenzerwerb im Sportstudium (BioSeKo) – Ein Werkstattbericht. In M. Kolb (Hrsg.), *Empirische Schulsportforschung*. (Jahrbuch Bewegungs- und Sportpädagogik in Theorie und Forschung, 5). Butzbach-Griedel: Afra.

Bohnsack, R. (2003). *Rekonstruktive Sozialforschung. Einführung in qualitative Methoden* (5. Aufl.). (UTB, 8242). Opladen: Leske + Budrich.

Brüsemeister, T. (2000). *Qualitative Forschung. Ein Überblick*. (Hagener Studientexte zur Soziologie, 6). Wiesbaden: Westdeutscher Verlag.

Dirks, U. (2002). Das biographisch-narrative Interview als Forschungsinstrument einer modernen Kulturtheorie. In P. Elflein et al. (Hrsg.), *Qualitative Ansätze und Biographieforschung in der Bewegungs- und Sportpädagogik* (S. 10-29). (Jahrbuch Bewegungs- und Sportpädagogik in Theorie und Forschung, 1). Butzbach-Griedel: Afra.

Fabel-Lamla, M. & Tiefel, S. (2003). Fallrekonstruktionen in Forschung und Praxis – Einführung in den Themenschwerpunkt. *ZBBS, 4* (2), 189-198.

Fischer-Rosenthal, W. & Rosenthal, G. (1997). Narrationsanalyse biographischer Selbstpräsentationen. In R. Hitzler & A. Honer (Hrsg.), *Sozialwissenschaftliche Hermeneutik. Eine Einführung* (S. 133-164). Opladen: Leske + Budrich.
Fuchs-Heinritz, W. (2000). *Biographische Forschung. Eine Einführung in Praxis und Methoden* (2. Aufl.) (Hagener Studientexte zur Soziologie, 5). Wiesbaden: Westdeutscher Verlag.
Glaser, B. G. & Strauss, A. L. (1998). *Grounded Theory. Strategien qualitativer Forschung.* Bern et al.: Hans Huber.
Glinka, H.-J. (1998). *Das narrative Interview. Eine Einführung für Sozialpädagogen.* (Edition soziale Arbeit). Weinheim, München: Juventa.
Haupert, B. (1991). Vom narrativen Interview zur biographischen Typenbildung. In D. Garz & K. Kraimer (Hrsg.), *Qualitativ-empirische Sozialforschung. Konzepte, Methoden, Analysen* (S. 213-254). Opladen: Westdeutscher Verlag.
Heinze, T. (2001). *Qualitative Sozialforschung. Einführung, Methodologie und Forschungspraxis.* München, Wien: R. Oldenbourg.
Hermanns, H. (1984). *Berufsverlauf von Ingenieuren. Biographie-analytische Auswertung narrativer Interviews.* Frankfurt a. M., New York: Campus.
Hermanns, H. (1995). Narratives Interview. In U. Flick (Hrsg.), *Handbuch Qualitative Sozialforschung. Grundlagen, Konzepte, Methoden und Anwendungen* (2. korrigierte Auflage) (S. 182-185). Weinheim: Beltz.
Hermanns, H. (2000). Interviewen als Tätigkeit. In U. Flick, E. v. Kardorff & I. Steinke (Hrsg.), *Qualitative Forschung. Ein Handbuch* (S. 360-368). Reinbek: Rowohlt.
Jakob, G. (1997). Das narrative Interview in der Biographieforschung. In B. Friebertshäuser & A. Prengel (Hrsg.), *Handbuch Qualitative Forschungsmethoden in der Erziehungswissenschaft* (S. 445-458). Weinheim, München: Juventa.
Kelle, U. & Kluge, S. (1999). *Vom Einzelfall zum Typus. Fallvergleich und Fallkonstrastierung in der qualitativen Sozialforschung.* (Qualitative Sozialforschung, 6). Opladen: Leske + Budrich.
Lucius-Hoene, G. & Deppermann, A. (2002). *Narrative Identität. Ein Arbeitsbuch zur Analyse narrativer Interviews.* Opladen: Leske + Budrich.
Marotzki, W. (1990). *Entwurf einer strukturalen Bildungstheorie. Biographietheoretische Auslegung von Bildungsprozessen in hochkomplexen Gesellschaften.* (Studien zur Philosophie und Theorie der Bildung, 3). Weinheim: Deutscher Studien Verlag.
Marotzki, W. (1999). Forschungsmethoden und -methodologie der Erziehungswissenschaftlichen Biographieforschung. In H.-H. Krüger & W. Marotzki (Hrsg.), *Handbuch erziehungswissenschaftliche Biographieforschung* (S. 109-133). Opladen: Leske + Budrich.

Nittel, D. (1992). *Gymnasiale Schullaufbahn und Identitätsentwicklung. Eine biographieanalytische Studie.* (Interaktion und Lebenslauf, 6). Weinheim: Deutscher Studienverlag.

Richartz, A. (1999). Leistungssport und Lebensgeschichte – Über das Verstehen biographischer Zusammenhänge. In B. Strauß, H. Haag & M. Kolb (Hrsg.), *Datenanalyse in der Sportwissenschaft. Hermeneutische Verfahren und statistische Verfahren* (S. 77-98). (Grundlagen zum Studium der Sportwissenschaft, 3). Schorndorf: Hofmann.

Riemann, G. (1987). *Das Fremdwerden der eigenen Biographie. Narrative Interviews mit psychiatrischen Patienten.* (Übergänge, 19). München: Fink.

Rosenthal, G. (1995). *Erlebte und erzählte Lebensgeschichte. Gestalt und Struktur biographischer Selbstbeschreibungen.* Frankfurt a. M., New York: Campus.

Schulze, T. (1999). Erziehungswissenschaftliche Biographieforschung. Anfänge – Fortschritte – Ausblicke. In H.-H. Krüger & W. Marotzki (Hrsg.), *Handbuch erziehungswissenschaftliche Biographieforschung* (S. 33-55). Opladen: Leske + Budrich.

Schütze, F. (1981). Prozeßstrukturen des Lebensablaufs. In J. Matthes, A. Pfeifenberger und M. Stosber (Hrsg.), *Biographie in handlungswissenschaftlicher Perspektive. Kolloquium am SFZ der Universität Erlangen* (S. 67-156). Nürnberg: Nürnberger Forschungsvereinigung.

Schütze, F. (1983). Biographieforschung und narratives Interview. *Neue Praxis, 13* (3), 283-293.

Schütze, F. (1984). Kognitive Figuren des autobiographischen Stegreiferzählens. In M. Kohli, M. & G. Robert (Hrsg.), *Biographie und soziale Wirklichkeit. Neue Beiträge und Forschungsperspektiven* (S. 78-117). Stuttgart: Metzler.

Schütze, F. (1987). Das narrative Interview in Interaktionsfeldstudien. Erzähltheoretische Grundlagen. Teil 1. Merkmale von Alltagserzählungen und was wir mit ihrer Hilfe erkennen können. Hagen: Studienbrief der Fernuniversität Hagen.

Teil II

Konzepte und Methoden mittlerer Reichweite

Inhalt

- Das Schulsportportrait als Instrument im Rahmen von
  Schulentwicklungsprozessen (JÖRG THIELE) 89

- Zur Analyse sprachlicher Handlungen im Kontext
  sportpädagogischer Lehr- und Lernprozesse
  (GEORG FRIEDRICH). 115

- Von Fall zu Fall: Kasuistisch forschen (PETRA WOLTERS) 137

JÖRG THIELE

Das Schulsportportrait als Instrument im Rahmen von Schulentwicklungsprozessen

1   Einleitung

2   Theoretische Voraussetzungen und methodologische Hinergründe
2.1   Theoretische Einbettung I: Schulentwicklung und Schulsportentwicklung
2.2   Theoretische Einbettung II: die ethnographische Perspektive und ihre pragmatische Reduzierung

3   Das Schulsportportrait als Instrument der Schulsportentwicklung
3.1   Schulsportportrait- das Instrument
3.2   Schulsportportrait- ein exemplarischer Konstruktionsprozess

4   Ein gelungenes Beispiel?- Qualitätskriterien von Schulsportportraits

5   Die Lehrbarkeit des ‚Portraitierens'

1 Einleitung

Innerhalb der Sportpädagogik scheint Einigkeit darüber zu bestehen, dass die Disziplin nicht über ein spezifisches Inventar an Methoden verfügt, sondern weitgehend auf bereits in anderen Kontexten entwickelte und erprobte Verfahrensweisen zurück greift (vgl. Kuhlmann, 2005, S. 8). Für den Bereich des so genannten qualitativen oder interpretativen Paradigmas sind dies zumeist die Sozial- und Verhaltenswissenschaften, gelegentlich auch die Erziehungswissenschaft selbst. Diese Grundeinschätzung ist auch der Ausgangspunkt des nachfolgenden Beitrags[20]. Ziel ist nicht die Entwicklung eines spezifischen sportpädagogischen Instrumentariums, sondern die Anwendung und in Teilen Ergänzung eines innerhalb der erziehungswissenschaftlichen, genauer: schulpädagogischen, Forschung bereits genutzten Instruments, der so genannten Schulportraits.

Dabei ist allerdings einigen Besonderheiten Rechnung zu tragen, die für andere qualitative Verfahren und ihre Anwendung innerhalb der Sportpädagogik in diesem Maße nicht zutreffen. Einerseits sind die ‚Schulportraits' durchaus kein etabliertes Verfahren, das über einen eindeutigen oder zumindest innerhalb der zuständigen Wissenschaftlergemeinschaft weitgehend geteilten Kanon an Regeln oder Verfahrensschritten verfügen würde, wie man sie z.B. für die Grounded Theory oder die Objektive Hermeneutik finden kann. Die Gründe dafür sind unterschiedlich und müssen an dieser Stelle noch nicht thematisiert werden. Andererseits verbirgt sich hinter dem Etikett ‚Schulportrait' auch keine isolierte Methode im klassischen Sinn, sondern Schulportraits sind das Resultat von auf sehr unterschiedliche Art und Weise gewonnenen Informationen und Daten, sprich: Methoden[21], wie z.B. Beobachtungen, Befragungen, Dokumentenanalysen. Das Ergebnis sind dann Bilder, Kompositionen aus unterschiedlichen Elementen, die einen Beitrag zum Verstehen und evtl. auch zur Weiterentwicklung des untersuchten Forschungsgegenstands liefern sollen.

---

[20] Wobei man diese Grundannahme durchaus noch einmal hinsichtlich des Gegenstandsbereichs der Sportpädagogik überdenken könnte. Der für zahlreiche Fragestellungen notwendige Rückbezug auf die Leiblichkeit der ‚Forschungsobjekte' könnte dazu als Ausgangspunkt dienen, die kaum zu leugnende Sprach- und Textorientierung der gängigen qualitativen Verfahren auf ihre Begrenzung bei der Erforschung leiblicher Qualitäten zu befragen. Das soll hier aber nicht weiter verfolgt werden.

[21] Dies kann man indes auch für andere, häufig als ‚Methoden' bezeichnete, Verfahren der Erkenntnisgenerierung behaupten, wie z.B. die Grounded Theory. Aber auch das soll hier nicht weiter thematisiert werden.

Aufgrund dieser Ausgangssituation kann es im folgenden Beitrag nicht einfach darum gehen, das Handwerkszeug zur Erstellung eines Schulsportportraits zu beschreiben und potenzielle Interessenten in die sachgerechte Anwendung einzuweisen. Dies soll auch geschehen, doch genügen gerade für die ‚handwerklichen' Überlegungen zumeist Verweise auf existierende Methoden, die anderenorts bereits des Öfteren und ausführlich beschrieben wurden, z.T. sogar im hier vorliegenden Sammelband. Ich möchte mich dennoch nach Möglichkeit an den von den Herausgebern vorgeschlagenen Strukturierungsvorschlägen halten, diese jedoch auch bezogen auf die Spezifität meines Gegenstands kritisch reflektieren. Zunächst sollen die notwendigen theoretischen Hintergründe und Voraussetzungen expliziert werden (Kap. 2), die die Rahmung für verschiedene Perspektiven auf das Instrument des Schulsportportraits abgeben (Kap. 3). Danach finden sich einige Überlegungen zum ‚Gelingen' von Schulsportportraits (Kap. 4), bevor abschließend die Möglichkeiten einer systematischen Kompetenzvermittlung zur Erstellung von Schulsportportraits ins Auge gefasst werden (Kap. 5).

2 Theoretische Voraussetzungen und methodologische Hintergründe

Die bereits angedeutete strukturelle Mehrdimensionalität von Schul(sport)portraits lässt es sinnvoll erscheinen, zumindest einige der hinter dem sichtbaren Ergebnis eines Portraits stehenden theoretischen Voraussetzungen genauer zu explizieren. Im Folgenden sollen dazu zwei Dimensionen betrachtet werden. Zuerst soll eine systematische Verortung und Einbindung versucht werden, um auf diesem Weg die Anschlussfähigkeit an aktuelle Diskussionsstränge zu verdeutlichen. Danach wird der Fokus gewechselt und die hinter dem Ansatz stehende erkenntnisgenerierende Grundposition – eine spezifizierte ethnographische Perspektive – soll ein Verständnis für den konkreten Zuschnitt von Schul(sport)portraits vorbereiten und kritisch reflektieren helfen.

2.1 Theoretische Einbettung I: Schulentwicklung und Schulsportentwicklung

Die Idee einer eigenständigen, systematischen und theoriegeleiteten Schulsportentwicklung[22] entfaltet sich bislang eher zögerlich (vgl. auch Kruse, 2004, S. 142f.). An dieser Stelle soll es nun nicht darum gehen, gewissermaßen retrospektiv nach den Gründen für diese Reserviertheit zu fahnden, sondern eher prospektiv nach möglichen Anschlussstellen Ausschau zu halten, die einer Schulsportentwicklung förderlich sein könnten. Aus meiner Sicht bieten sich dazu zwei Diskussionsstränge in besonderer Weise an: Zum einen naheliegender Weise der übergeordnete Bereich der Schulentwicklung mit seinen aktuell erheblich divergierenden Leitüberzeugungen und zum anderen die innerhalb der letzten Jahre im Bereich des Schulsports erkennbaren Tendenzen in der Lehrplanentwicklung. Die Organisation Schule und die gewissermaßen offizielle Lesart des Phänomens Schulsport bilden also die Klammern für die nachfolgenden Überlegungen. Dies soll zumindest ansatzweise erläutert werden.

Es kann hier nicht darum gehen, die Entwicklungs- und Reformbemühungen des Bildungssystems in den letzten Jahrzehnten im Detail nachzuzeichnen. Unter Auslassung vieler Details wird man aber sagen können, dass nach der Reformeuphorie der 60er und 70er Jahre des letzten Jahrhunderts mit ihrem zentral verordneten Top-Down-Strategien und einer Phase der Ernüchterung in den 80er Jahren, ungefähr seit Beginn der 90er Jahre das Thema ‚Schulentwicklung' i.e.S. zunehmend an Bedeutung gewonnen hat (vgl. z.B. Holtappels, 2005, S. 30ff.). Die Blickverlagerung auf die Einzelschule als entscheidende organisatorische Einheit zur Optimierung von Schule und die damit einhergehenden Forderungen nach mehr Gestaltungsautonomie und Verantwortung dürften die Rede von einer Art Paradigmenwechsel nicht ganz übertrieben erscheinen lassen. Anleihen aus der Organisationsentwicklung und Wissensverwendungsforschung, aber auch schulpädagogisch inspirierte empirische Untersuchungen haben den Ruf nach mehr Autonomisierung und Profilierung von Schulen beständig lauter werden lassen, was sich u.a. auch an der kaum mehr überschaubaren Masse an Literatur zum Thema Schulentwicklung festmachen lässt.

---

[22] Um eventuell möglichen Missverständnissen vorzubeugen, sei an dieser Stelle noch einmal explizit darauf hingewiesen, dass mit dieser eher skeptischen Einschätzung nicht das gemeint ist, was man generell als ‚Schulsportforschung' bezeichnet. ‚Schulsportentwicklung' im hier intendierten Sinn ist eine Art Teilmenge der Schulsportforschung.

Im Windschatten der Diskussion um Schulentwicklung hat konsequent und folgerichtig auch ein weiteres Thema eine starke Bedeutungsaufwertung erfahren, das ebenfalls alles andere als neu ist: Die Frage nach der Qualität von Schule. Wenn die Aufmerksamkeit auf die ‚Individualität' der Einzelschule fokussiert wird, dann stellen sich nahezu automatisch auch die Fragen, wie sich der ‚Zustand' der einzelnen Schule sinnvoll beschreiben lässt, wie ein Vergleich mit anderen Schulen möglich ist und wie sich gegebenenfalls auch Ist-Zustände verbessern lassen. Solche Themen (und noch andere mehr) lassen sich – wieder unter Auslassung vieler Details – unter dem Stichwort der ‚Qualitätsentwicklung' zusammenfassen. Schulentwicklung und Qualitätsentwicklung stellen somit die zwei Seiten einer Medaille dar.

Etwa mit dem Beginn dieses Jahrzehnts hat diese Diskussion nun eine ganz neue, für viele sicher unerwartete, letztendlich aber durchaus nicht überraschende Wendung bekommen, die das Grundanliegen der Schulentwicklung zwar nicht grundsätzlich in Frage wohl aber vor nicht unerhebliche Probleme stellen. Gemeint sind die großen Leistungsvergleichsstudien wie TIMSS, PISA oder IGLU, die, ursprünglich konzipiert als Instrumente eines Systemmonitoring, zu erdbebenhaften Verwerfungen auf allen Ebenen unseres Bildungssystems geführt haben. Es ist sicher noch zu früh, um über Nutzen und Nachteil solcher Vorgehensweisen urteilen zu können, erkennbar wird aber schon jetzt, dass durch die Fixierung auf Standardisierung die Leitidee der Einzelschulorientierung an Attraktivität verliert, ein weiterer Paradigmenwechsel also bevorstehen könnte, bevor das alte Paradigma überhaupt einen beurteilungsfähigen Entwicklungsstand erreicht hat. Trotz dieser bildungspolitisch induzierten Irritationen sollte man den Gedanken der Einzelschulentwicklung nicht ohne Not aufgeben, da nach wie vor wichtige Gründe für eine Fortführung des eingeschlagenen Weges sprechen.

Auch die Einzelschule ist nun wie bekannt kein monolithischer Block, sondern intern in vielfacher Hinsicht ausdifferenziert. Die offensichtlichste Differenzierung besteht in der Unterteilung des unterrichtlichen Kerngeschäfts in Fächer, eine andere – weniger offensichtliche – in der Feststellung, dass Schule nicht nur ein Raum der unterrichtlichen Unterweisung ist, sondern eben auch ein Lebens- und Erfahrungsraum, in dem die jeweiligen Akteure eine je spezifische Form von Schulkultur entwickeln. Das Fach Sport und das Thema Bewegung können nun als spezifische Ausprägungsformen dieser allgemeinen Differenzierungen betrachtet werden, was zur Folge hat, dass sich auch hier die Frage nach entsprechenden Entwicklungstendenzen stellt. Aus Platzgründen soll die Dimension der Schulsportentwicklung hier nur kurz am Beispiel des Unterrichtsfaches Sport etwas näher konkretisiert werden.

Insbesondere aus den aktuellen Entwicklungen der Fachlehrpläne Sport[23] lassen sich Ansatzpunkte für ein Konzept der Schulsportentwicklung herauskristallisieren. Im Vergleich zu dem ausgesprochen umfangreich und differenziert ausgeführten fünfbändigen Vorgängerwerk von 1981 ist die neue schulstufen- bzw. schulformbezogenen Lehrplangeneration eher knapp und offen gehalten. Neben einem für Schule insgesamt geltenden Rahmenkonzept (z.B. Doppelauftrag, pädagogische Perspektiven, erziehender Sportunterricht) lassen die jeweiligen Lehrpläne für die Gestaltung des konkreten Sportunterrichts erheblichen Spielraum. Ein Grund für dieses veränderte Konzept mag zum einen sicher auch die im Laufe der Zeit formulierte Kritik an der Opulenz der alten Lehrpläne gewesen sein; es finden sich allerdings auch Anzeichen dafür, dass die Offenheit der neuen Lehrpläne nicht allein einer Not geschuldet ist, sondern auch einer schulpädagogischen Idee folgt, die weiter oben als Gestaltungsautonomie im Sinne einer Einzelschulorientierung bezeichnet wurde. Diese Gestaltungsautonomie betrifft sowohl die inhaltlichen Ausformulierungen, die neben einer Obligatorik für die einzelnen Schulstufen und -formen auch einen expliziten Freiraum definieren, der von den jeweiligen Fachkonferenzen der Schulen zu füllen ist. Mit ca. 40% des Gesamtinhalts fällt dieser Bereich nicht gerade klein aus, was – am Rande bemerkt – durchaus nicht in allen Kollegien auf Beifall stößt. Betroffen ist aber nicht nur die konkrete Unterrichtsebene, sondern darüber hinaus wird das Fach Sport, also die agierenden Sportlehrerinnen und Sportlehrer, ausdrücklich aufgefordert, sich an der Ausgestaltung des Schullebens und der Schulkultur aktiv zu beteiligen, z.B. indem auf die Profilbildung der Schule in Richtung einer Betonung von Bewegung, Spiel und Sport Ein-

---

[23] Neue Lehrpläne für das Fach Sport sind in den letzten Jahren in verschiedenen Bundesländern erarbeitet worden. Trotz sicher existierender Unterschiede, lassen sich hinsichtlich der Potenziale für eine Schulsportentwicklung auch Gemeinsamkeiten feststellen (vgl. Stibbe, 2004, S. 260f.). Für meine Überlegungen stütze ich mich im Folgenden auf die neuen Sportlehrpläne in Nordrhein-Westfalen. Aus meiner Sicht ergeben sich für die hier interessierenden Problemstellungen daraus keine Einschränkungen.

fluss genommen wird. Orientierungspunkt von Schulsportentwicklung ist hier sehr dezidiert die Einzelschule[24].

Fasst man die bisherigen Darstellungen zusammen, so lassen sich für die verschiedenen Ebenen von Schulsportentwicklung Anknüpfungspunkte ausmachen, die in sich mehrschichtig und z.T. widersprüchlich konstruiert sind. Insbesondere die Janusköpfigkeit aktueller Schulentwicklung ist dabei von erheblicher Bedeutung gerade auch für die Entwicklung einzelner Fächer. Betrachtet man den Ansatz der Einzelschulentwicklung auch unter den veränderten Vorzeichen als unentbehrliche Perspektive von Schulentwicklung und spricht man dem Sport darin eine möglicherweise spezifische Funktion innerhalb dieses Prozesses zu, dann stellt sich die Frage nach Instrumentarien einer systematischen Schulsportentwicklung. Auf diese Frage könnten Schulsportportraits *eine* mögliche Antwort sein. Bevor dies auf einer eher ‚handwerklichen' Ebene konkretisiert wird, sollen aber grundlegendere theoretisch-methodologische Überlegungen zwischen geschaltet werden, die auf prinzipielle Möglichkeiten aber auch Grenzen aufmerksam machen sollen.

2.2 Theoretische Einbettung II: Die ethnographische Perspektive und ihre pragmatische Reduzierung

Wie erstellt man ein Portrait einer Schule, wie ein Portrait des Schulsports? An dieser Stelle soll es zunächst um prinzipielle Antworten gehen, Konkretisierungen folgen später. Wie bereits weiter oben angedeutet, gibt es sicher nicht nur einen Weg, um den Gegebenheiten der einzelnen Schule gerecht zu werden. Gerade aus der Schulentwicklungsforschung der letzten Jahrzehnte ist aber auch bekannt, dass zur Erfassung der Situation einer bestimmten Schule Instrumente hilfreich sind, die eine gewisse Tiefenschärfe besitzen. Anderenfalls bekommt man nur Oberflächen zu Gesicht, die über die Struktur- oder Prozessqualitäten der Institution keine Aussage treffen können. Wichtig ist die Betrachtung der einzelnen Schule, weil die Einzelschule durchaus einen Unterschied macht und weil die je einzelne Schule der Ort ist, an dem sich die Entwicklung von Schule ‚materialisiert'.

---

[24] Vor dem Hintergrund der oben beschriebenen, aktuellen bildungspolitischen Entwicklungen gibt es seit einiger Zeit auch im Bereich des Schulsports eine Tendenz, die in eine andere Richtung zielt, indem verbindliche Bildungsstandards auch für das Fach Sport eingefordert werden. Diese Debatte steht im Sport erst am Anfang und soll hier nicht weiter diskutiert werden (vgl. dazu Schierz & Thiele, 2004). Dass das Verhältnis von Standardisierung und Einzelschulorientierung ausgesprochen schwierig auszubalancieren ist, dürfte auf der Hand liegen. Um so mehr ist vor den berühmt-berüchtigten ‚einfachen Lösungen' zu warnen.

Wer soziale Gruppen, Welten oder Kulturen möglichst genau erfassen will, der findet sich innerhalb der wissenschaftlichen Betrachtungsweisen mit hoher Wahrscheinlichkeit schnell auf die Ethnographie verwiesen. Ethnographen versuchen klassischer Weise, die sie interessierenden Gruppen oder Kulturen mit einer möglichst hohen lebensweltlichen Nähe und Detailtreue zu beschreiben und in einem zweiten Schritt zumeist auch zu deuten oder zu verstehen[25], was in aller Regel zu einem enorm hohen zeitlichen und vor allem in der klassischen Ethnographie auch existentiellen Aufwand geführt hat. Mit gutem Grund bezeichnet Breidenstein „die Ethnographie als komplexeste und umfassendste Strategie qualitativer Sozialforschung" (2006, S. 21). Die ursprünglich auf ‚fremde Kulturen' ausgerichtet Ethnographie hat im Zuge ihrer sozialwissenschaftlichen Ausweitung zunehmend auch zur Erforschung der innerhalb unserer eigenen komplexen Gesellschaft existierenden Teil-Kulturen geführt. Im Rahmen der Auseinandersetzung mit Einzelschulen steht besonders der Begriff der ‚Schul-Kultur' oder des ‚Schul-Lebens' für die Adaptation ethnographischer Herangehensweisen (vgl. Helsper u.a., 2001). Gerade der konstatierte Aufwand stellt aber auch ein erhebliches forschungspragmatisches Problem dar, und dies insbesondere für die Fälle, wo Forschung nicht gleichsam interesselos verfährt, sondern im Kontext von Entwicklungs- oder Evaluationsforschung auch auf konkrete Veränderungen aus ist, die in aller Regel, wollen sie Wirksamkeit entfalten, möglichst schnell an die jeweiligen Abnehmer weitergegeben werden sollten.

„In einer Zeit, in der einiges dafür spricht, dass die Halbwertzeit von Wissen in der Organisationsforschung verfällt, ist eine lange Anwesenheit im Feld sehr unpraktisch. Im Rahmen der verschiedenen Formen von Methodenmischungen, die sich in der Organisationsforschung eingebürgert haben, gilt es daher auch darüber nachzudenken, wie eine Beschleunigung der Methode zu erreichen ist, ohne dass allzu viel von dem, was sie zu leisten vermag, verloren geht" (Bachmann, 2002, in Kühl & Strodtholz, S. 355). Im vorliegenden Zitat wird das Grunddilemma – wenngleich wohl verharmlosend – auf den Punkt gebracht. Hoher Forschungsaufwand ist ‚unpraktisch', er dient also nicht den *praktischen* Bedürfnissen des untersuchten Feldes, stattdessen wird nach einer Art ‚Turbomethodik' Ausschau gehalten, die

---

[25] Es kann an dieser Stelle keine Einführung in die Ethnographie und ihre sozialwissenschaftlichen Spielarten geben. Dazu existiert auch genügend qualitativ hochwertige Literatur (z.B. Hirschauer/Amann, 1997; Hitzler, 1999), bezogen auf den Bereich der Pädagogik und Erziehungswissenschaft (z.B. Zeck, 2002; Zinnecker, 1995). Für die besondere Situation der in der Sportwissenschaft bzw. Sportpädagogik vgl. Thiele, 2003.

gleichwohl leistungsfähig bleiben soll. Festzuhalten bleibt, dass die Argumentation hier aus der Perspektive der Praxis geführt wird, die Wissenschaftsperspektive bleibt notgedrungen zweitrangig[26]. Insgesamt erinnert die Aufgabenstruktur an die berühmte Quadratur des Kreises, d.h. man wird nicht nach Auf-Lösungen des Dilemmas zugunsten eines Anspruchs suchen müssen, sondern sollte sich auf die Formulierung von Kompromissen gefasst machen – oder das Dilemma zu den Akten legen.

Bezogen auf unsere Fragestellung heißt dies: Ein berechtigtes Interesse an methodologisch und handwerklich seriöser Forschung einerseits[27] und ein pragmatisches Interesse an möglichst zeitnahen Rückmeldeprozessen an zu erforschende Schulen, stehen hier eindeutig in einem kaum beide Seiten in gleicher Weise gerecht werdenden Spannungsverhältnis. Lässt sich diese Spannung auf ein erträgliches Maß reduzieren? Ein interessantes Verfahren findet sich in der so genannten ‚fokussierten Ethnographie' (vgl. Knoblauch, 2001). Der im angloamerikanischen Raum z.B. im Kontext von ‚work place studies' bereits weiter verbreitete und erprobte Ansatz der Ethnographie, könnte hier die Möglichkeit eines praktikablen Kompromisses eröffnen. Was ist damit gemeint?

Als Spielart einer ‚quick and dirty ethnography', die zwar schnell, aber eben im Vergleich zur traditionellen Ethnographie auch nicht besonders ‚sauber' arbeitet, lässt sich die fokussierte Ethnographie anhand einiger Merkmale etwas genauer beschreiben (vgl. Knoblauch, 2001, S. 129ff.):

- Im Unterschied zur klassischen Ethnographie (richtiger eigentlich: Ethnologie) bevorzugt die fokussierte Ethnographie kurzfristige Feldaufenthalte von wenigen Tagen. In diesen kurzen Aufenthalten wird die Zeit aber sehr intensiv genutzt.
- „Dies führt zu einer sehr datenintensiven Forschung. ‚Datenintensität' bedeutet, dass relativ kurze Zeitspannen in der beobachteten Wirklichkeit durch eine große Menge detaillierter Daten abgedeckt werden. Diese Datenintensität liegt im Einsatz verschiedener technischer Aufzeichnungsgeräte begründet" (ebd., S. 130).

---

[26] Es könnte auch genau so gut anders herum sein, an der Struktur des Dilemmas würde sich dadurch nichts ändern.

[27] Dies gilt insbesondere für den Bereich der qualitativen Forschungsmethoden, die aufgrund des ihnen in bestimmten Abnehmerkreisen immer noch anhaftenden Geruchs der Beliebigkeit doppelt aufmerksam sein müssen, was die Qualitätsstandards ihrer Verfahren betrifft. Die Vorstellung einer ‚Turbo-Methodik' ist hier doppelt aufmerksam zu handhaben.

- Aufgrund der technischen Aufzeichnungen sind Transkripte möglich (anders als in der traditionellen Ethnographie), die intensiv und durchaus durch Forschungsgruppen analysiert werden können. Die Intensität der Analyse ist dabei variabel.
- Der Gegenstandsbereich dieser Ethnographie ist fokussiert und kann auf bestimmte Ausschnitte von sozialen Feldern begrenzt werden (z.b. der Schulsport in der Organisation Schule), was wiederum den Forschungsaufwand reduzieren hilft. Dies geht nur, weil die sozialen Untersuchungsfelder in der Regel bekannt (z.B. Schule) und nicht fremd (z.b. andere Kulturen) sind wie in der klassischen Ethnographie. „Die Wahl des Ausschnitts nämlich setzt die Kenntnis des Rahmens, des Feldes voraus" (ebd., S. 134).

Der Ethnograph selbst ist nicht in der klassischen Teilnehmerrolle, indem er fast zum Mitglied des beobachteten Feldes werden muss, sondern er verbleibt (eher) in der Rolle des Feldbeobachters, obwohl auch er durch seine Anwesenheit im Feld durchaus Hintergrundwissen über den erforschten Bereich erwerben kann.

An diesen Vorschlag einer Ethnographie ‚reduzierter Ansprüche' lassen sich zahlreiche kritische Fragen stellen. Innerhalb der sozialwissenschaftlichen Gemeinde wird eine solche Debatte auch geführt, z.T. auch mit erheblicher Polemik (vgl. Breidenstein & Hirschauer, 2002), was gemeinhin als sicheres Indiz für sehr grundlegende Problemstellungen dienen kann. Hier soll für den weiteren Verlauf der Argumentation zunächst festgehalten werden, dass die Darstellung des Instruments Schul(sport)portrait auf den explizierten Grundannahmen einer fokussierten Ethnographie aufbaut. Damit ist nichts gegen die Möglichkeit anderer Verfahrensweisen gesagt, die nachfolgenden Konkretisierungen werden aber zeigen, dass bereits die reduzierten Ansprüche mit einem nicht zu unterschätzenden Aufwand verbunden sind, so dass sich eher die Frage nach weiter zulässigen Reduzierungen ergibt als die nach noch ‚dichterer' Beschreibung. Auf der Basis dieser theoretischen Rahmungen soll nachfolgend eine Skizzierung des Instruments vorgenommen und exemplarisch verdeutlicht werden.

3 Das Schulsportportrait als Instrument der Schulsportentwicklung

3.1 Schulsportportrait – das Instrument

Ähnlich wie der Grundgedanke der Schul-*Sport*-Entwicklung eng mit dem Ansatz der Schulentwicklung verbunden werden kann, so verdankt sich auch die Idee eines Schul-*Sport*-Portraits der bereits etwas älteren Tradition der Schulportraits. So reizvoll solche Analogien auch klingen mögen, zunächst stellt sich dabei doch die Frage nach der Legitimation eines solchen Vorgehens. Macht es Sinn, den Gedanken von Schulportraits auf die Fachebene herunterzubrechen? Könnte man dementsprechend mit dem gleichen Recht auch von Schul-Mathematik-Portraits oder Schul-Biologie-Portraits sprechen? Natürlich soll hier nicht die Funktion eines Sprachrohrs für andere Fächer übernommen werden, doch erscheint in einem ersten Zugriff das Ansinnen eines Schul-Biologie-Portraits, im Sinne der Behandlung des Themas Biologie an einer einzelnen Schule ein wenig seltsam. Nach meinem Wissen existieren auch keinerlei Versuche für derartige Schulfachportraits.

Für den Bereich des Schulsports dürften die Dinge ein wenig anders liegen. Da ist auf der einen Seite die Besonderheit des Faches, die man mit Bezug auf die immer noch weitgehend kognitive Justierung von Schule als exotisch bezeichnen kann. In seinem Zugriff auf die Körperlichkeit oder Leiblichkeit von Schülerinnen und Schülern, nimmt sich der Schulsport einer spezifischen Facette an, die ansonsten innerhalb des offiziellen Lehrplans der Schule eine eher marginale Rolle spielt. Diese Besonderheit könnte nun auch so gewendet werden, dass man daraus die Legitimation für eine besondere Betrachtung, etwa in Form eines Schulsportportraits, ableitet. Daneben zeichnet sich der Schulsport durch eine weitere Besonderheit aus, die ihn von einer großen Zahl der anderen Fächer abhebt. Schulsport ist eben nicht nur der erteilte Fachunterricht, sondern das Phänomen Sport/Spiel/Bewegung taucht auch noch in zahlreichen anderen Zusammenhängen des Schullebens und der Schulkultur auf, so dass der Schulsport in seinen sehr verschiedenen Varianten in vielen Schulen eine Art Kitt der Schulkultur darstellt. In dieser Funktion kann (!) Schulsport an der Schule eine besondere Funktion erfüllen, was ebenfalls dafür spricht, ihn einer spezifischen Betrachtung zu unterziehen. Dass hier zwangsläufig die Ebene der Einzelschulkultur im Vordergrund stehen muss, dürfte unstrittig sein. Ein Schulsportportrait könnte also auch aus dieser Perspektive Sinn machen. Wenn es also gute Gründe für eine systematische Betrachtung des Schulsports an Einzelschulen gibt, dann stellt sich im Anschluss die Frage nach der möglichen Umsetzung.

Obwohl es in der erziehungswissenschaftlichen und schulpädagogischen Literatur zahllose Darstellungen einzelner Schulen gibt, ist der Begriff des Schulportraits nach wie vor relativ ungeläufig. Noch seltener finden sich explizite, auch theoretisch ambitionierte Ausführungen über Sinn und Funktion von Schulportraits und den Prozess ihrer Herstellung (vgl. Kunze, 1999; Lönz, 1996; Wittenbruch & Werres, 1992). Es dürfte wohl kaum ein Zufall sein, dass sich das Interesse an der Schulportraitforschung auf die 90er Jahre konzentriert, eben jener Phase, die man auch als Hochkonjunktur der Einzelschulentwicklung bezeichnen kann. Betrachtet man die wenigen ausführlichen Publikationen zum Thema, dann lässt sich neben deutlichen Unterschieden im Detail doch auch so etwas wie ein gemeinsamer Nenner ausfindig machen, der unterstreicht, dass die Rede vom ‚Schulportrait' nicht vollständiger Beliebigkeit anheim gestellt ist: „Das Schulporträt ist eine Form der Darstellung von Ergebnissen der erziehungswissenschaftlichen Einzelschulforschung. Es liefert die Momentaufnahme einer Schule aus einer bestimmten Perspektive, das heißt unter einer speziellen wissenschaftlichen Fragestellung, mit dem Ziel der Dokumentation und Analyse, zum Teil auch der Beratung und Intervention. In ein Schulporträt fließen die Sichtweisen der Forscher, aber auch die der Akteure der porträtierten Institution ein. Deshalb vermittelt es eine ‚doppelte Botschaft', die der Porträtierenden und die der Porträtierten. Bei der Erarbeitung von Schulporträts stützt man sich vorwiegend auf qualitative Methoden. Die Darstellungsweise ist dadurch gekennzeichnet, dass beschreibende und berichtende Passagen mit erörternden und verallgemeinernden Aussagen verbunden werden" (Kunze & Meyer, 1999, S. 14 f.).

In dieser ‚Definition', die sich letztlich als Extrakt von unterschiedlichen Positionen versteht, wird das Grundanliegen deutlich. Im Unterschied zu reinen Selbstbeschreibungen von Schulen haben Schulportraits einen wissenschaftlichen Anspruch. Sie betrachten eine Schule unter einer spezifischen Fragestellung, z.B. hinsichtlich der Situation des Schulsports, und sie versuchen, unter Einbeziehung der unterschiedlichen Akteure, auf der Basis einer etablierten Forschungsmethodologie ein Bild von der Schule (ggf. unter der spezifischen Fragestellung) zu erstellen. Dieses Bild ist nicht objektiv im Sinne eines ‚Abbildes', sondern es versucht, auf der Basis der erhobenen Daten, die Wirklichkeit der jeweiligen Schule aus den beteiligten Perspektiven zu rekonstruieren und damit immer auch neu zu konstruieren. Die Funktionen solcher Portraits können dabei ganz unterschiedlicher Natur sein, und von eher deskriptiven Interessen bis hin zu konkreten Entwicklungs- und Interventionsmaßnahmen reichen. Diese Unterschiedlichkeit der Funktionen sei an dieser Stelle schon erwähnt; auf sie wird später noch einmal genauer zurückzukommen sein. Deutliche Unterschiede ergeben sich auch hinsichtlich der Intensität der Betrachtung. Auch wenn Kunze und Meyer von ‚Momentaufnahmen' der Schule sprechen, so kann sich die Erstellung eines Portraits durchaus über einen längeren Zeitraum erstrecken (vgl. Lönz, 1996; Helsper u.a. 2001), ebenso kann die Intensität der Datenerhebung, die Auswahl und Zahl der angewendeten Forschungsverfahren und schließlich auch die Tiefe in der Datenauswertung erheblich variieren[28]. Weil hinsichtlich des ‚Formats' von Schul(sport)portraits keine einheitlichen Vorgaben existieren, in der Konsequenz also auch keine genau angebbare Methode der Herstellung solcher Portraits vorliegt, soll im Folgenden exemplarisch das innerhalb eines Forschungsprojektes gewählte eigene Vorgehen beschrieben werden, um auf diese Weise sowohl den Konstruktionsprozess nachvollziehbar zu machen und daraus sich ergebende Fragen zu diskutieren.

Wie bereits weiter oben skizziert, bewegt sich der Konstruktionsprozess im Spannungsfeld eines forschungsmethodischen Reinheitsgebots auf der einen und anwendungsorientierten Transferansprüchen auf der anderen Seite. So wird man die Konstruktionsprinzipien eines solchen Portraits sicher nicht beliebig wählen können, doch kann kaum bestritten werden, dass innerhalb einiger notwendiger Rahmungen viele Variationsmöglichkeiten existieren.

3.2 Schulsportportrait – ein exemplarischer Konstruktionsprozess

Dargestellt wird im Folgenden ein im Rahmen eines größeren Projekts erstelltes Schulsportportrait einer Grundschule
Folgende Ablaufschritte wurden dabei durchgeführt:
- Kontaktaufnahme mit der Schule über die jeweilige Fachbeauftragte für den Sport an dieser Schule. Über diesen Gatekeeper wurde der Kontakt zur Schulleitung und zum gesamten Kollegium hergestellt. Das Anliegen wurde in einer

---

[28] Als Beispiel mag hier der Verweis auf das ‚Schulportrait' des Bielefelder Oberstufen-Kolleg genügen, das Koch-Priewe (2000, S. 92ff.) in seinen verschiedenen Facetten zeichnet. Es umfasst insgesamt mehr als 200 Seiten und einen Zeitraum von mehreren Jahren.

Konferenz von der Projektgruppe vorgetragen, danach konnte die Konferenz ihre Entscheidung über eine Teilnahme treffen.

- Nach der Zustimmung durch die Beteiligten wurden Schulbesuche, Unterrichtsbesuche (Sportunterricht und anderer Fachunterricht) und Beobachtungen im Umfeld der Schule unternommen, die von den Durchführenden in Memos zusammengefasst wurden. Sie wurden zu verschiedenen Zeitpunkten und – wo möglich – auch von zwei Personen durchgeführt.
- Während dieser Besuche, häufiger aber zu gesonderten Terminen wurden dann Leitfadeninterviews mit den Sportlehrern/ innen, anderen Fachlehrern/innen und der Schulleitung durchgeführt, die sich auf den Bereich des Schulsports, des Schullebens und der Schul- bzw. Schulsportentwicklung bezogen. Die Tatsache, dass Grundschulen relativ übersichtliche Organisationsgrößen besitzen, hat insbesondere die relativ problemlose Durchführung dieses Arbeitsschrittes sehr erleichtert.
- Während der Aufenthalte an der Schule bzw. auch während oder nach den Gesprächsrunden, wurde auch Wert auf die Besorgung von existierenden Dokumenten, grauen Papieren u.Ä. gelegt, die über die aktuelle Situation der Schule Auskunft geben konnten. Dazu gehörten das Schulprogramm, interne Lehrpläne für das Fach Sport, Beschlüsse zum Fach etc.
- Nach diesen Phasen des Aufenthalts im ‚Feld' und der Erhebung des unterschiedlichen Datenmaterials wurde das Material gesichtet, geordnet und ausgewertet. Auf diesen Prozess wird weiter unten noch genauer eingegangen.
- Am Ende des Auswertungsprozesses stand die Erstellung des ‚Schulsportportraits'[29] als einer eigenständigen Textsorte. In dieses Portrait sollten einerseits die systematisch erhobenen Daten eingeflochten und entsprechende Schlussfolgerungen formuliert werden, andererseits sollte das Portrait nicht ein klassisch wissenschaftlicher Text werden, da er als Ergebnis auch an die Schule zurück gespiegelt werden sollte. Das Portrait wurde in der Regel von einer Person verfasst, dann innerhalb der Projektgruppe besprochen und gegebenenfalls verändert. Die Endversion wurde dann nochmals einer bekannten Grundschullehrerin (einer nicht untersuchten Schule) zur Verfügung gestellt, um auch aus dieser Perspektive Hinweise auf Lesbarkeit, Verständlichkeit und mögliche ‚Empfindlichkeiten' zu erhalten.

---

[29] Der Text dieses Schulsportportraits ist an anderer Stelle bereits vollständig veröffentlicht worden, so dass hier auf einen erneuten Abdruck verzichtet wird. Interessierte können sich dort ein präziseres Bild auch der gewählten Textsorte machen (vgl. Thiele, 2006b)

- Im Anschluss an diesen Erstellungsprozess wurde das Portrait an unseren Gatekeeper geschickt, der in einem ersten Schritt nochmals grundsätzliche Rückmeldungen geben konnte. Danach wurde das Portrait dem Kollegium und der Schulleitung zur Verfügung gestellt. Die Schule konnte dann ihre Rückmeldungen über das Portrait an uns weitergeben, ihren weiteren Umgang mit dem Portrait mitteilen und evtl. auch konkrete Beratungsbedürfnisse äußern.

Für die Erstellung eines solchen Portraits sind viele unterschiedliche Faktoren von Bedeutung, die hier nicht alle im Einzelnen aufgelistet werden können und müssen. Im Prinzip handelt es sich um einen ‚normalen Prozess' innerhalb der qualitativen Sozialforschung, und mittlerweile existiert auch ausreichend Literatur über die unterschiedlichen Verfahrensschritte und ihren möglichen Fallstricken[30]. An dieser Stelle soll es ausschließlich um die Frage des Forschungsaufwandes und damit zusammenhängender Problemstellungen gehen, da – wie weiter oben dargestellt – die Erstellung von Schulsportportraits unter dieser Perspektive von etablierten ethnographischen Forschungsstrategien deutlich abweicht. Wie stellt sich der Aufwand konkret dar?

Beteiligt waren zwei Personen, die an sieben Tagen die Schule beobachtet, besucht und anschließend Memos über diese Tätigkeiten angefertigt haben. Es wurden fünf Interviews durchgeführt, die im Durchschnitt etwa 45-60 min. in Anspruch nahmen. Diese Interviews wurden von Hilfskräften auf ca. 120 Seiten transkribiert. Für die Auswertung des Datenmaterials (Transkripte, Memos, Protokolle, Dokumente) können realistisch etwa 30 Std. intensiver Analyse veranschlagt werden, zuzüglich sporadischer Auswertungen, die gewissermaßen prozessbegleitend stattfanden. Die Dauer des Gesamtprozesses bis zur Abgabe des Portraits an die Schule kann auf ca. 1 Jahr veranschlagt werden, wobei aufgrund der Einbindung aller Akteure (sowohl Forschender wie auch Feldakteure) in ihre alltäglichen Routinen Phasen von sehr unterschiedlicher Intensität konstatiert werden müssen, die sich aber unter dem Gesichtspunkt der Pragmatik auch kaum anders gestalten lassen.

---

[30] Anders als noch vor einem Jahrzehnt existieren mittlerweile verschiedene einschlägige Hand- und Lehrbücher zur qualitativen Sozialforschung, die zur weiteren Information herangezogen werden können. Der interessierte Leser kann diese leicht ausfindig machen. Was insbesondere die Probleme des Eintauchens in das Feld und die damit zwangsläufig verbundenen Interaktionen von Forschenden und Feldakteuren angeht sei hier verwiesen auf den Artikel von Heeg (1996), der diesen Prozess eindringlich und nachvollziehbar schildert.

Ohne an dieser Stelle den eigentlichen Prozess der systematischen Auswertung der Daten genauer beschreiben zu wollen, ist doch darauf hinzuweisen, dass diese eigentliche Auswertungsphase in der Tat mit der Bezeichnung ‚quick and dirty' relativ genau erfasst wird. Es wurde nicht nach einschlägigen Lehrbuchverfahren vorgegangen, weder wurde systematische Inhaltsanalyse betrieben noch wurden die Formen unterschiedlicher Kodierschritte etwa im Sinne der Grounded Theory buchstabengetreu angewandt. Am ehesten noch wurde im Sinne einer Art ‚Begutachtungsprozess' nach Strukturen, Regelmäßigkeiten, Ritualen und Auffälligkeiten Ausschau gehalten, die sich durch die verschiedenen Datenbestände und die ‚gemachten Erfahrungen' herauskristallisierten. Ganz sicher spielt dabei das Forschungsinstrument ‚Forschender' eine ganz entscheidende, aber auch nur ausgesprochen schwer genauer bestimmbare Rolle, was man aus einer bestimmten Perspektive durchaus als Subjektivität und damit nach einem gängigen Wissenschaftsverständnis als nicht hoffähig betrachten kann. Es ist ohne Zweifel so, dass in das Portrait auch eine Menge an ‚Expertenkenntnissen' eingeflossen sind, die nicht einfach als ‚Daten' irgendwo gefunden und eingesammelt werden können, sondern die in der Verknüpfung von Datum und Deutung durch den Forschenden erst ihren Sinn erhalten.

Dieses Grundproblem existiert letztlich für jede (!) Form von Forschung, aber in der Regel legt Wissenschaft Wert auf die Reduzierung der Deutungspotenziale und Kontrolle der Deutungsinstanzen. Im vorliegenden Fall liegen die Dinge eher anders herum, die Deutung durch die Forschenden ordnet und systematisiert die vorhandenen Daten in weitaus stärkerer und gewissermaßen auch weniger kontrollierbarer Art und Weise, was zu nicht unerheblichen methodologischen Problemstellungen führt, die allerdings alles andere als neu sind. Da sie sich einfachen Lösungen entziehen, bleibt immer wieder nur der Verweis auf die Verantwortlichkeit des Forschenden. Da gleichzeitig unterschiedliche und in sich durchaus plausible und legitime Ansprüche an das Handeln gestellt werden (z.B. zeitintensive Auswertung versus zeitnahe Beratung; komplexe Begründungszusammenhänge und einfache Lösungsvorschläge), bleibt als Entscheidungsinstanz nur der Forschende, der,
wenn er sich diesen unterschiedlichen Ansprüchen wirklich aussetzt, letztlich nur zu Kompromissen unterschiedlicher Art und vermutlich auch Güte kommen kann. Man kann für vieles ‚gute Gründe' finden, und dies umso mehr, je mehr unterschiedliche Ansprüche zu vermitteln sind. Ob dies für eine möglichst strikte Tren-

nung der Ansprüche spricht, entzieht sich ebenfalls einer *grundsätzlichen* Entscheidbarkeit, verlagert das Dilemma – wie immer – also nur.

4 Ein gelungenes Beispiel? – Qualitätskriterien von Schulsportportraits

Die Herausgeber des vorliegenden Bandes haben die Autoren gebeten, ein ‚gelungenes Beispiel' für die jeweils behandelte Forschungsmethodik anzuführen, wohl um damit die eher abstrakt bleibenden theoretischen Darstellungen zu veranschaulichen und die Potenziale der Instrumente handfest zu untermauern. Ich möchte mich diesem Anliegen aus unterschiedlichen Perspektiven nähern, auch um die Problematik des Ansinnens aus meiner Sicht ein wenig zu verdeutlichen. Grundlage der Überlegungen ist das an anderer Stelle vollständig veröffentlichte Portrait einer Grundschule (vgl. Thiele, 2006b).

Bezogen auf das zugrunde gelegte Portrait – dies bestätigt zumindest die Rückmeldung der portraitierten Schule – erfüllt das Portrait offensichtlich die erwarteten Ansprüche. So heißt es in der Rückmeldung der Schule: „Das Portrait war allen Kolleginnen verständlich und auch informativ, es war sehr detailliert aufbereitet und interessant zu lesen." Darüber hinaus brachte es der Schule (einige) Neuigkeiten, einiges war auch bekannt und es enthielt brauchbare Hinweise auf Möglichkeiten für die Schule und den Schulsport, sich weiterzuentwickeln. Einzelne Punkte sollen systematisch angegangen werden, insbesondere soll eine gezieltere Kooperation zwischen den Sportlehrerinnen angeregt werden. Die Schule glaubt indes nicht, dass das Portrait (oder Teile daraus) für das Schulprogramm geeignet sei „oder auch Eltern zugänglich gemacht werden soll". Hier herrscht die Befürchtung, dass innerhalb des Portraits angesprochene Kritikpunkte an der Schule einer Außendarstellung eher schaden würden.

An dieser Einschätzung wird deutlich, dass die Frage nach der Qualität eines Forschungsprozesses natürlich ganz erheblich davon abhängt, wen man als Rezipient der Ergebnisse im Auge hat. Da ein Schulsportportrait sehr unterschiedliche Funktionen (Analyse, Diagnose, Beratung, Gestaltung u.a.) erfüllen kann, ist ein entscheidendes Qualitätskriterium die Passung von Funktion und Rezipient[31]. Ein rein

---

[31] Diese unterschiedlichen Funktionen von Schulsportportraits werden im schon genannten Artikel (Thiele, 2006a, S. 37ff.) differenzierter dargestellt.

wissenschaftlich konzipiertes, auf systematischen, methodisch nachvollziehbaren und differenzierten Erkenntniszuwachs angelegtes Portrait wird wohl kaum den Ansprüchen einer auf möglichst unaufwändige Umsetzung von Einzelmaßnahmen ausgerichteten Schulleitung gerecht werden und umgekehrt. Damit ein Schulsportportrait in diesem Verständnis ‚gelingt', muss also vorher geklärt sein, welche Funktion es erfüllen und welchen Ansprüchen es genügen soll. Es ist mithin kaum denkbar, dass eine Version eines Schulsportportraits so ‚gelingen' kann, dass alle konkurrierenden Perspektiven gleichzeitig zu ihrem Recht kommen.

Bezogen auf die oben in Kürze dargestellt inhaltliche Rückmeldung der Schule wird man dann aus Schulentwicklungsperspektive vielleicht auch kritisch einwenden können, dass die Schule zwar die Qualität des Portraits würdigt, zugleich aber auch Grenzen formuliert, die sie nicht zu überschreiten gedenkt, z.B. eine Zugänglichkeit des Portraits für die Eltern. Dies kann man auch als eine Form der Immunisierung der Schule deuten, die durchaus nicht im Sinne von Schulentwicklungsprozessen ist. Wenn man das tut, dann stellt sich die Frage des Gelingens wiederum ganz anders, denn es ist offenbar nur teilweise gelungen, das Portrait im Sinne eines Gestaltungsinstruments für Schulentwicklungsprozesse konstruktiv zum Einsatz zu bringen.

Neben dieser Relativierung der Frage des Gelingens aufgrund unterschiedlicher Funktionen und Rezeptionen, kann man die Problematik aber auch enger auf die selbst formulierten wissenschaftsimmanenten Ansprüche an ein Portrait zuspitzen. Hier ist an die methodologischen Überlegungen anzuknüpfen. Legt man die dort formulierten Ansprüche zugrunde und betrachtet das hier vorgestellte Portrait als einen Versuch fokussierter Ethnographie, dann scheint das Beispiel insofern gelungen als die Leitprinzipien eines solchen Vorgehens weitgehend eingehalten wurden.

Betrachtet man dazu den betriebenen Aufwand, so wird man trotz der positiven Bewertung nüchtern feststellen müssen, dass das Ziel einer *schnellen und effizienten* Einzelschulsport-Analyse *nicht* erreicht werden konnte. Verschiedene Gründe dürften dafür ausschlaggebend sein. Zum einen sind sicher die Arbeitsbedingungen zu nennen, die einen komprimierten und zeitlich enger gefassten Forschungsprozess fast unmöglich machen[32]. Zum Zweiten scheint ein Minimalaufwand nicht

---

[32] Aus diesem Grund sollte man auch mit möglichen Vergleichen aus anderen Bereichen, etwa der Wirtschaft, vorsichtig sein. Organisationsentwicklung läuft dort unter gänzlich anderen Voraussetzungen und Rahmenbedingungen (und mit ganz anderen Konsequenzen!) ab. Wenn Organisationsentwicklung eines lehrt, dann die Notwendigkeit der Beachtung des Kontextes, in dem Entwicklung

unterschreitbar, wenn man nicht jedwede Form systematischen Analysierens aufgeben will[33]. Drittens wird man auch konstatieren müssen, dass dieses Verfahren noch nicht sehr eingespielt oder routiniert ist. Möglicherweise könnte eine systematische Weiterentwicklung des Instrumentariums und damit wohl auch eine Art ‚Standardisierung' auch zu einer Effizienzsteigerung beitragen[34]. Spätestens hier stellt sich dann die Gretchenfrage nach zu erwartendem Aufwand und Nutzen. Auch die Weiterentwicklung des Instruments ist aufwändig und es bedarf der Abwägung, ob die zu tätigenden Investitionen[35] einen angemessenen Ertrag in Aussicht stellen. In der vorliegenden Form jedenfalls ist der Prozess der Entwicklung von Schulsportportraits als Instrument der Einzelschulberatung noch zu aufwändig, da im Rahmen des übergeordneten Gesamtprojekts die Schulsportportraits insgesamt *nur eine* Facette ausgemacht haben.

---

stattfinden soll. Da ist die Organisation Schule – folgt man dem pädagogischen Mainstream – nun einmal keine ‚Firma'. Wer dies anders sieht, der hat auch seine normativen Grundlagen zu explizieren.

[33] Dabei ist die Frage entscheidend, wie man ein Maß für den zu betreibenden Aufwand festlegen will. Vor dem Hintergrund aktueller schultheoretischer Überlegungen ist relativ klar, dass zur systematischen Erfassung einer Einzelschulkultur ein erheblicher Aufwand zu betreiben ist, dem die hier vorgestellten Überlegungen in keiner Weise gerecht werden können (vgl. Helsper u.a. 2001, S. 535ff.). Dem entgegen steht die gleichfalls berechtigte Forderung nach einer Forschungspragmatik, die auch zeitnahe Beratungsmöglichkeiten eröffnet. Letztendlich wird auch hier kein Rezept zu finden sein, dass alle – für sich je berechtigten Ansprüche – in gleicher Weise zu befriedigen mag. Wenn das hier skizzierte Modell der ‚Schulsportportraits' deutlich die pragmatische Komponente favorisiert, dann ist damit in keiner Weise gegen tiefenstrukturierte, mikrosoziale Detailstudien gesprochen. Im Gegenteil: Schulforschung benötigt sehr unterschiedliche Zugänge, um die bekannte Komplexität zumindest ansatzweise durchschaubarer zu machen.

[34] Aber auch hier sind Rückfragen möglich. Lebt nicht eine Einzelschuluntersuchung von der flexiblen Gestaltung der Instrumente und der Berücksichtigung der Individualität der einzelnen Schule auch in der Methodik? Können standardisierte Instrumente wirklich das, was eine individuelle Ethnographie hervorbringt? Oder wird vielleicht eine Erhöhung von Effizienz durch einen Verlust an Relevanz erkauft? Man erkennt leicht, dass die Probleme durch Standardisierung nicht einfach vom Tisch zu wischen sind, trotzdem bleibt auch die Forderung nach Effizienzsteigerung berechtigt. Auch hier widersetzt sich die dilemmatische Grundstruktur allzu forsch daherkommenden Patentlösungen.

[35] Der Begriff der ‚Investition' ist bewusst gewählt. Auch die zeitlichen Investitionen sind letztendlich ‚Geld'. Bislang läuft das Gesamtprojekt eher nebenbei, weil es die Forschenden interessiert. Drittmittel sind aber in der aktuellen bildungspolitischen Großwetterlage, die eher auf Surveystudien und Leistungstest setzt, für solche einzelschulorientierten und mikroethnographischen Ansätze schwer zu aquirieren. An Drittmittel aber werden auch die Forschenden bemessen. Das sind wenig gute Voraussetzungen für eine systematische Fortsetzung der Idee.

Exkurs: Perspektiventriangulation – Zwischen Analyse und Beratung

Der Wunsch nach Eindeutigkeit der Perspektive und Trennung der Funktionen eines Portraits ist ebenso berechtigt wie in der Realität schwer umsetzbar. Dies soll an einem Beispiel aus der Konstruktion eines solchen Portraits zumindest holzschnittartig veranschaulicht werden. An einer der von uns besuchten Schulen ergab sich nach ersten Gesprächen und Beobachtungen relativ schnell ein spezifisches Bild der Kommunikationsstrukturen innerhalb dieser Schule, das zunächst kurz mit Hilfe von Interviewsequenzen beschrieben und anschließend hinsichtlich seiner Verarbeitung im Portrait selbst diskutiert werden soll.

Im Kern geht es um die Art und Weise der Kommunikation zwischen Lehrerinnen an der Schule und der Schulleitung. Im Verlaufe mehrerer Interviews hatte sich gezeigt, dass die durchaus auch in ihrer Kompetenz geschätzte Schulleitung einen eher als ‚autoritär' zu kennzeichnenden Führungs- und Kommunikationsstil pflegt, der auf Seiten des insgesamt sehr engagierten Sportkollegiums durchaus zu – zu Beginn des Interviews noch ausgeblendeten – Irritationen führt.

„I: Das geht um den formalen Weg sozusagen.
L1: Und das ist dann oft sehr zeitaufwändig und man überlegt sich oft dann wirklich auch, mache ich das jetzt oder mache ich das nicht.
I: Und wie, sie sagten so irgendwann platzt der Ballon oder so, das hört sich so ein bisschen nach Druck an, der explodiert.
L1: Ja.
I: Wäre es nicht sinnvoller mal zu versuchen jetzt so in einem Gespräch einfach mit ihr das Problem oder funktioniert das nicht?
L1: Das funktioniert nicht.
I: Funktioniert nicht. Aber es ist auch noch nicht probiert worden oder?
L1: Ich glaube, ich glaube eine Kollegin hat es schon probiert und die hat dann eine ganz herbe Abfuhr bekommen. Seit dem ist bei uns...
I: Also da brodelt so ein bisschen was, wenn ich das richtig verstehe?
L1: Ja, es brodelt. Es brodelt einfach..."

Dieses hier von einer Kollegin deutlich formulierte Unbehagen an der Kommunikationskultur findet sich ‚indirekt' auch in Äußerungen der Schulleiterin, wenn sie über Verfahrensabläufe der Schulprogrammerstellung spricht.

„S1: Wenn das nur auf ganz ferne Zukunft angeht, dann funktioniert das natürlich nicht. Und da werden wir natürlich, das haben wir fertig gestellt, das war natürlich auch wieder ein Muss, obwohl es viele Schulen nicht gemacht haben, aber da bin ich dann natürlich schon, also das war Vorschrift, da gibt es ja einen Erlass drüber, mussten wir fertig machen und dann haben wir uns dann hingesetzt und dann haben wir das auch ein bisschen aufgeteilt und dann haben wir, habe ich das geschrieben und dann war das o.k."

Der gemeinsame Prozess der Schulprogrammerstellung wird in einen Nebensatz von der Schulleiterin ohne viel Aufhebens zu einem Alleingang umstrukturiert, „und dann war das o.k." Die Schulleiterin erweist sich so auf der einen Seite als kompetente ‚Macherin', sie produziert aber auf der anderen Seite durch die Art ihres Vorgehens vor allem auf Seiten des Sportkollegiums auch immer wieder erheblichen, wenngleich kaum artikulierten Unmut, da dieses sich durch die Alleingänge der Schulleiterin zumindest auch gegängelt und nicht ernst genommen fühlt. Diese – noch durch andere Interviewbelege durchaus zu stützende – Grundstruktur eines Kommunikationsproblems an der untersuchten Schule war ein Resultat der analytischen Arbeit.

Was passiert aber mit einem solchem Resultat, wenn die Perspektive auf Beratung ausgerichtet ist? Einerseits ist kaum zu leugnen, dass sich hinter dem Befund eine Art ‚Zeitbombe' befindet, deren Entschärfung durchaus anzuraten wäre, andererseits ist abzuwägen, ob durch die Thematisierung eines solchen heiklen Themas – das zudem durchaus nicht unüblich für Lehrerkollegien zu sein scheint – nicht die Bereitschaft für eine Kooperation zwischen Forschern und Schule prinzipiell in Frage gestellt ist, denn es handelt sich augenscheinlich um einen bislang latenten und möglicher Weise aus bestimmten Gründen unter der Oberfläche gehaltenen Konflikt. Analyse und Beratung können sich hier also sehr schnell in divergierende Perspektiven aufspalten. Was wissenschaftlich wünschenswert und vielleicht auch notwendig ist, die Artikulation einer identifizierten Problemdimension, kann unter Beratungsgesichtspunkten zum Spiel mit dem Feuer werden. Eine goldene Verhaltensregel ist hier nicht ausfindig zu machen; der wissenschaftliche Wunsch nach prägnanter Analytik ist ebenso legitim wie der Wunsch der Berater einer Schule nach Berücksichtigung der Befindlichkeiten der Akteure vor Ort. In Personalunion ergeben sich daraus Konflikte ganz eigener Art.

Unsere erste Entscheidung, die latente Problematik zwar sensibel aber gleichwohl möglichst deutlich im Portrait anzusprechen, um der Schule die Möglichkeit einer aktiven Bearbeitung zu geben, haben wir nach der Rückmeldung durch eine neutrale, d.h. nicht an der betreffenden Schule arbeitenden Lehrerin, die zudem stellvertretende Schulleiterin ist, wieder verworfen. Die Lehrerin hat diesen heiklen Punkt des Portraits sofort erfasst und von einer eher wissenschaftlicher Redlichkeit verpflichteten Thematisierung dringend abgeraten, insbesondere mit dem Argument des ‚Schulfriedens'. Unserem Argument einer ‚proaktiven' Bearbeitung eines schwelenden Konflikts konnte sie vor dem Hintergrund alltäglicher schulischer Arbeit wenig abgewinnen. In der Endfassung des Portraits findet sich so eine sehr stark abgeschwächte Version, die eher prinzipiell auf die Optimierbarkeit von Kommunikationsstrukturen abhebt, ohne das Konfliktpotential noch deutlich zu benennen. Die Einsicht, dass die bestehenden und gewachsenen Kommunikationsstrukturen zwischen Schulleitung und Sportkollegium an der untersuchten Schule zwar analysiert aber aufgrund unserer begrenzten Ressourcen nicht auch angemessen ‚therapiert' werden konnten, hat so zu der Entscheidung der Weichzeichnung eines diagnostizierten Problemfelds geführt. Eine Perspektiventriangulation wurde so eher zur Perspektivendiffusion, aber durchaus mit ‚guten' Gründen.

Vielleicht zeigt dieses Beispiel auch, dass der Gebrauch des in den Kompendien der Forschungsmethodik mittlerweile üblich gewordenen Begriffs der ‚Triangulation', von welchen Verfahren auch immer, zumindest einer sorgfältigeren Abwägung bedarf. Ursprünglich dem Bereich der exakten Landschaftsvermessung entnommen, suggeriert er eine Idee der ‚Präzisierung' durch Pluralisierung von Perspektiven oder Verfahren, die in der Regel im Feld der sozialwissenschaftlichen Forschung so nicht hergestellt werden kann. Das spricht wohlgemerkt nicht gegen den Prozess der Triangulation, sondern nur gegen überzogene und meist methodologisch auf wackligen Beinen stehende Ansprüche, die offenbar fast automatisch aus einem lockeren Perspektiven- oder Methodenmix[36] emergieren sollen.

---

[36]Der erwartbare Einwand, dass es sich bei der skizzierten Perspektiventriangulation und der gängigen Methodentriangulation um gänzlich unterschiedliche und somit auch differnziert zu beurteilende Verfahren handelt, scheint nicht wirklich stichhaltig. Letztlich sind auch Methoden nichts anderes als spezifische ‚Perspektiven' auf Phänomene, die ihre je eigenen Gegenstände mit konstruieren. Methodentriangulation ist also in diesem Verständnis eine Form der Perspektiventriangulation. Dies kann hier aber nicht weiter vertieft werden.

5 Die Lehrbarkeit des ‚Portraitierens'

Die Frage der Lehr- oder Vermittelbarkeit von Forschungsmethoden ist ein ausgesprochen heikles Feld, liegt doch ein Hauptkritikpunkt an qualitativen Forschungsansätze gerade im Vorwurf der Beliebigkeit, Subjektivität und Ungeregeltheit – gemessen am Standardisierungsgrad quantitativ-empirischer Verfahrensweisen. Insofern ist der Wunsch nach systematischer Vermittlung mehr als verständlich. Hinsichtlich auf den vorliegenden Ansatz der Konstruktion von Schulsportportraits stellt sich die Frage allerdings anders, denn bezogen auf die Frage der konkret eingesetzten Methoden wird man auf vorhandene Lehrbücher bzw. sogar Artikel innerhalb des vorliegenden Bandes verweisen können. Hier existieren sicher Grenzen der Vermittelbarkeit und ebenso sicher wie Übung zum Erlernen von Methoden jedweder Art notwendig ist, ebenso sicher ist Übung allein kein Garant für die Qualität des Lernprozesses. Übung ist also notwendige, aber sicher keine hinreichende Bedingung für Meisterschaft.

Hinzu kommt, dass das ‚Portraitieren' keine Methode im klassischen Sinne ist, wohl aber auf einem methodischen Repertoire basiert. Auch die Beherrschung der genannten Methoden führt also noch nicht zum Portrait, denn die Konzeption eines Bildes verlangt nach Auswahl, Gewichtung, Betonung, Deutung. Nicht ohne Grund verweist auch Ethnographie auf die herstellende Komponente, die mehr ist als schlichte Abbildung. Qualitativ hochwertige Ethnographien sind mehr als detaillierte Auflistungen von Verhaltensweisen, die buchhalterisch aneinander gereiht daherkommen. Clifford Geertz' berühmte ‚dichte Beschreibung' des indonesischen Hahnenkampfes ist das vielleicht bekannteste Beispiel für dieses ‚Mehr'. Nun ist dies sicher keine angemessene Messlatte für die Konzeption von Schulsportportraits, aber es zeigt die Richtung. Die Kompetenzen, die zur Erstellung eines Portraits benötigt werden, sind zum einen technisch-methodischer Natur. Mit ihnen gelangt zu einem ‚Foto' der Schule. Damit ein Portrait daraus wird, muss das ‚Foto' nachbearbeitet werden und damit sind auch die Grenzen der Methode und vermutlich auch die Grenzen der Vermittelbarkeit bezeichnet[37]. Darüber ist bereits viel geschrieben worden, was hier nicht wiederholt werden muss. Meine Vermutung ist – und das wäre dann die von den Herausgebern gewünschte Übungsaufga-

---

[37] Diese Grenzen beziehen sich im Übrigen durchaus nicht allein auf die qualitativen Verfahren. Auch in der quantitativen Forschung gibt es ‚elegante' Designs, ‚gelungene' Lösungen, ‚schöne' Gleichungen, die genau jene nicht präzise benennbaren Dimensionen beschreiben, die die Qualität einer Untersuchung ausmachen und eben ‚mehr' meinen als technische Sauberkeit.

be –, dass es ertragreicher ist, hundert ‚gute' Ethnographien unterschiedlichster Art zu lesen, bevor man die erste selbst verfasst. ‚Learning by reading', nicht ‚learning by doing'...

Literatur

Bachmann, G. (2002). Teilnehmende Beobachtung. In S. Kühl, & P. Strodtholz (Hrsg.), *Methoden der Organisationsforschung. Ein Handbuch*, S. 323-361. Hamburg: Rowohlt.

Breidenstein, G. (2006). *Teilnahme am Unterricht. Ethnographische Studien zum Schülerjob.* Wiesbaden: Verlag für Sozialwissenschaften.

Breidenstein, G. & Hirschauer, S. (2002). Weder ‚Ethno' noch ‚Graphie'. Anmerkungen zu Hubert Knoblauchs Beitrag ‚Fokussierte Ethnographie'. *Sozialer Sinn*, 1, 125-129.

Heeg, P. (1996). Informative Forschungsinteraktionen. In F. Breuer (Hrsg.), *Qualitative psychologie. Grundlagen, Methoden und Anwendungen*, S. 41-60. Opladen: Westdeutscher Verlag.

Helsper, W. & Böhme, J. & Kramer, R.-T. & Lingkost, A. (2001). *Schulkultur und Schulmythos. Rekonstruktionen zur Schulkultur I.* Opladen: Leske + Budrich.

Hirschauer, S. & Amann, K. (1997). Die *Befremdung der eigenen Kultur. Zur ethnographischen Herausforderung soziologischer Empirie*. Frankfurt a.M.: Suhrkamp.

Hitzler, R. (1999). Welten erkunden. Soziologie als (eine Art) Ethnologie der eigenen Gesellschaft. *Soziale Welt*, 50, 473-482.

Holtappels, H. G. (2005). Bildungsqualität und Schulentwicklung. In H. G. Holtappels & K. Höhmann (Hrsg.), *Schulentwicklung und Schulwirksamkeit. Systemsteuerung, Bildungschancen und Entwicklung der Schule* (S. 27-45). Weinheim: Juventa.

Hummel, A. & Schierz, M. (2006). *Studien zur Schulsportentwicklung in Deutschland.* Schorndorf: Hofmann.

Knoblauch, H. (2001). Fokussierte Ethnographie. In: *Sozialer Sinn*, 1 (1), 123-141.

Knoblauch, H. (2005). Focused ethnography [30 paragraphs]. Forum Qualitative Sozialforschung / Forum: *Qualitative social research* [Online Journal], 6 (3), Art. 44. Zugriff am 12.08.2006 unter
http://www.qualitative-research.net/fqs-texte/3-05/05-3-44-e.htm

Koch-Priewe, B. (2000). *Schulpädagogisch-didaktische Schulentwicklung. Professionalisierung von LehrerInnen durch interne Evaluation als erziehungswissenschaftliche Theorie-Praxis-Reflexion*. Baltmannsweiler: Schneider Verlag Hohengehren.

Kruse, C. (2004). Schulsport und Schulsportentwicklung. Anschlussmöglichkeiten und Perspektiven. In C. Kruse & I. Lüsebrink (Hrsg.), *Schneller, Höher, Weiter? Sportpädagogische Theoriebildung auf dem Prüfstand*, S. 141-167. St. Augustin: Academia.

Kuhlmann, D. (2005). Qualitative Forschung in der Sportpädagogik. Zur Einführung: Bilanz und Perspektiven. In D. Kuhlmann & E. Balz (Hrsg.), *Qualitative Forschungsansätze in der Sportpädagogik* (S. 7-30). Schorndorf: Hofmann.

Kunze, I. & Meyer, M.A. (1999). Das Schulporträt in der erziehungswissenschaftlichen Forschung. In I. Kunze (Hrsg.), *Schulporträts aus didaktischer Perspektive* (S. 9-40). Weinheim und Basel: Beltz.

Kunze, I. (1999). *Schulporträts aus didaktischer Perspektive. Schulen in England, in den Niederlanden und in Dänemark.* Weinheim und Basel: Beltz.

Lönz, M. (1996). *Das Schulportrait. Ein Beitrag der Einzelschulforschung zur Schulreform.* Frankfurt a.M.: Lang.

Schierz, M. & Thiele, J. (2003). Qualitätsentwicklung im Schulsport. Hintergründe, Tendenzen, Probleme. In s*portunterricht, 52* (8), 229-234.

Schierz, M. & Thiele, J. (2004). Schulsportentwicklung im Spannungsfeld von Ökonomisierung und Standardisierung. Anmerkungen zu einer noch nicht geführten Debatte. In *Spectrum der Sportwissenschaften, 16* (2), 47-62.

Stibbe, G. (2004). Sport in der Schulentwicklung – eine sportdidaktische Herausforderung. In s*portunterricht, 5* (9), 259-265.

Thiele, J. (2003, Januar). Ethnographischen Perspektiven der Sportwissenschaft in Deutschland – Status Quo und Entwicklungschancen [37 Absätze]. *Forum Qualitative Sozialforschung* [On-line Journal], *4* (1). Zugriff am13.12.2004 unter http://www.qualitative-research.net/fqs-texte/1-03/1-03thiele-d.htm

Thiele, J. (2006a). Das Schulsportportrait als Instrument der Schulsportentwicklung? In A. Hummel und M. Schierz (Hrsg.), *Studien zur Schulsportentwicklung in Deutschland* (S. 23-42). Schorndorf: Hofmann.

Thiele, J. (2006b). Die Steinbrink-Schule: Eine Grundschule in Dortmund. In A. Hummel und M. Schierz (Hrsg.), *Studien zur Schulsportentwicklung in Deutschland* (S. 43-59). Schorndorf: Hofmann.

Thiele, J. & Schierz, M. (2003). Qualitätsentwicklung im Schulsport. Der Ansatz der ‚Regionalen Schulsportentwicklung'. In *sportunterricht, 52* (8), 235-240.

Wittenbruch, W. & Werres, W. (1992). *Innenansichten von Grundschulen. Berichte – Portraits – Untersuchungen zu katholischen Grundschulen.* Weinheim: Deutscher Studien Verlag.

GEORG FRIEDRICH

Zur Analyse sprachlicher Handlungen im Kontext sportpädagogischer Lehr- und Lernprozesse

1   Einordnung

2   Abgrenzungen – Verschiedene Zugänge zur sprachlichen Kommunikation im Sportunterricht

3   Theoretische Bezüge – Linguistische Pragmatik

4   Forschungsmethoden der Angewandten Diskursforschung
4.1 Datenerhebung
4.2 Datenaufbereitung
4.3 Datenverarbeitung und Datenanalyse

5   Anwendungsbeispiel aus der sportpädagogischen Forschungspraxis

6   Exkurs: Qualitativer versus (?) quantitativer analytischer Zugang

7   Nachwort: Was ist ‚sportpädagogische Forschung'?

1 Einordnung

Pädagogisches Handeln wird maßgeblich bestimmt durch sprachliche Prozesse in den verschiedensten bildungsrelevanten Institutionen und Kontexten. Interaktion und Kommunikation der Beteiligten erfüllen dabei ganz unterschiedliche Funktionen. Sprachliches Handeln erzeugt die für das pädagogische Verhältnis von Individuen unersetzliche Beziehung, die auf Verständigen und Verstehen hin zielt. Von daher ist auch die Erforschung pädagogischer Prozesse auf die Darlegung und systematische Analyse der auf Bildung abzielenden sprachimprägnierten Beziehungen gerichtet.

Für die sportpädagogische Forschung stehen folglich sprachliche Aktivitäten infrage, die im Rahmen von Bewegung, Spiel und Sport in verschiedensten Handlungszusammenhängen stattfinden.

In erster Linie lässt sich das Vorhaben der Analyse sprachlichen Handelns einordnen in den sich zunehmend etablierenden Bereich der Schulsportforschung, speziell der empirischen und kommunikationsanalytisch ausgerichteten Unterrichtsforschung im Sport (vgl. u.a. Balz, 1997; Frei, 1999; Friedrich, 1991, 2000, 2002; Friedrich & Miethling, 2004; Köppe, G. & Köppe, U., 1977; Kuhlmann, 1986).
Im Rahmen dieses Beitrags soll die damit verbundene Forschungspraxis vorgestellt und anhand eines Beispiels verdeutlicht und hinsichtlich ihrer sportpädagogischen Relevanz erörtert werden.

2 Abgrenzungen – Verschiedene Zugänge zur sprachlichen Kommunikation im Sportunterricht

Die Untersuchung sportpädagogisch relevanter Kommunikationsprozesse ist auch Gegenstand jener Ansätze, welche insbesondere dem qualitativen Paradigma der Unterrichtsforschung nahe stehen. Verwiesen sei hier auf die grundlegenden Beiträge der Autoren Scherler und Schierz (Scherler, 1989; Scherler & Schierz, 1993; Schierz, 1997) zu einer kasuistischen Unterrichtsforschung im Sport. Hierbei sind es jedoch eher komplexe Situationsschilderungen kritischer Unterrichtsereignisse, in die sprachliche Zitate eingebettet sind und in denen die sprachliche Kommunikation zwischen Sportlehrer und Schüler von konstitutiver Bedeutung für das Auslösen von und den Umgang mit problematischen Handlungssituationen im Schulsport sind. Die verbale Äußerung im engeren Sinne wird nicht Gegenstand einer detaillierten sprachbezogenen Analyse, sondern sie dient als Beispiel für eine bestimmte didaktische Praxis (vgl. Friedrich & Miethling, 2004).

Verstehens- und Verständigungsprozesse werden dabei keinen primär sprachanalytischen Betrachtungen unterworfen, wie dies der sprechhandlungsanalytische Zugang praktiziert. Beide Ansätze stehen sich jedoch dort nahe, wo sie den Anspruch verfolgen, von didaktischer Tragweite zu sein, indem sie beide die Bedingungen und Zusammenhänge thematisieren, die für das Gelingen oder das Misslingen sportdidaktischer Praxis und Verständigungsvorgänge von Einfluss sind. Der kasuistische Ansatz hat mit dem Beitrag von Wolters (1999) eine tendenzielle Hinwendung zur sprachanalytisch ausgerichteten kategorialen Erörterung erfahren. Im Zuge der Thematisierung der Bewegungskorrektur im Sportunterricht sind auch solche sprachpraktischen Aspekte in den Blick genommen worden, die unterhalb der Ebene ausführlicher Situationsschilderungen angesiedelt sind. Untersucht worden sind dabei sprachliche Realisierungsformen der Korrektur von Bewegungen. Die Metaphorisierung sprachlicher Bewegungskorrekturen wird hierzu ebenso als sprachanalytische Kategorie zitiert, wie das Formulieren von Detailinformationen oder die Varianten und Prinzipien motivierenden Feedbacks. In diesem Sinne kann man von einer zusätzlichen sprachtheoretischen Aufladung der Fallanalysen zum Sportunterricht sprechen, was den kasuistischen Ansatz zunehmend fundiert und für die weiterreichende Unterrichtsforschung öffnet.

Die von Frei (1999) vorgelegte Untersuchung zum kommunikativen Handeln im Sportunterricht bewegt sich in einem Übergangsbereich zwischen einer streng sprachanalytischen Ausrichtung einerseits und einer fallbezogenen Orientierung der sportpädagogischen Forschung andererseits. Frei nimmt seine Datenerhebung in Form von Leitfadeninterviews vor. Ergänzend werden Unterrichtsbeobachtungen durchgeführt, die Aufschluss geben sollen über verschiedenste kommunikative Probleme des Sportunterrichts. Die Auswertung der erhobenen Daten erfolgt in Anlehnung an die von Strauss und Corbin (1996) skizzierte ‚gegenstandsverankerte Theoriebildung', welche auch als ‚Grounded Theory' zunehmend in qualitativen sozialwissenschaftlich ausgerichteten Studien Bedeutung erlangt hat. Weiterhin nimmt Frei analytische Versatzstücke der Theorie des kommunikativen Handelns von Habermas (1981) auf, welche für die soziologisch ausgerichtete Kommunikationswissenschaft von zentraler Bedeutung sind (vgl. dazu Friedrich, 1991). Einen weiteren Zugang zum sprachlichen Handeln im Sportunterricht hat Kuhlmann im Rahmen seiner bereits 1986 vorgelegten Schrift zum Sprechen im Sportunterricht gewählt. Kuhlmann beschreibt als zentrale Kategorie seiner Untersuchung die ‚sprachliche Inszenierung'. Anhand umfangreicher Transkriptionen werden diejenigen sprachlichen Mittel rekonstruiert, derer sich die Sportlehrkräfte bedienen, um unterschiedlichste unterrichtliche Situationen zu ‚inszenieren'. An erster Stelle steht für ihn der Sprechakt des Aufforderns, der die sportlichen Aktivitäten der Schülerinnen und Schüler bestimmt und den Unterricht durchzieht. Kuhlmann äußert sich in seiner Arbeit kritisch gegenüber solchen Ansätzen, die bis dahin lediglich eine Kategorisierung der unterschiedlichen Sprechhandlungen im Sportunterricht vorgenommen haben, ohne die gesamte Handlungssituation und die Rahmenbedingungen der sprachlichen Praxis hinreichend in die Analysen einzubeziehen. Ein frühes Beispiel dafür bildet die von Köppe und Köppe (1977) vorgenommene Systematisierung zur Sprache des Sportlehrers. Deren besonderer Verdienst kann jedoch darin gesehen werden, dass sie erstmals den Versuch unternahmen, die konkrete sprachliche Praxis systematisch mit den didaktischen Funktionen zu verbinden, welche die unterschiedlichen Äußerungen der Sportlehrkräfte auszeichnen.

Im Rahmen der von Kuhlmann (1986) vorgenommenen Ablaufbeschreibungen typischer sportunterrichtlicher Szenarien wird eine detaillierte sprachanalytische Darstellung der Sprechhandlungen auf Basis linguistischer Kategorien erst gegen Ende des Bandes versucht. Die dabei vorgenommene sprechakttheoretische Typisierung stützt sich in erster Line auf die von Wunderlich (1976) beschriebenen sprachlichen ‚Realisierungsformen' wie beispielsweise die Aufforderung, die Ankündigung, das Versprechen oder die Androhung (vgl. Kuhlmann, 1986, S. 139-162). Kuhlmann weist abschließend bereits auf eine Entwicklung innerhalb der Linguistik hin, welche sich als ‚angewandte Sprachanalyse' und Gesprächsforschung zu etablieren begann und welche mittlerweile einen erheblichen Anteil an der empirischen Forschung im Rahmen der linguistischen Pragmatik einnimmt (vgl. dazu Brünner, Fiehler & Kindt, 1999; Friedrich & Miethling, 2004).

Die angesprochenen Beiträge bilden einerseits Vorläufer der aktuellen sprachanalytischen Forschungsverfahren, andererseits markieren sie aber auch eigenständige

Wege, die sprachliche Kommunikation im Sportunterricht zu erfassen und zu analysieren. Resümierend kann gesagt werden, dass hier weniger konkurrierende Modelle vorliegen als vielmehr sich additiv ergänzende Zugänge zum Phänomen sportunterrichtlicher Kommunikation. Deren differierende Verfahrensweisen schließen sich nicht grundsätzlich aus, sondern es bietet sich unter dem Dach sportpädagogischer Forschungsmethoden an, die skizzierten Forschungslinien gegenstands- und problemorientiert einzusetzen und auszubauen sowie bedarfsweise auch zusammenzuführen.

3 Theoretische Bezüge - Linguistische Pragmatik

Der Gegenstandsbereich der sprachlichen Handlungen fällt originär in das Forschungsfeld der Sprachwissenschaft. Je nach Ausrichtung der Forschungsfrage und des Erkenntnisinteresses haben sich unterschiedliche Teildisziplinen der Analyse menschlicher Kommunikation und sprachlicher Interaktion entwickelt. Der Zusammenhang zwischen menschlichem Handeln und dem Handeln auf der sprachlichen Ebene hat insgesamt zu einer Vorstellung der Sprache als einer eigenen Form menschlichen Handelns geführt. Die Bezeichnungen von linguistischen Teildisziplinen wie ‚Sprechakttheorie', ‚Sprechhandlungstheorie' und ‚linguistische Pragmatik' verweisen auf diesen handlungsorientierten und handlungsanalytischen Zusammenhang.

Daneben existieren disziplinäre Ausrichtungen innerhalb der Sprachwissenschaft, die die besondere Bedeutung der Sprache für psychische Phänomene in den Blick nehmen. Die Frage, welche Funktion der Sprache bei der Entwicklung von Gedächtnis und Kognitionen zukommt, ist hierbei ebenso von Interesse, wie die sprachgebundenen Vorgänge der Motivierung, der Wahrnehmung oder der Entwicklung der Persönlichkeit. Hier stellt die Psycholinguistik jene Teildisziplin der Sprachwissenschaft dar, die Verstehens- und Gedächtnisvorgänge in den Mittelpunkt ihrer Untersuchung rückt und welche zunehmend in enger Interdisziplinarität mit der Psychologie und deren Teildisziplinen Forschungsarbeit leistet.

Für die Erforschung sprachlicher Prozesse in sportpädagogischen Kontexten sind ohne Zweifel beide linguistischen Felder von Bedeutung. So wird beispielsweise die Frage nach der Funktion einer Bewegungsbeschreibung des Sportlehrers einerseits Einfluss haben auf den Aufbau einer kognitiven Bewegungsvorstellung beim

Schüler und somit psychische Fragestellungen und Erkenntnisschwerpunkte eröffnen. So hat beispielsweise Munzert (1997) eine Untersuchung zur Selbstinstruktion beim Bewegungslernen vorgestellt, die die herausragende Bedeutung der Sprache für die sportmotorische Handlungsregulation auf Basis einer psychologischen Modellierung herausarbeitet.

Daneben stellt die Bewegungsverbalisation aber auch eine eigene Form des sprachlichen Handelns von Sportlehrkräften dar, die auf unterschiedliche Weise realisiert werden kann. (Sprech-)handlungstheoretische und sprachpragmatische Erklärungsmuster sowie Systematisierungen sind also bei dieser Forschungsperspektive zu berücksichtigen (dazu überblickartig Friedrich, 1991, S. 62-109).

Eine sportpädagogische Forschung zum sprachlichen Handeln im Unterricht unterliegt in diesem Sinne keiner Einschränkung des Gegenstandes Sprache und lässt Ausweitungen über die reine systematische Darstellung der Sprachpraxis hinaus in Richtung auf eine Erforschung der unterschiedlichen Wirkungen sprachlicher Handlungen zu. Hier bewegt sich sportpädagogische Forschung zunehmend auf das Feld lernpsychologischer Vergleichsstudien, die mittels Kontrollgruppendesigns die Effektgrößen unterschiedlicher pädagogischer Interventionen (Interventionsforschung) zu eruieren versuchen.

Die empirische Erforschung der Sprache im Unterricht hat sich insgesamt gesehen erst in den letzten beiden Jahrzehnten in dieser Weise ausdifferenziert. Die Wurzeln reichen jedoch weiter zurück. So lässt sich auf eine nahezu 40-jährige Tradition der Unterrichtsforschung zurückblicken, die sich gezielt mit unterschiedlichen sprachlichen Aspekten der Unterrichtsrealität befasst hat. Zunächst ausgesprochen deskriptiv wurde dabei in erster Linie die Sprache des Lehrers versucht, systematisch zu kategorisieren. Bekannt geworden ist insbesondere das interaktionsanalytische Verfahren von Flanders (1970), wobei unterrichtssprachliche Äußerungen auf der Grundlage von zehn Kategorien differenziert wurden. Die Analyse fand in der Weise statt, dass in einem Abstand von drei Sekunden die jeweiligen interaktiven Äußerungen der am Unterricht Beteiligten in eine Matrix eingetragen wurden, was sich bald als wenig praktikabel und analytisch nicht sehr einträglich erwies. Erst mit der in der Linguistik sich durchsetzenden mit dem Namen John R. Searle (1970) verbundenen Sprechakttheorie erfuhr auch die sprachbezogene Unterrichtsforschung deutliche Fortschritte. Die sprachliche Wirklichkeit von Unterricht wurde nun als eigene Form pädagogischen Handelns verstanden und die einzelnen Äußerungen ließen sich an unterschiedliche sprachliche Funktionalitäten und Sprecherintentionen binden. Die von Bellack u.a. (1974) vorgelegte Untersuchung mit dem Titel ‚Die Sprache im Klassenzimmer', stellte ein Kategoriensystem vor, das auch auf die Bestimmung unterrichtlicher Effizienz abzielte und sprachliche Handlungen mit Lernerfolgen zu verbinden suchte.

Spätestens in diesem Werk wird deutlich, dass Studien zur Unterrichtssprache keine reinen sprachwissenschaftlich interessierten Detailuntersuchungen mehr waren, sondern dass sich mit ihnen eine vertiefte und forschungsmethodisch gesicherte Aufklärung pädagogischer Praxis verband.

Auf die sich im Einzelnen entwickelnden spezifischen Verfahren der sprachbezogenen Unterrichtsanalyse kann an dieser Stelle nicht differenziert eingegangen werden. Verwiesen sei auf den umfangreichen Überblick, den Becker-Mrotzek und Vogt (2001) in ihrem Band über die linguistischen Analysen im Rahmen der Unterrichtsforschung zusammengestellt haben. Resümierend kann jedoch festgestellt werden, dass sich eine zunehmende Hinwendung zu komplexeren sprachlichen Einheiten abzeichnet, die sich in analyserelevanten Begriffskonstruktionen wie ‚Situationsorientierung', ‚Handlungszusammenhang' oder ‚turn-Analyse' niederschlagen und welche sich von kleingliedrigen, grammatikalischen und terminologischen Untersuchungsschwerpunkten abwenden.

Dieser Entwicklungsprozess innerhalb der Forschungspraxis hat aktuell zu einem Ansatz geführt, dessen spezifische Merkmale und Basisannahmen sich wie folgt darstellen:

Sprechen wird als Form menschlichen Handelns verstanden, das weitgehend geplant verläuft und das unterschiedliche Zwecke verfolgt. Dabei ist die Einbettung der sprachlichen Praxis in einen Handlungskontext zu beachten, der auch durch die Regeln und Normen einer jeweiligen Institution (Schule, Krankenhaus, Kirche, Verwaltung, Gerichte etc.) bestimmt wird. So findet sprachliche Kommunikation häufig in einem Beziehungsverhältnis zwischen Fachleuten und Laien statt, zwischen Beratern und Ratsuchenden oder auch zwischen Lehrer und Schüler. Wissens- und Machtgefälle sind damit Gegenstand und Inhalt entsprechender Analysen, ebenso die Rekonstruktion von typischen sprachlichen Mustern, welche die Kommunikation innerhalb der Institution und zwischen bestimmten Gruppenmitgliedern und Rollenträgern auszeichnen.

Die Kommunikation erfolgt dabei entweder unmittelbar (face-to-face) oder vermittelt durch Schrift, bzw. den Einsatz von Kommunikationsmedien (Telefon, Internet).

Mittlerweile hat sich im Rahmen der Funktionalen Pragmatik der Diskursbegriff zur Bezeichnung der mündlichen Kommunikation etabliert, wobei die Wissenschaftsdisziplin ihren Authentizitätscharakter durch die Bezeichnung ‚Angewandte Diskursforschung' unterstreicht (vgl. Becker-Mrotzek, 1995; Brünner, Fiehler & Kindt, 1999).

Ziel der Angewandten Diskursforschung ist es, neben der Beschreibung der realen kommunikativen Praxis auch deren Probleme zu eruieren und transparent zu machen. Der Anwendungsbegriff wird in diesem Zusammenhang dadurch legitimiert, dass sich mit der reinen Problemrekonstruktion der Auftrag der Diskursforschung nicht erschöpft hat. Sie sieht ihre Aufgabe darüber hinaus auch darin, der gestörten institutionsgeprägten Kommunikation dadurch entgegen zu wirken, dass sie Kommunikations- und Gesprächstrainings entwirft und durchführt (vgl. Bliesener & Brons-Albert, 1994; Fiehler & Sucharowski, 1992; Friedrich, 1994).

4 Forschungsmethoden der Angewandten Diskursforschung

Die frühen empirischen Studien zur unterrichtlichen Sprachpraxis besaßen noch weitgehend deskriptiven Charakter, lieferten dabei aber einen interessanten und systematisch erhobenen Korpus an Realitätsbeschreibungen von Schule, wie sie zuvor noch nicht vorgelegt worden sind. Unter anderem trug zu dem ‚realistischen' Bild bei, dass das sprachliche Handeln bild- und tontechnisch aufgezeichnet wurde und die Tonband- und Filmdokumente durch anschließende Verschriftlichungen eine nachvollziehbare Grundlage der Unterrichtsanalyse erfuhren.

Dieses Verfahren der Datenerhebung bildet grundsätzlich auch heute noch für die Gesprächs- und Diskursforschung im Rahmen der linguistischen Pragmatik das Mittel der Wahl und stellt die Authentizität der Sprachdaten sowie die Nachvollziehbarkeit der verschiedenen sprachanalytischen Schritte sicher.

Die *Angewandte Diskursforschung* hat auch schulischen Unterricht als ‚kommunikatives Ereignis' beschrieben und mittels für diesen Ansatz spezifischer Erhebungs- und Auswertungsverfahren die sprachliche Praxis der Beteiligten untersucht (vgl. u.a. Becker-Mrotzek & Vogt, 2001; Ehlich & Rehbein, 1983; Vogt, 2002).

Um einen Eindruck von den maßgeblichen Verfahrensschritten zu vermitteln, sollen diese hier skizziert werden. Wie in der empirisch-statistischen Forschung üblich und erwünscht, kann hierbei nicht von vollkommen standardisierten Verfahren ausgegangen werden, da Datenerhebung, Datenaufbereitung und Datenanalyse tendenziell gegenstandsorientiert Abweichungen aufweisen. Becker-Mrotzek und Vogt sprechen diesbezüglich auch davon, dass man die Methode der Diskursforschung als „theoriegeleitete Empirie ohne starre Analyseschritte" (2001, S. 38) bezeichnen kann. Der Begriff der theoriegeleiteten Empirie verweist konkret dabei darauf, dass sich die Theorie über die in der Schule eingelagerten kommunikativen Phänomene und das gezielte empirische Vorgehen gegenseitig bedingen. Dabei tragen die Ergebnisse der Einzelstudien zur Rekonstruktion der Institution Schule bei und machen wiederum auf weitere Fragestellungen aufmerksam. In diesem Sinne hieße das für die sportpädagogische Forschungspraxis, welche das sprachliche Handeln im Sportunterricht fokussiert, mittels spezifischer Untersuchungsschwerpunkte die kommunikativen Spezifika herauszuarbeiten, um damit auch die Theoriebildung hinsichtlich des Sportunterrichts und des Schulsports stärker zu fundieren.

4.1 Datenerhebung

Wie für die unterrichtbezogene angewandte Diskursforschung allgemein, gilt auch für eine sportpädagogische Forschung, die sich der unterrichtlichen Kommunikation und den sprachlichen Handlungen der Beteiligten zuwendet, zunächst authentischen Sportunterricht aufzuzeichnen. Bereits hier tun sich teilweise erhebliche Probleme für den Forschungsprozess auf. Da es sich bei dem videotechnischen Mitschnitt einer Sportstunde um einen Eingriff in die persönliche und schulinterne Sphäre handelt, bedarf es der vorherigen Genehmigung der Datenerhebung durch alle Beteiligten. Bei Schülern, welche noch nicht volljährig sind, wird die schriftliche Zustimmung der Eltern vorausgesetzt. Hinsichtlich der Genehmigung auf Seiten der Schuladministration gibt es abhängig vom jeweiligen Bundesland unterschiedliche Verordnungen und Vorgaben, die für Schul- und Unterrichtsforschung einzuhalten sind. Sobald diese forschungsorganisatorische Hürde genommen ist, müssen die technischen Voraussetzungen sichergestellt werden. Der Einsatz der Videokamera sollte durch ein leistungsfähiges Funkmikrophon (Microport) ergänzt werden, um gut verständliche Sprachaufnahmen zu erhalten. Sie bilden die Voraussetzung für eine anschließende fehlerfreie Datenverarbeitung und Datenanalyse.

4.2 Datenaufbereitung

Grundsätzlich bilden Vertextungen (Transkriptionen) die Grundlage für die weiteren sprachbezogenen Analyseschritte. Hierbei haben sich verschiedene so genannte Transkriptionsverfahren etabliert, die die gesprochene Sprache in Schriftsprache abbilden und damit allen am Forschungsprozess Beteiligten schnell zugänglich machen, wodurch die systematische Auswertung der sprachlichen Handlungen erheblich erleichtert wird.

Die Form der Verschriftlichung hängt davon ab, welche Ziele die Analyse verfolgt. Sollen auch parasprachliche Phänomene in die Analyse einfließen? Sollen sprachliche Unsicherheiten oder über die Sprache transportierte Emotionalität berücksichtigt werden? Soll das Transkript auch nicht-sprachliche kommunikative Handlungen (Gestik, Mimik) umfassen oder sollen auch Begleithandlungen (Lachen, körperliche Bewegungen) und Randphänomene (Läuten der Pausenglocke, Ballgeräusche,...) protokolliert werden?

Im Rahmen der Angewandten Diskursanalyse hat sich die sogenannte Halb-Interpretative-Arbeits-Transkription (HIAT) durchgesetzt, welche es ermöglicht, u.a. parallel ablaufende sprachliche Äußerungen von unterschiedlichen Sprechern in der Art einer Partiturschreibweise darzustellen (vgl. Ehlich & Rehbein, 1979). Einfachere Formen der Transkription, die in erster Linie dazu dienen, die geäußerten Inhalte wiederzugeben, beschreiben Dittmar (2002), Kuckartz (1998), Lamnek (2005) und Mayring (1996).

4.3 Datenverarbeitung und Datenanalyse

Die Datenverarbeitung stellt im Kontext der Angewandten Diskusforschung bereits einen ersten Teilschritt der Analyse dar. Dabei wird eine funktionale Zuordnung sprachlicher Handlungen vorgenommen. Bei einer funktionalen Zuordnung wird davon ausgegangen, „dass sprachliche Formen ganz bestimmte Aufgaben in der Kommunikation erfüllen. Oder anders ausgedrückt, die sprachlichen Äußerungen dienen bestimmten Zwecken." (Becker-Motzek & Vogt, 2001, S. 32). Dabei werden der Handlungskontext (z.B die ärztliche Beratungssituation, die unterrichtliche Vermittlungssituation, etc.) sowie die institutionellen Bedingungen (z.B. die Definitions- und Notengewalt des Sportlehrers, sein Wissensvorsprung, etc.) in die Analyse mit einbezogen. Wie bereits erwähnt, werden die empirische sprachliche Praxis und die Formen institutioneller Rahmung in einem engen Bedingungsgefüge stehend verstanden. Das bedeutet, dass sprachliches Handeln kein zufälliges und folgenloses Agieren im Sportunterricht darstellt, sondern, dass die jeweiligen institutionellen Zwecke, wozu insbesondere die pädagogisch-didaktischen Ziele und Vorannahmen gehören, und die sprachliche Realität sich gegenseitig bedingen, verstärken oder eventuell widersprechen können.

Die dabei zu untersuchenden sprachlichen Handlungen bilden unterschiedliche Muster aus, die im Vorgang der Datenanalyse unter Einbeziehung der Transkripte rekonstruiert werden.

In ihnen bilden sich die institutionellen Zwecke aber auch individuelle Ziele in Form sprachlicher Handlungsentscheidungen der Sprecher, in unserem Fall der Sportlehrkräfte und der Schüler im Sportunterricht, ab (vgl. zur Musterdefinition Becker-Mrotzek & Meier, 1999; Brünner &Graefen, 1994; Ehlich & Rehbein, 1986).

5 Anwendungsbeispiel aus der sportpädagogischen Forschungspraxis

An dieser Stelle soll zur Verdeutlichung eine Untersuchung zum sprachlichen Handeln von Sportlehrkräften vorgestellt werden, die die Rekonstruktion von Mustern in der angesprochenen Weise durchgeführt hat. Institutionelle, situative, sowie zweckbezogene Aspekte fließen dabei in die Analysen ein.

Untersuchungsgegenstand war das sprachliche Handeln von Sportstudierenden, die im Rahmen der Schulpraktischen Studien erste sportunterrichtliche Erfahrungen sammeln konnten (Friedrich, 1994). Weiterhin lagen umfangreiche Teilstudien und Ergebnisse über die Sprachpraxis von erfahrenen Sportlehrkräften vor (vgl. Friedrich, 1991). Die Untersuchungen hatten auf der Basis der Verfahrensweisen der Angewandten Gesprächsforschung Ton- oder Videodokumentationen und Transkriptionen der sprachlichen Handlungen des Sportunterrichts erstellt. Bereits bei der früheren Untersuchung der Sprachpraxis berufserfahrener Sportlehrkräfte hatte sich herausgestellt, dass diese unterschiedliche sprachliche Begründungen ihrer Aufgabenstellungen vornehmen, wobei die Aufgabenstellung jeweils unterschiedlich explizit an zusätzliche Erklärungen gebunden wurden, um eine Legitimierung der Aufgabenstellung vorzunehmen. Die jeweilige sprachliche Sequenz umfasst dabei in der Regel den Sprechakt der Aufforderung in Verbindung mit einem Sprechakt der Erklärung.

Ehlich und Rehbein (1986) unterscheiden im Rahmen ihrer Analyse der unterrichtlichen Sprachpraxis insgesamt vier Begründungstypen, die im Folgenden mittels sprachlicher Beispiele für den Kontext des Sportunterrichts formuliert sind.

1. Handlungsbegründungen:
Bei diesen wird eine vergangene Handlung des Sprechers einer Begründung unterzogen, wobei der Sprecher einen Verständnismangel des Hörers annimmt.
(„Bitte legt die Bälle hin, ich glaube ich muss euch die Dribbelbewegung doch noch einmal demonstrieren.")

2. Absichtsbegründungen:
Hierbei geht anstelle einer Frage eine Absichtserklärung des Sprechers voraus. Dabei soll die gemeinsame Handlungs- und Kooperationsbasis von Sprecher und Hörer sichergestellt werden.
(„Ich möchte, dass ihr eine möglichst genaue Vorstellung von der Anlaufbewegung bekommt, deshalb solltet ihr die Bildreihe euch genau ansehen und Fragen stellen, wenn etwas unklar ist.")

3. Sollens-Begründungen
Der Sprecher fordert hierbei eine Handlung vom Hörer, wobei intendiert ist, dass mittels der Begründung ein Übergang vom Sollen zum Wollen beim Hörer stattfindet.
(„Ich möchte, dass ihr selbstständig und deshalb ohne meine Hilfe versucht, die Bewegung insgesamt mit weniger Krafteinsatz zu schaffen.")

4. Kognitiv-kooperative Begründung:
Hier wird aufgrund einer Aussage oder Behauptung des Sprechers ein Begründungsvorgang initiiert. Der Zweck besteht im Vermitteln und Verstehen von Wissensaussagen.
(„Wenn ihr den Körperschwerpunkt früher an die Stange bringt, erhaltet ihr einen stärkeren Impuls, der die Drehung beschleunigt und erleichtert.")

Die Studie zur Untersuchung der sprachlichen Begründungspraxis von Sportlehrkräften konnte anhand von Kontingenzanalysen die Muster der von den Sportlehrern praktizierten Begründungshandlungen rekonstruieren. Bei der Kontingenzanalyse wurde geprüft, welche sprachlichen Handlungen in der Sprachpraxis mit welchen weiteren sprachlichen Handlungen assoziiert wurden. Konkret hieß das, die-

jenigen Äußerungen, auf die der Sportlehrer mit seinen Begründungshandlungen in der Regel ‚referiert', zu eruieren.
Das Ergebnis bestand im Nachweis von insgesamt zehn *Referenzbereichen*, die ein jeweils eigenes ‚Begründungsmuster' darstellen und die unterschiedlichen Zwecksetzungen, bzw. pädagogischen Handlungsmaximen folgen (vgl. Friedrich, 1994).

Zur Verdeutlichung einige Begründungs-Beispiele (entnommen aus Friedrich, 1994)

(1) Ich mach es kurz vor (es folgt eine Bewegungsdemonstration), ok, ihr habt gesehen, mein Kopf bildet mit den Händen ein Dreieck, brauchen wir nachher, um beim Kopfstand 'ne sichere Stabilität zu haben.
(2) Ihr sollt beim Kopfstand möglichst die Beine in der Senkrechten halten, dazu braucht man 'ne Menge Bauchmuskulatur, deswegen hab' ich mir überlegt, dass ihr die Wand mit zur Unterstützung nehmen könnt.
(3) Ihr haltet euch beim Aufhocken am oberen Holm fest, damit euch nichts passieren kann.
(4) Es ist sinnvoll, dass ihr die Bauchmuskeln fest anspannt, wenn ihr im Kopfstand steht, dann fallt ihr nicht nach hinten über.
(5) Erstmal machen wir eine Zweckgymnastik zum Basketball mit dem Ziel, sämtliche Körperteile vorher aufzuwärmen.
(6) Die Fingerspitzen zeigen beim Fangen dem Ball entgegen, weil das 'ne ganz typische Technik im Basketball ist.
(7) Beim Dribbeln nicht auf den Ball gucken, damit ihr auch ein Gefühl dafür bekommt, wie der Ball zu führen ist.
(8) Beim Absprung vom Kasten am besten weich auf den Ballen landen, das schont eure Gelenke und ihr steht gleich sicherer.

Aus den wenigen Redebeispielen lässt sich bereits eine unterschiedliche inhaltliche Explizität in den Instruktionen ersehen. Diese stellen die Sprecher insbesondere durch jenen Anteil der Äußerung her, der als Begründung der Aufgabenstellung fungiert. Mit dem Begründungsanteil werden spezielle Wissensbestände ergänzend in die Aufgabenstellung aufgenommen. So werden in Beispiel (1) die phänomenologischen Beschreibungen der Bewegungsaufgabe (Kopf und Hände bilden zusammen ein Dreieck) begründend (Verbesserung der Standsicherheit, bzw. Stabilität) erweitert.
Der Lehrer realisiert damit sprachlich eine grundlegende Bestimmung von Unterricht, die von Ehlich und Rehbein (1986) im Rahmen ihrer Musteranalyse schulischer Kommunikation herausgearbeitet wurde. Diese besteht in der Vermittlung handlungsrelevanter Wissensbestände. Der Schüler bekommt dabei einen Einblick in die funktionalen Handlungszusammenhänge und erhält Informationen darüber, wie Bewegungshandlungen gestaltet werden können.
In den weiteren Beispielen 2-8 handelt es sich um sehr unterschiedliche Wissensbestände. Für das erste Beispiel wäre der Referenzbereich die ‚Sachimmanenz des Lerngegenstandes'. Ähnlich verhält es sich mit den Begründungen in den Beispie-

len (4), (7) und (8), worin der Lehrer jeweils die Optimierung der Aufgabenlösung anspricht. Die besondere Bedeutung dieser Begründungen liegt also darin, dass den Schülern Informationen und Hinweise bezüglich ihres Handelns und ihres Lernprozesses vermittelt werden. Es wird damit die Grundlage gelegt für eigenständiges Problemlösen und das Verstehen eigenen Tuns. Erfahrung in Wissen und schließlich in Verstehen zu überführen, kann besonders dort pädagogisch gefördert werden, wo kognitive Wissenselemente durch den Lehrer mit ins Spiel gebracht werden.

Im Transkriptausschnitt 2 erfolgt die Begründungshandlung mittels der Referenz auf eine Erleichterung der Aufgabenrealisierung durch ein besonderes methodisches Hilfsmittel, nämlich die Stabilisierung des Gleichgewichtes mithilfe der Wand. Der hier gewählten Referenzbereich der Begründung zeichnet sich aus durch den Hinweis auf die unterrichtsmethodische Effizienz. Im Rahmen der früheren Untersuchung zum sprachlichen Handeln von Sportlehrern (Friedrich, 1991) konnten weitere Belege für diese Begründungspraxis gefunden werden. Dafür stehen Äußerungen wie die Folgenden:

(9) Ihr spielt euch den Ball erstmal halb hoch zu, damit ihr möglichst schnell eine sichere Kontrolle erreicht.
(10) Wir spielen am Anfang noch mal Volleyball mit Auffangen des Balles, ihr lernt dann schneller, in die richtige Position zu laufen.

Der Lehrer macht durch solche Begründungen auch seine eigenen methodischen Überlegungen transparent und verdeutlicht, warum er eine bestimmte methodische Entscheidung vorgenommen hat.
In der Äußerung (3) ist die Aufgabenstellung mit dem Verweis auf eine mögliche Verletzungsgefahr verbunden. Verletzungsrisiko und Gesundheit bilden einen eigenen Referenzbereich der Begründungshandlungen zu sportspezifischen Aufgabenstellungen. Insbesondere sind es (Handlungs-)Verbote, die sich mit dem Referenzbereich Verletzungsrisiko und Gesundheit verbinden. Die Transkriptionen unserer Untersuchung der Sportlehrersprache wiesen vorwiegend diesen Kontext auf.
Dazu folgende Beispiele:

(11) Ulli, keine Judorolle, das wird sonst nachher zu gefährlich.
(12) Die Spitze (Krücke des Hockeyschlägers) darf nicht über Kniehöhe kommen, Leute, das ist ganz wichtig, die Verletzungsgefahr ist sonst zu groß.

Die in Beispiel (6) vorgenommene Begründung zu der dort formulierten Anweisung, bildet einen Referenzbereich, der ebenfalls als eigenständige Argumentationsfigur im Sportunterricht existiert. Mit dem Hinweis, dass die beschriebene Bewegung eine für den Sport typische Handlungsweise (Techniken) darstellt, unterstützt der Lehrer die Legitimität der gestellten Aufgabe. Hierin zeigt sich, dass der außerunterrichtliche Sport eine zentrale Orientierung für das Handeln und die Ent-

scheidungen der Lehrkräfte im Schulsport liefert. Den Referenzbereich hierzu sehen wir demnach in den Vorgaben des außerunterrichtlichen Sports.
Im Zusammenhang mit den Untersuchungen ließen sich darüber hinaus weitere Begründungsmuster finden. So zum Beispiel solche, die auf positive Erfahrungen Bezug nehmen, die sich mit der Realisierung einer bestimmten Bewegungsaufgabe verbinden:

(13) Du musst kräftig aus dem Trampolin abspringen, das macht dann auch gleich mehr Spaß.
(14) Wenn du versuchst, möglichst hoch (mit dem Klettertau) zu schwingen, gibt das ein ganz tolles Gefühl.

Durch das Ansprechen positiver emotionaler Faktoren bei der Bewegungsrealisierung erhofften sich die Lehrkräfte einen fördernden Einfluss auf die Motivation ihrer Schüler. Im Aufrechterhalten dieser Handlungsmotivation wird darüber hinaus eines der grundlegenden Problemfelder der pädagogischen Tätigkeit gesehen. Damit bestätigt sich erneut die Tatsache, dass sprachliches Handeln in unterrichtlichen Zusammenhängen didaktisches Handeln darstellt und nicht allein informativen Charakter besitzt.
Ein weiterer Referenzbereich, der in den aufgezeichneten Unterrichtssequenzen auftrat, zeigt sich in folgenden Äußerungen:

(15) Etwas schneller, lasst den Abstand beim Laufen nicht zu groß werden, damit ich alle im Auge behalten kann.
(16) Nach dem Sprung kommt jeder sofort zur Korrektur bei mir vorbei, dann entstehen keine längeren Wartezeiten.
(17) Ihr müsst den Ball schneller abgeben, dann sind beide Gruppen auch gleichzeitig fertig.

Die Aufgabenstellung orientiert sich hierbei an dem Ziel, den Unterrichtsablauf aufrechtzuerhalten und gegen mögliche Verzögerungen und Störungen abzusichern. Der hierin zum Ausdruck kommende Referenzbereich bildet die Sicherstellung des Unterrichtsablaufs. Die Explizierung der Äußerung ist also auf den organisatorischen Rahmen des Unterrichts gerichtet, auch wenn dabei das Bewegungshandeln selbst beeinflusst wird.
Zur Begründung einzelner Aufgabenstellungen wird verschiedentlich auf existierende codifizierte Regeln verwiesen. Sie bilden die Grenzen und Freiräume innerhalb derer die Aufgabenstellung realisiert werden kann.

(18) Ihr dürft nur drei Schritte mit dem Ball machen, sonst pfeife ich ab.
(19) Nein, nein, der letzte Anlaufschritt muss so lang sein, dass ihr genau den Absprungbalken trefft.
(20) Wenn ihr den Ball zu lange in den Händen habt, ist das ‚geführt', also schnell aus den Fingern heraus spielen.

Auch an dieser Stelle wird deutlich, dass die Definitionen des allgemeinen Sports zur Handlungsorientierung für den Schulsport geworden sind. Im besonderen Fall der Anwendung eines codifizierten Regelwerks ist die Begründungs‚macht' besonders deutlich.

Eng mit dem Verständnis von Sport und Sportunterricht zusammen hängt ein weiterer Referenzbereich der Aufgabenbegründungen von Sportlehrern. Es ist dies der Bezug auf einen common sense, dass Sport mit einem bestimmten Niveau körperlicher Belastung oder körperlicher Aktivität verbunden ist. Dies tangiert nun insbesondere die objektiven und subjektiven Definitionen von Schulsport in grundlegender Weise. Soweit diese im gemeinsamen Konsens zwischen Lehrer und Schüler stattfindet, wird der Grad körperliche Aktivität und Belastung kaum zum Thema. Offenbar erst wenn die Vorstellungen des Lehrers mit denen der Schüler in Konflikt geraten, treten Begründungen der folgenden Art auf:

(21) Also, jetzt mal etwas zügiger laufen, so kommt ihr ja nie über einen Puls von 60.
(22) Kommt, macht das mit mehr Schwung - das ganze muss 'n Sinn haben und nicht nur, dass man sich nur halb bewegt.
(23) Explosiver muss der Absprung kommen, was ihr macht, hat mit Weitsprung nichts zu tun.

Das körperliche Belastungsniveau scheint insbesondere durch zwei Faktoren gefährdet zu sein. Einmal durch lange Wartezeiten, die sich durch den Organisationsrahmen im Sportunterricht ergeben. Hier steht die bereits erwähnte Sicherstellung des Unterrichtsablaufs im Zielbereich des Lehrers. Weiterhin kann auch die Ausführung der Bewegungsaufgabe selbst unter ein bestimmtes Belastungsniveau fallen, so dass der Sportlehrer in dieser Hinsicht sprachlich interveniert.

Die beiden folgenden Referenzbereiche der Aufgabenbegründungen von Sportlehrern sind sehr deutlich geprägt durch die Handlungsbedingungen in der Institution Schule. So begründet der Lehrer seine Aufgabe mit Bezug auf besondere materielle Unterrichtsbedingungen:

(24) Ihr müsst beim Absprung vorsichtig sein, die Halle ist nämlich sehr glatt heute.
(25) Beim Baggern müsst ihr etwas mehr Druck machen, die Bälle haben etwas zu wenig Luft.
(26) Wir haben nicht genügend Bälle, deshalb spielt euch jeweils zu dritt zu.

Diese Rahmenbedingungen beeinflussen im Sportunterricht ganz erheblich die Entscheidungen des Lehrers woraus sich die Notwendigkeit ergibt, sehr flexibel und teilweise kurzfristig, Aufgabenstellungen zu modifizieren. Vergleichbar institutionstypisch ist ein letzter Referenzbereich der Begründungen. Er manifestiert sich innerhalb der folgenden Äußerungen:

(27) Ihr sollt heute eure Turnkür einmal ganz exakt durchturnen, denn nächste Woche wollen wir dann die Noten machen.
(28) Strengt euch an, was ich heute von euch sehe, geht mit in die Technikbeurteilung ein.

Benotung und Leistungsbeurteilung stellen hierbei den Begründungsrahmen her für die gestellten Aufgaben. Der für Schule prototypische Vorgang der Bewertung und Beurteilung der Schülergruppe findet sich, wie in allen anderen Fächern, ebenso im Sportunterricht wieder. Er schlägt sich auch in den konkreten sprachlichen Konstruktionen der Sportlehrer nieder.

Die aus den authentischen sportunterrichtlichen Diskursen herausgearbeiteten Referenzbereiche für die sprachlichen Aufgabenbegründungen sind anschließend noch einmal zusammengefasst. Mit der Rekonstruktion der einzelnen Begründungsmuster wurden auch die impliziten sportpädagogischen Maxime formuliert und in die Systematik aufgenommen (vgl. Friedrich, 1994, 1996).

Sprachliche Begründungsmuster von Aufgabenstellungen im Sportunterricht – Sportpädagogische Orientierungen und Handlungsmaxime

(1) *Sicherstellung des Unterrichtsablaufs*
  - Sportunterricht bedarf eines eigenen Arrangements
  - Ein möglichst reibungsloser Ablauf ist anzustreben

(2) *Vorgaben des außerschulischen Sports*
  - Der Sport außerhalb von Schule besitzt Vorbildfunktion
  - Handlungen und Verhalten aus diesem Realitätsbereich bilden Orientierungen

(3) *Sachimmanenz des Lerngegenstandes*
  - Sportspezifische Bewegungen folgen festen Gesetzmäßigkeiten und Erfolgsprinzipien

(4) *Unterrichtsmethodische Effizienz*
  - Lehren und Lernen unterliegen vermittlungsmethodischen Prinzipien
  - Lernerfolge im Sportunterricht sind eng mit diese Prinzipien verbunden

(5) *Vorhandene (Sport-)Regelwerke*
  - Die codifizierten Regel der Sportarten sind anzuwenden und zu wahren

(6) *Verletzungsrisiko und Gesundheitsförderung*
  - Die körperliche Gesundheit aller Beteiligten ist sicherzustellen

(7) *Materielle Unterrichtsbedingungen*
  - Der Sportunterricht inszeniert sich entlang gegebener materieller Vorgaben

(8) *Körperliches Anforderungsniveau*
  - Körperliche Belastungen sind Inhalt und Ziel des Sportunterrichts

(9) *Positive Erfahrungen*
  - Mit dem Sport sollen sich positive emotionale Erfahrungen verbinden

(10) *Benotung und Leistungsbeurteilung*
  - Das Handeln der Schüler unterliegt den üblichen Beurteilungsprinzipien von Schule.

6 Exkurs: Qualitativer versus (?) quantitativer analytischer Zugang

Die Rekonstruktion der dargestellten sprachspezifischen Muster lässt sich in seinem ersten Schritt als spezifisch qualitative Datenanalyse bezeichnen. Die Frage, welche inhaltliche und funktionale Ausrichtung die unterschiedlichen Begründungen auszeichnen, orientiert sich deutlich an den inhaltsanalytischen Verfahren der Kategorisierung von Bedeutung verbaler oder textueller Daten (vgl. Früh, 2004; Flick, 2002; Lamnek, 2005; Mayring, 2003). Dass es sich bei der immer noch geläufigen methodologischen Kontrastierung von einzelfallbezogenen qualitativen Methoden einerseits und statistisch-quantitativen Verfahren andererseits innerhalb eines Forschungsprozesses um eine wenig gewinnbringende Gegenüberstellung handelt, zeigt die hier zitierte Studie. Erst die qualitative Rekonstruktion der Aufgabenbegründungsmuster aus den erhobenen Sprachdaten machte es anschließend möglich, der Frage nachzugehen, welche Begründungsmuster von den Sportlehrkräften in erster Linie bei der Unterrichtsgestaltung herangezogen werden, beziehungsweise, welche eher selten zur Legitimierung und Erklärung Einsatz finden.

Quantitativ ausgerichtete Frequenzanalysen verdeutlichten, dass jene Begründungsmuster dominieren, die der Sicherstellung des Unterrichtsablaufs dienen sollen. Verweise auf die Note und die Leistungsbeurteilung der Schüler sowie die Notwendigkeit körperlicher Anstrengung, gehen dagegen selten in Aufgabenbegründungen ein und bilden ein seltenes Begründungsmuster (Friedrich, 1991, S. 212; 1994, S. 96-99). Solche quantitativen Auswertungen der Sprachdaten lassen sich durch den Einsatz computergestützter Verfahren erleichtern und ökonomisieren. Die im Rahmen der aktuellen auf Basis der Angewandten Diskursforschung laufenden Unterrichtsanalysen am Institut für Sportwissenschaft der Universität Gießen setzen dazu das von Kuckartz entwickelte international verbreitete Textanalysesystem MaxQDA erfolgreich ein (vgl. Kuckartz, 1998).

Dabei werden qualitative Zuordnungen ebenso berücksichtigt, wie quantitative Häufigkeits- und Gewichtungsberechnungen. In diesem Sinne entspricht das Vorgehen einer sportpädagogischer Forschung, die dem Prinzip folgt, dass „qualifizierende und quantifizierende Aspekte in verschiedenen Phasen des Forschungsprozesses mit unterschiedlichem Stellenwert einfließen" (Früh, 2001, S. 67).

7 Nachwort: Was ist ‚sportpädagogische Forschung'?

Die Frage, was an der Forschung zum sprachlichen Handeln im Kontext des Schulsports speziell ‚sportpädagogisch' sei, kann selbstverständlich erst rückblickend auf die Darstellung des Ansatzes und der Verfahren beantwortet werden. Erst die abschließende Dateninterpretation lässt nämlich den spezifisch sportpädagogischen Gewinn des Forschungsansatzes deutlich werden. Die Untersuchung sprachlicher Handlungsmuster gibt den Blick frei auf eine sportunterrichtliche Wirklichkeit, die sich auch in ihrer sprachlichen Praxis, als original pädagogische Praxis entpuppt. Denn, wie anders als über die sprachlichen Erklärungen und Begründungen der Sportlehrkraft wird unterrichtliches Handeln zu einem mehr oder weniger schülerorientierten und transparenten Bildungsprozess für die Schüler. Mittels der sprachlichen Begründungen und Erklärungen zu den gestellten Aufgaben wird Lernen im Sportunterricht zu einem für die Schüler nachvollziehbaren und letztlich auch intrinsisch motivierten Vorgang. Nicht zu wissen, warum man eine bestimmte Übungsform oder eine bestimmte taktische Verhaltensweise ausführen soll, scheint immer noch eine gängige Erfahrung von Schülern zu sein. Häufig stützen sich die Lehrkräfte auf ihre ‚Autorität qua Amt', wenn sie auf, zugegebenermaßen zeitaufwändigere, Aufgabenbegründungen verzichten. Es kann auch im positiven Sinne das Stützen auf die eigene Sachautorität sein, die den Lehrer veranlassen, es bei der Bewegungsvorschrift zu belassen. Die Vermittlung von Wissen als zentrale pädagogische Aufgabe von Schule wird aber nur dann erfolgreich verwirklicht, wenn Sachautorität und Wissensvorsprung den Schülerinnen und Schülern zugute kommen.

Die Untersuchung auch der sprachlichen Praxis im Sportunterricht bildet eine im Zuge der zunehmend geforderten empirischen Unterrichtsforschung zentrale Aufgabe sportpädagogischer Forschung. Sie ist in der Lage die folgenden gewinnbringenden Perspektiven und Forschungsorientierungen einzubringen:

1. Sie beschreibt systematisch, theoriegeleitet und interdisziplinär sportpädagogische Realität.
2. Sie stellt sportpädagogisch relevante Probleme und Bildungshemmnisse in den Fokus ihrer Forschungsverfahren.
3. Sie trägt zur Verbesserung sportpädagogischer Praxis bei, indem sie Sportlehrkräfte für die Tragweite und Bedeutung der kommunikativen sowie sprachlichen Handlungen sensibilisiert und empirisch gesicherte Erkenntnisse für den Kompetenzerwerb von Sportlehrkräften bereitstellt.

Literatur

Balz, E. (1997). Zur Entwicklung der sportwissenschaftlichen Unterrichtsforschung in Westdeutschland. *Sportwissenschaft, 3*, 249-267.
Becker-Mrotzek, M. & Meier, C. (1999). Arbeitsweisen und Standardverfahren der Angewandten Diskursforschung. In Brünner, Fiehler & Kindt. Opladen: Westdeutscher Verlag, 18-45.
Becker-Mrotzek, M. (1995). Angewandt Diskursforschung und Sprachdidaktik. *Der Deutschunterricht, 1*, 16-24.
Becker-Mrotzek, M. & Vogt, R. (2001). *Unterrichtskommunikation. Linguistische Analysemethoden und Forschungsergebnisse.* Tübingen: Narr.
Bellack, A.A., Kliebard, H.M., Hyman, R.T. & Smith, F.L. (1974). *Die Sprache im Klassenzimmer.* Düsseldorf: Schwann.
Bliesener, T. & Brons-Albert, R. (1994). *Rollenspiele in Kommunikations- und Verhaltenstrainings.* Opladen: Westdeutscher Verlag.
Brünner, G, Fiehler, R. & Kindt. (Hrsg.) (1999). *Angewandte Diskursforschung.* Band 1: Grundlagen und Beispielanalysen. Band 2: Methoden und Anwendungsbereiche. Opladen: Westdeutscher Verlag.
Brünner, G. & Graefen, G. (Hrsg.) (1994). *Texte und Diskurse. Methoden und Forschungsergebnisse der funktionalen Pragmatik.* Opladen: Westdeutscher Verlag.
Dittmar, N. (2002). *Transkription. Ein Leitfaden mit Aufgaben für Studenten, Forscher und Laien.* Opladen: Westdeutscher Verlag.
Ehlich, K. & Rehbein, J. (1979). Halbinterpretative Arbeitstranskription (HIAT). *Linguistische Bericht, 45*, 21-41.
Ehlich, K. & Rehbein, J. (1986). *Muster und Institution – Untersuchungen zur schulischen Kommunikation.* Tübingen: Narr.
Ehlich, K. & Rehbein, J (Hrsg.) (1983). *Kommunikation in Schule und Hochschule. Linguistische und ethnomethodologische Analysen.* Tübingen: Narr.
Fiehler, R. & Sucharowki, W. (Hrsg.) (1992). *Kommunikationsberatung und Kommunikationstraining. Anwendungsfelder der Diskursforschung.* Opladen: Westdeutscher Verlag.
Flanders, N.A. (1970). *Analyzing teacher behavior.* Reading Mass: Addison-Wesley.
Frei, P. (1999). *Kommunikatives Handeln im Sportunterricht. Zwischen theoretischer Konzeption und empirischer Analyse.* St. Augustin: Academia.
Friedrich, G. (1991). *Methodologische und analytische Bestimmungen sprachlichen Handelns des Sportlehrers.* Frankfurt a. M., Bern, New York: Lang.
Friedrich, G. (1994). Begründungshandlungen in echter und simulierter Kommunikation. In T. Bliesener & R. Brons-Albert (Hrsg.), Rollenspiele in Kommunikations- und Verhaltenstrainings. Opladen: Westdeutscher Verlag, 91-104.

Friedrich, G. (1999). Die Analyse von Gesprächen in sportspezifischen Handlungsfeldern. In B. Strauß, H. Haag, & M. Kolb, (Hrsg.) *Datenanalyse in der Sportwissenschaft. Hermeneutische und statistische Verfahren.* Schorndorf: Hofmann, 53-62.

Friedrich, G. (2000). Schulsportforschung – Zur Konzeption eines ausbaubedürftigen Bereichs der Sportwissenschaft. dvs-Informationen, *15* (1), 7-11.

Friedrich, G. (Red.) (2002). *Sportpädagogische Forschung - Konzepte, Ergebnisse, Perspektiven.* (Schriften der deutschen Vereinigung für Sportwissenschaft, 126). Hamburg: Czwalina.

Friedrich, G. & Miethling, W. (2004). Schulsportforschung. In E. Balz (Hrsg.), *Schulsport. Verstehen und gestalten,* 103-116. Aachen: Meyer & Meyer.

Flick, U. (2002). *Qualitative Sozialforschung. Eine Einführung.* Reinbek: Rowohlt.

Früh, W. (2004). *Inhaltsanalyse* (5. Aufl.). Weinheim: Beltz.

Göhner, U. (1990). Wie lehrt und lernt man Bewegungsbeschreibungen. sportunterricht, *8*, 291-299.

Habermas, J. (1981). *Theorie des Kommunikativen Handelns.* Frankfurt a.M.: Suhrkamp.

Hildenbrandt, E. & Friedrich, G. (1984). Prinzipien der sprachlichen Instruktion am Beispiel der Leichathletik. sportunterricht, *7*, 245-250.

Hildenbrandt, E. & Friedrich, G. (1996). Konturen einer sprachbezogenen Sportpädagogik. In B. Boschert & G. Gebauer, (Hrsg.) *Texte und Spiele. Sprachspiele des Sports.* St. Augustin: Academia, 17-40.

Köppe, G. & Köppe, U. (1977). Zur Lehrersprache im Sportunterricht. Probleme ihrer Analyse. sportunterricht (26), 292-298.

Kraus, U. (1984). *Sprechen im Sportunterricht. Eine Untersuchung zur didaktischen Bedeutung der Sportlehrersprache.* Oldenburg: Köhler und Foltmer.

Kuckartz, U. (1998). *Computergestützte Auswertung qualitativer Daten.* Opladen: Westdeutscher Verlag.

Kuhlmann, D. (1986). *Sprechen im Sportunterricht.* Schorndorf: Hofmann.

Lamnek, S. (2005). *Qualitative Sozialforschung,* 4. Aufl. Weinheim: Beltz.

Mayring, P. (1996). *Einführung in die qualitative Sozialforschung,* 3. Aufl., Weinheim: Beltz.

Mayring, P. (2003). *Qualitative Inhaltsanalyse. Grundlagen und Techniken.* Weinheim: Beltz.

Munzert, J. (1997*). Sprache und Bewegungsorganisation. Untersuchungen zur Selbstinstruktion beim Bewegungslernen.* Schorndorf: Hofmann.

Rehbein, J. (1977). *Komplexes Handeln. Elemente zur Handlungstheorie der Sprache.* Tübingen: Metzler.

Scherler, K. (1989). *Elementare Didaktik.* Schorndorf: Hofmann.

Scherler, K. & Schierz, M (1993). *Sport unterrichten.* Schorndorf: Hofmann.

Schierz, M. (1997). *Narrative Didaktik – Von den großen Entwürfen zu den kleinen Geschichten im Sportunterricht.* Weinheim, Basel: Beltz.

Searle, J. R. (1970). *Seech acts – An essay in the philosophy of language.* Cambridge. Deutsch: (1971). *Sprechakte.* Frankfurt a. M.

Strauss, A. & Corbin, J. (1996). *Grounded Theory. Grundlagen qualitativer Sozialforschung.* Weinheim: Beltz.

Vogt, R. (2002). *Im Deutschunterricht diskutieren. Zur Linguistik und Didaktik einer kommunikativen Praktik.* Tübingen: Narr.

Wolters, P. (1999). *Bewegungskorrektur im Sportunterricht.* Schorndorf: Hofmann.

Wunderlich, D. (1976). *Studien zur Sprechakttheorie.* Frankfurt a. M.: Suhrkamp.

PETRA WOLTERS

Von Fall zu Fall: Kasuistisch forschen

1		**Einführung: Was heißt kasuistisch forschen?**
2		**Arbeitsschritte: Wie kann man kasuistisch forschen?**
2.1		Fälle identifizieren
2.2		Fälle darstellen
2.3		Fälle interpretieren
2.4		Kategorien entwickeln
2.5		Offenlegen des normativen Hintergrundes
3		**Probleme: Was ist bei kasuistischer Forschung schwierig?**
3.1		Vom Alltagsblick zum Forschungsblick
3.2		Von der Beobachtung zum Text
3.3		Vom Nacherzählen zum Deuten
3.4		Von heimlichen zu aufgeklärten Normen
4		**Fazit**

1 Einführung: Was heißt kasuistisch forschen?

Der Ausdruck ‚kasuistisch' mag vielen zunächst befremdlich vorkommen. Er leitet sich vom lateinischen casus = Fall ab. Kasuistisch forschen heißt somit, an und mit Fällen zu neuen Erkenntnissen zu kommen. Ein sehr prominenter Vertreter, der sich der Kasuistik bediente, war Sigmund Freud, der das theoretische Gebäude der Psychoanalyse *durchgehend fallbezogen* konstruierte. Aber nicht nur die Psychologie ist ein geeignetes Feld für die Kasuistik, sondern auch die Pädagogik. In der Sportpädagogik sind seit den 1980er Jahren etliche Arbeiten entstanden, die sich der Kasuistik zuordnen lassen (z.b. Scherler, 1992; Scherler & Schierz, 1993; Lüsebrink, 2006 und Wolters, 2006).

Wer mit Fällen arbeiten will, muss sich zunächst fragen, was überhaupt ein Fall ist. Einen Fall kann man nicht einfach in der Wirklichkeit finden oder ihn ‚erheben', wie man vielleicht andere empirische Daten ermitteln kann. Ein Fall ist immer als *Konstruktion* von Wirklichkeit zu verstehen. Durch den Fall wird eine Beziehung zwischen Besonderem und Allgemeinen hergestellt. Das Allgemeine – allgemeine Normen, Regeln oder Grundsätze – zeigt sich in dem Besonderen oder besser: lässt sich am Besonderen zeigen (vgl. Günther, 1978, S. 166). ‚Fall' ist also nicht gleichzusetzen mit Gegenstand oder Phänomen, sondern stellt eine (zumindest implizit) theoretische Sichtweise auf ein empirisches Datum dar. Beobachtet man z.B. einen Lehrer, der im Sportunterricht ein Mädchen in den Arm nimmt, so kann man je nach Vorverständnis darin einen Fall von positiver Zuwendung oder von Distanzlosigkeit sehen. Das Besondere (ein Lehrer berührt eine Schülerin) wird jeweils einem Allgemeinen (einem übergeordneten pädagogisch-didaktischen Problem) zugeordnet. Insofern kann man die Frage, was ein Fall ist, nur mit der Gegenfrage beantworten, wer was zum Fall *macht*.

Da es keinen Fall an sich gibt, hängt die Konstruktion eines Falles von den theoretischen Konzeptionen ab, die implizit oder explizit an die Wirklichkeit herangetragen werden (vgl. Flick, 2000, S. 192). Einen Fall im Geschehen zu ‚entdecken', ist daher nicht vom Subjekt der Forschung (oder des Handelnden in einer Unterrichtssituation) zu trennen und auch nicht an andere zu delegieren.
Ist es also beliebig, was zum Fall wird? Oder kann man Zufälle von Fällen unterscheiden? Wissenschaftliche Fallstudien zeichnen sich dadurch aus, dass sie nicht schlicht dem Alltagsverständnis folgen. Es müssen besonders solche Daten wahr-

genommen und interpretiert werden, die sich *nicht* in Übereinstimmung mit den Vorannahmen der Forschenden befinden. Generell ist eine Forschungshaltung nötig, die sich einerseits ihres Vorverständnisses bewusst ist und andererseits eine gewisse Distanz zum Alltagsgeschehen einnimmt. Strauss und Corbin (1996, S. 71) empfehlen, ‚niemals etwas für selbstverständlich zu halten'. Für die Unterrichtsforschung bedeutet dies, weder die ‚Fakten' des Unterrichts noch die Normen, die den Unterricht leiten, ungefragt hinzunehmen. Sonst droht die Gefahr, sich in die Logik des Alltags zu verstricken und der Aufklärungsfunktion didaktischer Forschung nicht gerecht zu werden.

Wer sich in seinem Forschungsfeld gut auskennt, ohne es als Selbstverständlichkeit hinzunehmen, hat die besten Chancen interessante Fälle zu konstruieren. ‚Auffällig' wird eine Situation besonders dann, wenn sie an der Grenze von Bekanntem und Unbekanntem liegt. Ein neuer Fall, der keine Gemeinsamkeiten mit schon bekannten Fällen aufweist, kann nicht verstanden werden (vgl. Stake, 1994, S. 241). Vielleicht müsste man noch genauer sagen: ein solches Phänomen kann gar nicht erst zum Fall werden. Andererseits wird ein neuer Fall, der sich nicht von anderen unterscheidet, nicht als eigener Fall wahrgenommen werden (ebd.).
Diesem ersten Schritt, der Fallwahrnehmung, folgen dann die Darstellung und die Interpretation des Falles. Wenn mehrere Fälle untersucht werden, wie bei der Kasuistik üblich, wird durch Fallvergleich und –kontrastierung eine Kategorisierung angestrebt. Was sich hinter den genannten Schritten verbirgt, soll im zweiten Abschnitt erläutert werden.

2   Arbeitsschritte: Wie kann man kasuistisch forschen?

2.1   Fälle identifizieren

Qualitative Forschung muss ihre Daten bewusst und kriteriengesteuert auswählen (vgl. Kelle & Kluge, 1999, S. 39). Um Fälle *zu* identifizieren, sie aus dem Fluss des Geschehens herausheben zu können, braucht man eine Fragestellung. Wer keine Fragen hat, kann sich auch nicht auf die Suche nach Fällen machen.
Aus der Fragestellung sollten Kriterien für die Auswahl der Daten abgeleitet werden (vgl. Merriam, 1998, S. 61). Will man beispielsweise untersuchen, wie sich der Körperkontakt zwischen Lehrkräften und Schülern und Schülerinnen im Sportun-

terricht auswirkt, dann muss man natürlich solche Situationen berücksichtigen, bei denen Berührungen vorkommen. Weiterhin sollte man Unterrichtsstunden aufsuchen, in denen es um Gerätturnen geht, da hier die Hilfestellung eine Rolle spielt; auch der Inhalt Kämpfen könnte potenziell interessante Fälle liefern. Aber auch die informellen Situationen, in denen die körperlichen Berührungen nicht durch die sachliche Notwendigkeit zustande kommen, müssten beachtet werden. Hier systematisch zu suchen, ist allerdings schwierig. Man ist bis zu einem gewissen Grad doch auf den Zufall angewiesen. Jedoch wird man vermutlich auf Lehrerinnen und Lehrer stoßen, die viel körperliche Nähe zu den Schülerinnen und Schülern suchen (besonders in der Grundschule), während andere wiederum eher distanziert agieren. Insofern empfiehlt es sich, verschiedene Lehrertypen und Klassenstufen zu beobachten.

Besondere Bedeutung für das Identifizieren von Fällen haben zwei Verfahren, die auch schon Glaser und Strauss (1971, S. 184) empfehlen, nämlich das theoretical sampling und die maximale Variation der Daten. Theoretical sampling heißt, dass die Datenerhebung nicht erst abgeschlossen wird und man im Anschluss mit der Interpretation der Daten beginnt, sondern dass weitere Daten erhoben werden, während schon die Auswertung läuft. Auf diese Weise bestimmen die Annahmen, die im Forschungsprozess gebildet werden, welche Daten noch gezielt aufgesucht werden sollen. Um auf unser Beispiel mit den Körperberührungen zurückzukommen: Lässt sich etwa aus den ersten Fällen erkennen, dass es bestimmte Unterrichtsphasen gibt, in denen sich Berührungen häufen (z.B. die Begrüßungsphase), dann sollte man hierauf verstärkt sein Augenmerk richten. Die Datenerhebung wird dann beendet, wenn keine überraschenden oder den bisherigen Erkenntnissen widersprechenden Daten gefunden werden. Manche nennen dies ‚Sättigung' (vgl. Kelle & Kluge, 1999, S. 46).

Zu kombinieren ist das theoretical sampling mit der maximalen Variation der Daten, die besagt, dass man nach gegensätzlichen Fällen sucht, um das Spektrum des Gegenstandsbereichs ganz auszuleuchten und sich nicht vorschnell von einer Deutung leiten zu lassen. Um z.B. der Vermutung nachzugehen, die Häufigkeit der Berührungen könnte auch mit dem Alter der Lehrkraft zusammenhängen, müsste man junge und alte Sportlehrkräfte vergleichend beobachten.
Allerdings argumentiert Stake (1995, S. 6) sehr pragmatisch, dass nicht so sehr die Ausgewogenheit und Variation der Daten oberste Priorität haben sollten, sondern

die Gelegenheit, aus den Daten etwas zu lernen. Fälle identifizieren bedeutet nämlich auch, die didaktische Relevanz des Geschehenen zu erkennen. Bedeutsamkeit, Übertragbarkeit und Nachvollziehbarkeit der ausgewählten Fälle können als wichtige Gütekriterien für eine Fallstudie gelten (vgl. Wolters, 2006 a, S. 166-170).

2.2 Fälle darstellen

Wer schon einmal versucht hat, eine beobachtete Unterrichtsszene, zudem aus dem Sportunterricht, treffend zu beschreiben, weiß, dass dies alles andere als einfach ist. Schon Bilder zu beschreiben, birgt gewisse Schwierigkeiten in sich. Hat man es aber mit Geschehensabläufen zu tun, mit Menschen, die in Bewegung sind und mit dieser Bewegung auch etwas ausdrücken, dann steht man vor einem schweren Übersetzungsproblem. Zur sozialen Wirklichkeit gehört, dass sie flüchtig ist – um sie aber erforschen zu können, muss sie fixiert werden. Allein durch diesen Vorgang büßt sie gerade eines ihrer wesentlichen Merkmale, eben die Flüchtigkeit, ein (vgl. Bergmann, 1985, S. 317). Auch wenn man audiovisuelle Aufzeichnungen zu Hilfe nehmen kann, so ist zu beachten, dass es sich auch bei einer Videoaufnahme um einen konstruierten Realismus handelt (vgl. Bergmann, 1985, S. 317). Eine 1:1-Abbildung der Wirklichkeit kann es nicht geben.

Die Schwierigkeit, nichtsprachliche Dokumente einer Interpretation zugänglich zu machen, besteht nach Oevermann (2000, S. 108) darin, dass die sinnliche Wahrnehmung und der beschreibende Text zwei verschiedenen Welten angehören. Bei der Verschriftung versucht man das Gesehene in Sprache zu übersetzen und muss dabei die Ebene der unmittelbaren Wahrnehmung verlassen (ebd., S. 109). Ebenso wie aus Erinnerungen eine Erinnerungserzählung werden muss, damit sie wissenschaftlich bearbeitet werden können, muss aus einer Beobachtung ein Text werden (ebd., S. 112).

Nun entwickelt jede Sprachgemeinschaft Konventionen, wie Geschichten erzählt werden. Bergmann (1985, S. 305) spricht hier von kommunikativen Gattungen, die im hohen Maße institutionalisiert und gegenüber situativen und kontextuellen Bedingungen relativ immun sind. Anders gesagt: Es gibt bestimmte Erzählmuster, die unabhängig von der konkreten Begebenheit benutzt werden, deren sich der einzelne Teilnehmer einer Sprachgemeinschaft aber meist nicht bewusst ist. Beispielsweise richten sich auch die meisten Falldarstellungen nach einem bestimmten Spannungsaufbau, der mit einer Pointe endet. Ebenso ist die Konvention verbreitet, zunächst einen gewissen Rahmen des Geschehnisses anzugeben, der genau genommen nicht der bloßen Beobachtung entstammt, sondern auf zusätzliche Informationsquellen zurückgeht. Wir sind alle von der Art, wie in unserer Kultur Geschichten erzählt werden, geprägt, so dass wir, um uns verständlich zu machen und Sinn zu übermitteln, gar nicht umhin können, als uns dieser Gestaltungskonventionen zu bedienen.

Nehmen wir wieder das Beispiel einer Fallstudie zum Körperkontakt. Hierbei würden wir in einer Falldarstellung vermutlich einen bestimmten Aufbau wählen. Wir würden Angaben zum Thema der Stunde machen, den Vorgang der Berührung schildern und zum Schluss die Reaktionen der Beteiligten auf diese Berührung. Es käme uns unvollständig vor, wenn wir uns nur auf den Akt der Berührung beschränkten.

Fallgeschichten oder -darstellungen beziehen sich immer auf vergangene Ereignisse, die als Gegenstand der Forschung Gestaltungsprozesse durchlaufen (vgl. Thonhauser, 1996, S. 62). Das heißt allerdings nicht, dass Daten bei der Gestaltung beliebig vermehrt werden könnten. Wenn Videoaufnahmen vorhanden sind, kann die Darstellung als Text wieder an den bewegten Bildern geprüft werden. Geht man von Unterrichtsprotokollen aus, bleiben nur die Erinnerungen und sinnlichen Eindrücke beim Beobachten, die bei dem Schritt von den Stichworten zum Text helfen. Thonhauser (1996, S. 67) unterscheidet eine ‚Beobachtungssprache', die sinnlich wahrnehmbare Phänomene zum Ausdruck zu bringen vermag, von einer Theoriesprache, die Sachverhalte mit Hilfe allgemeiner begrifflicher Konzepte oder Konstrukte beschreibt. Zwischen beiden gebe es fließende Übergänge, jedoch sollten Falldarstellungen sich der Beobachtungssprache bedienen, um die Phänomene nachvollziehbar zu machen. Um die Nachvollziehbarkeit solcher Fallbeschreibungen zu testen, kann man die Texte anderen vorlegen, die weder die Originalsituation noch die Videoaufzeichnung kennen. Deren Nachfragen enthüllen oft die Lücken im Text bzw. die unverständlichen Passagen (davon zu unterscheiden sind allerdings jene Textabschnitte, die auch in der Ursprungsszene Rätsel aufgeben). Wenn eine Fallbeschreibung gar keine Fragen provoziert, ist womöglich *das* Kriterium der Bedeutsamkeit nicht erfüllt.

2.3 Fälle interpretieren

Bude (2000, S. 571) bezeichnet das Interpretieren als Kunstform, die kaum zu lehren sei. Eine Interpretation sei immer auch ein Selbstentwurf desjenigen, der interpretiert. Dennoch ist es für wissenschaftliche Studien unverzichtbar, durch ein nachvollziehbares Verfahren Intersubjektivität herzustellen.

Soeffner (2000, S. 167) betont, dass die Daten von Sozialwissenschaftlern anders als die von Naturwissenschaftlern Konstruktionen von Konstruktionen seien. „Der Sozialwissenschaftler entwirft Konstruktionen ‚zweiter Ordnung'. Diese sind kontrollierte, methodisch überprüfte und überprüfbare, verstehende Rekonstruktionen der Konstruktionen ‚erster Ordnung'" (Soeffner, 2000, S. 167). Das Handeln von Wissenschaftlerinnen und Alltagsmenschen ähnelt sich: beide deuten Wahrnehmungen als Verweise auf den zu Grunde liegenden Sinn (ebd.). Dennoch sind wissenschaftliche Interpretationen und Deutungsroutinen des Alltags nicht dasselbe. „Sozialwissenschaftliches Verstehen unterscheidet sich vom alltäglichen Verstehen also dadurch, dass die Interpretationsleistungen hier nicht unter dem Rückgriff auf den Alltagsverstand geschehen, sondern auf dem Rückgriff auf extensiv aktiviertes Wissen und auch auf dem Vorrat an professionellem Sonderwissen beruhen" (Soeffner, 2000, S. 168).

Als Interpretationsregel kann allgemein gelten, dass man sequenziell vorgeht, also in der Reihenfolge der Textpassagen bleibt. Deutet man am Beginn einer Falldarstellung das Verhalten eines Lehrers als pädagogische Zuwendung, dann müsste sich diese Vermutung im weiteren Verlauf am Text erhärten lassen. Findet man keinen weiteren Hinweis für die Zuwendungshypothese, müsste man nach einer neuen Lesart suchen, die sich besser am Text belegen lässt. Mehrere Interpretationsdurchgänge sind in jedem Fall nötig. Als weitere Regel kann man anführen, dass die Interpretation keine Aussagen enthalten sollte, die der Text der Falldarstellung nicht hergibt: kein Textbeleg, keine Deutung. Das mag trivial klingen, doch haben Interpretationen leicht die Tendenz, sich zu verselbstständigen. Die Stimmigkeit zwischen Falldarstellung und Fallinterpretation ist immer wieder zu prüfen. Schließlich sind Vergleiche immer ein gutes Mittel der Deutung, seien es Vergleiche mit weiteren Fällen, mit dem, was man ‚normalerweise' in solchen Situationen in der Schule erwarten dürfte, seien es Vergleiche mit theoretischen Konzepten.

Da Fälle Konstruktionen von Wirklichkeit sind, in denen sich auch schon ein zumindest implizites theoretisches Verständnis des Geschehenen zeigt, ist es nahe liegend, in der Interpretation den jeweiligen Fall ins Verhältnis zum Allgemeinen zu setzen. Binneberg (1979, S. 400) spricht hier von einem ‚reflexiven Gleichgewicht', das anzustreben sei. Das Allgemeine, das in Theorien, Normen oder Gesetzmäßigkeiten besteht, soll zum besseren Verständnis des Einzelfalles beitragen. Umgekehrt soll der Einzelfall theoretische Erkenntnisse vertiefen, relativieren oder sogar auch Theorien generieren. In verschiedenen Arbeiten (Wolters, 1999 und Wolters, 2006) ist ein zweistufiges Verfahren verwendet worden, bei dem der Einzelfall zunächst ohne expliziten Theoriegebrauch interpretiert wird. Auf der zweiten Stufe werden pädagogische Theorien als Folien der Auslegung herangezogen und auch ein Vergleich zu weiteren Fällen hergestellt.

Für qualitative Sozialforschung wird immer wieder das Problem aufgeworfen, wie die Gültigkeit von Interpretationen sichergestellt werden kann. Statt des Kriteriums der Objektivität wird das der Intersubjektivität eingeführt (vgl. Steinke, 2000). So hat z. B. Oevermann mit seiner Objektiven Hermeneutik ein methodisches Verfahren entwickelt, das Interpretationsprozesse in Forschergruppen organisiert, sodass möglichst viele Lesarten geprüft werden können. Im Idealfall steht am Ende der (mühseligen) Deutungsarbeit die Rekonstruktion der latenten Sinnstrukturen. Aber auch wenn man nicht in einer Gruppe arbeitet, sollte man die Fälle und deren Auslegung während des Forschungsprozesses anderen vorlegen und deren Überzeugungskraft überprüfen.

2.4 Kategorien entwickeln

Kategorien gelten als Bindeglied zwischen Empirie und Theorie (vgl. Kelle & Kluge, 1999, S. 37) und als Voraussetzung dafür, empirisch begründete Theorien zu entwickeln. Besonders die Grounded Theory, die sich seit einiger Zeit in der Erziehungswissenschaft und auch der Sportpädagogik großer Beliebtheit erfreut, weist der Kategorienbildung eine hohe Bedeutung zu. Indem man die einzelnen Fälle untereinander vergleicht und Ähnlichkeiten zu identifizieren versucht, werden Gruppen gebildet und mit einem Begriff belegt. Kelle und Kluge (1999, S. 9) sprechen dabei von Typenbildung, deren Ziel es sei, einen Gegenstandsbereich ‚greifbar, und damit begreifbar zu machen.'

Wenn Juristen Fälle beurteilen sollen, haben sie meistens ein Gesetzeswerk vorliegen, so dass sie das einzelne Geschehen diesem unterordnen können. Sie stellen also fest, dass ein Besonderes unter ein Allgemeines fällt, eben ein ‚Fall von ...' ist. In der kasuistischen Forschung kann man so nicht vorgehen, da man erstens keine einheitliche Theorie zum Maßstab nehmen kann und zudem, wenn man Neues entdecken will (noch ambitionierter: Theorien hervorbringen will) noch kein Allgemeines existiert. Wenn wir eine bestimmte Unterrichtsszene vor uns haben, kann man keine einfache Zuordnung treffen. Genau genommen kann man noch nicht einmal von Fällen sprechen, solange wir das Allgemeine nicht benennen können, für das die Fälle stehen. Wie jedoch kann dann Neues entdeckt werden?

Reichertz (2000, S. 279-281) unterscheidet vier logische Formen, mit denen das Datenmaterial geordnet werden kann: die Deduktion, die quantitative und qualitative Induktion sowie die Abduktion. Bei der Deduktion geht man von einem bekannten Merkmalszusammenhang aus, den man in den Einzelfällen sucht, so dass der Einzelfall auf eine schon vorhandene übergeordnete Regel bezogen wird. Man spricht hierbei auch von Subsumption. Geht man umgekehrt vom Datenmaterial aus und findet dort eine bestimmte Merkmalskombination, die zu einer Ordnung oder einer Regel verallgemeinert wird, bezeichnet Reichertz (2000, S. 280) dies als quantitative Induktion. Mit der qualitativen Induktion schließt man von bestimmten qualitativen Merkmalen auf das Vorhandensein anderer Merkmale.

Die vierte logische Form des Schlussfolgerns ist für die Vorgehensweise der kasuistischen Forschung am wichtigsten: Von Abduktion spricht man, wenn sich aus den Daten eine neue Merkmalskombination ergibt, für die bislang keine Regel existiert (ebd., S. 281). Die Abduktion ist also ein kreativer Schluss, die einen gedanklichen Sprung voraussetzt, denn aus einer bekannten Größe wird sowohl auf den Fall als auch auf die Regel geschlossen. Bude (2000, S. 571) formuliert etwas vorsichtiger, dass Abduktion keine Aussagen im Sinne von *Voraussagen* liefere, die man überprüfen könne, sondern eher *Vermutungen* herstelle, dass etwas der Fall sein könnte. Damit bezieht er sich auf Peirce (1976, S. 400), der den Begriff der Abduktion von der Deduktion und Induktion absetzt: „Die Deduktion beweist, dass etwas der Fall sein *muss*; die Induktion zeigt, dass etwas *tatsächlich* wirksam ist; die Abduktion vermutet bloß, dass etwas der Fall *sein mag*" (Hervorhebung i.O.). Im Übrigen können abduktive Schlüsse auch auf schon bekannte Phänomene angewendet werden, dann besonders in dem Sinne, ein neues Vokabular für die früher anders beschriebene ‚Wirklichkeit' einzuführen, mithin bereits bekannte Ereignisse neu zu deuten (vgl. auch Wirth, 1995, S. 406).

Reichertz (2000, S. 284) betont, dass abduktives Schließen eine bestimmte Haltung erfordere, nämlich bereit zu sein, alte Überzeugungen aufzugeben und zudem die Gültigkeit des bislang vorhandenen Wissens einzuklammern. Statt eines regelanwendenden Richters solle der Forscher eher einem regelsuchenden Detektiv gleichen (vgl. Wirth, 1995, S. 407). Das bedeutet allerdings nicht, dass getrost auf etabliertes Wissen verzichtet werden kann, sondern die Umdeutung und Neubewertung empirischer Phänomene erfordert eine Kombination aus ‚altem' Wissen und neuer Erfahrung (vgl. Kelle & Kluge, 1999, S. 24). Insofern muss die forschende Person sowohl über theoretisches Vorwissen verfügen als auch über Offenheit und die Bereitschaft, Bekanntes zu hinterfragen. Das Ziel von abduktiven Schlüssen liege darin, eine Ordnung zu finden, die zu den erhobenen Daten passt und außerdem eine Konstruktion zu entwickeln, die für die Praxis nützlich sein sollte (vgl. Reichertz, 2000, S. 284).[38] Um zu einer Abduktion zu gelangen, muss nach Wirth (1995, S. 406) der Forschungsprozess sowohl von der hermeneutischen Frage nach den Voraussetzungen des Phänomens als auch von der pragmatischen Frage nach möglichen Wirkungen geleitet sein.

Theoretische Begriffe dienen als sensibilisierende Konzepte, die im Forschungsverlauf entweder konkretisiert oder revidiert werden (vgl. Kelle & Kluge, 1999, S. 27). Jedoch ist es oft schwierig, das Vorwissen darzustellen: Zwar ist ein großer Theoriefundus nützlich, aber je größer er wird, desto problematischer gerät die Auswahl dessen, was dargestellt werden soll (ebd., S. 29). Wie weit soll man den heuristischen Rahmen spannen? Natürlich sollte er zum Bild passen. Das Bild aber ist erst, wenn überhaupt, am Ende bekannt. *Diese Spannung aufrecht halten* zu können, ist eine wichtige Voraussetzung für den kasuistischen Forschungsprozess.

2.5 Offenlegen des normativen Hintergrundes

Obwohl Biller (1988, S. 21) bei der Arbeit mit Fällen vor ‚Normativismus' warnt, liegen doch zweifellos der Auswahl und Interpretation der Fälle gewisse Idealvorstellungen von Unterricht zugrunde. Denn ein Fall wird ja nur deswegen zum Fall, weil er etwas repräsentiert, was von den Forschenden für bedeutsam gehalten wird. Mit Normativismus meint Biller die rigide Anwendung von Sollenssätzen auf ein-

---

[38] Vgl. auch die Maxime, die Peirce (1976, S. 420) für den Pragmatismus entwirft: „Die Elemente eines jeden Begriffs treten in das logische Denken durchs (sic!) Tor der Wahrnehmung ein und gehen durchs Tor des zweckvollen Handelns wieder hinaus; und alles, was sich an diesen beiden Toren nicht ausweisen kann, ist als von der Vernunft nicht autorisiert festzuhalten."

zelne Fälle. Er betont, dass immer die situativen Zusammenhänge berücksichtigt werden müssten. Insofern sollte man nicht vorab normative Grundsätze festlegen, sondern versuchen die Normen mit der Arbeit an den Fällen zu explizieren. Das mag sowohl für normativ orientierte Pädagogen als auch für deduktiv arbeitende Wissenschaftlerinnen befremdlich klingen, weil so wenig am Beginn des Forschungsprozesses feststeht. Denkt man allerdings an das Vorgehen der Abduktion (vgl. vorigen Abschnitt) zurück, so ist diese Haltung eher verständlich.

Steinke (2000, S. 329) macht deutlich, dass qualitative Forschung nicht ohne Subjektivität der Forscherin oder des Forschers auskommt. Sie fordert jedoch, dass diese Subjektivität reflektiert werden muss, wenn eine empirische Untersuchung Wissenschaftlichkeit beanspruchen will. Konkret heißt das, dass der normative Hintergrund für die Fälle und deren Interpretation dargelegt werden muss. Oft empfindet man beim Beobachten von Unterricht ein mehr oder weniger klares Unbehagen, das überhaupt dazu führt, dass man bestimmte Situationen zu Fällen macht. Meist handelt es sich bei näherer Betrachtung um Differenzen zwischen den eigenen Wertsetzungen und Erwartungen und dem ‚tatsächlich' Geschehenen. Man fragt beim kasuistischen Forschen nach etwas subjektiv Bedeutsamen (vgl. auch Schierz, 1986, S. 20), das durchaus intersubjektiv relevant sein kann bzw. relevant sein sollte.

Wie entwickelt sich dieses subjektiv Bedeutsame? Die Normen, die man an das Beobachtete anlegt, sind nicht immer schon als feststehende Größen vorhanden, sondern verändern sich zugleich mit der Beschäftigung mit den Fällen. Entweder gelangen implizite Normen zu mehr Klarheit und werden explizit oder erhalten durch die Anschauung schärfere Konturen. Es kann auch vorkommen, dass Normen angepasst oder revidiert werden müssen, weil sie sich für die Praxis als nicht nützlich erweisen. Es ist also nicht unbedingt so, dass die Normen vor den Fällen festliegen. Wenn wir aus Unterrichtsbeobachtungen Texte machen und diese interpretieren, verhilft uns das zu Klarheit über normativen Grundannahmen, die wiederum sowohl die Textherstellung als auch die weitere Interpretation, auch weiterer Fälle, beeinflusst.[39]

---

[39] Nach Buck (1989, S. 158) läuft das Verstehen von Beispielen (ich würde sagen: von Fällen) im hermeneutischen Zirkel ab. Beispiele machen etwas bewusst, was in der Erfahrung oft schon „stillschweigend vorverstanden ist" (Buck, 1989, S. 4). Man verstehe ein Beispiel und was es bedeutet, indem man etwas selbst und ‚in sich selbst' entdecke (vgl. Buck, 1989, S. 159). So geht es bei einem Beispiel nicht darum, „dass mir ein Gegenstand präsentiert wird, an dem ich das Gemeinte ablesen kann, sondern darin, dass im Grund ich selbst der Befragte bin" (ebd.).

Daher sollte der normative Hintergrund Bestandteil der Interpretation werden. So ist gesichert, dass die Interpretation nachvollziehbar wird, weil Leser und Leserinnen wissen, auf welcher Grundlage der Fall betrachtet wird. Auch wenn nicht jeder der Interpretation zustimmen kann, z.B. weil er die normativen Setzungen nicht teilt, müsste er zumindest verstehen können, warum der Fall so ausgelegt wurde.

3 Probleme: Was ist bei kasuistischer Forschung schwierig?

Im Folgenden werden vier Probleme zur Sprache gebracht, die erfahrungsgemäß Studierende oft beschäftigen, wenn sie kasuistisch forschen. Zunächst einmal geht es um die eigene Haltung dem Sportunterricht gegenüber. Hierbei besteht die Herausforderung darin, die vertraute Alltagswelt der Schule, die jeder ja gut zu kennen meint, mit einem fremden Blick zu betrachten (3.1). Die zweite Schwierigkeit betrifft die Darstellung von Fällen (3.2). Besonders die Interpretation stellt viele Ungeübte erst einmal vor Probleme – wie gelangt man vom Nacherzählen und Paraphrasieren zu einer aussagekräftigen Deutung, die vielleicht sogar an Theorien anknüpfen kann? (3.3). Schließlich sollte sich eine gute (sport-)pädagogische Fallstudie dadurch auszeichnen, dass der normative Hintergrund deutlich wird. Häufig jedoch leiten unaufgeklärte Sollensvorstellungen den Forschungsprozess. Dieses Problem kommt in 3.4 zur Sprache.

3.1 Vom Alltagsblick zum Forschungsblick

Ein generelles Problem zeigt sich beim kasuistischen Forschen immer wieder: Vielen fällt der Wechsel vom gewohnten Alltagsblick zum Forschungsblick schwer. Da wir alle mit der Institution Schule vertraut sind, kennen wir die ungeschriebenen Gesetze, die Rituale und Verhaltensweisen der Beteiligten. Helsper und Böhme (2000, S. 239) sprechen sogar von ‚Mythen', die die Akteure konstruieren, um in der Institution zurechtzukommen und gleichzeitig Sinn herzustellen. Oft ist dieses ‚Betriebswissen' gar nicht bewusst oder explizit. Dennoch beeinflusst es unsere Beobachtungen und Wahrnehmungen – und damit auch das kasuistische Forschen – erheblich. Vieles, das jemand, der Schule nicht kennt, für merkwürdig halten würde, ist uns selbstverständlich und erscheint uns nicht erwähnenswert. Um aber tiefergehende Interpretationen herzustellen, ist es nötig, erst einmal wieder eine Distanz zum Vertrauten einzunehmen. Andererseits braucht man gewisse Kenntnisse des Forschungsfeldes, denn etwas, das uns gänzlich fremd ist, vermögen wir auch nicht einzuschätzen. Ich möchte das an einem Fall verdeutlichen.

Die folgende Fallbeschreibung ist auf der Grundlage einer Videoaufnahme angefertigt worden. Sie Szene spielt in einem Wahlpflichtkurs Sport in der achten Jahrgangsstufe einer Gesamtschule.

> Das Abschlussspiel besteht in einer Variante von Völkerball. Wird in der einen Mannschaft jemand abgeworfen, darf aus der anderen Mannschaft wieder jemand das Spielfeld betreten. Die Spielfeldmitte wird durch zwei Langbänke markiert. Durch Abzählen bildet die Lehrerin zwei Mannschaften. Zufällig geraten dadurch alle vier anwesenden Mädchen in dieselbe Mannschaft. Im Spiel sind vorwiegend die Jungen aktiv. Die Mädchen werfen nur selten. Je länger das Spiel dauert, desto mehr ziehen sich die Mädchen an die Hallenwand zurück. Im abschließenden Gespräch nimmt die Lehrerin auf das Spiel Bezug, indem sie die Jungen ermahnt, die Bälle mehr abzugeben, und die Mädchen, ihr Können doch mehr zu zeigen. Die Schülerinnen und Schüler selbst äußern sich nicht zum Spiel. Sie lassen den Appell der Lehrerin schweigend über sich ergehen. Beim Abbau stellt sich einer der von der Lehrerin ermahnten Jungen auf die Bank, springt dann lässig herunter und geht davon, während schon ein Mädchen an der einen Seite der Bank anfasst, um sie wegzutragen. Ein weiteres Mädchen kommt hinzu und hilft ihr.[40]

Mit einem Forschungsseminar haben wir dazu eine Interviewstudie durchgeführt. Wir zeigten den Befragten die kurze Videosequenz. Uns interessierte, ob (angehende) Lehrerinnen und Lehrer die Szene anders deuten als Laien. Auf die Frage, welchen ersten Eindruck sie von der gezeigten Szene hätten, ergab es ganz unterschiedliche Reaktionen. Während die pädagogischen ‚Profis' recht schnell die ungleiche Beteiligung der Mädchen und Jungen zur Sprache brachten und Koedukationsprobleme nannten, die ihnen auch vertraut waren, bemerkten Laien wie ein 34-jähriger Maschinenbaumechaniker, die gezeigte Szene sei eine ‚allgemeine Sportstunde in Deutschland'. Die Fähigkeit, Unterricht zu beobachten und darin didaktische Fälle und Probleme zu entdecken, hängt maßgeblich von den eigenen Erwartungen und Erfahrungen ab. In Seminaren kann man häufig feststellen, dass Studierende im ersten und zweiten Semester Unterricht noch stark mit ihrem Alltagsblick betrachten. Sie entdecken Unterrichtsprobleme daher noch nicht so ge-

---

[40]Die Beschreibung ist entnommen aus Wolters (2006 b).

zielt. Fragt man ganz offen nach ihren Eindrücken, antworten sie: „Das ist so normaler Sportunterricht eben." Sind sie im höheren Semester und haben Schulpraktika hinter sich, sind sie meist wesentlich sensibler für unterrichtliche Konflikte.
Eine besondere Herausforderung stellt sich, wenn eigener Unterricht, z.B. im Praktikum ausgewertet werden soll. Häufigste Aussage ist die, dass „alles ganz gut gelaufen sei". Nur bei eklatanten Konflikten benennen Studierende Probleme, die sie in der Stunde hatten. Meist überwiegt erst einmal die Erleichterung, den Unterrichtsversuch, den ‚Ernstfall', einigermaßen überstanden zu haben. Wieder emotionale Distanz herzustellen, z.B. durch zeitlichen Abstand und Aufzeichnung auf Video, empfiehlt sich daher, wenn man eigenen Unterricht auswerten will.

3.2 Von der Beobachtung zum Text

Die sprachliche Fassung von weitgehend nichtsprachlichen Geschehnissen ist besonders schwierig. Dennoch bleibt einer interpretativen Unterrichtsforschung nichts anderes übrig als so vorzugehen, denn Lebensäußerungen lassen sich nur dann wissenschaftlich deuten, wenn sie sprachlich fixiert sind (vgl. Soeffner, 1983). Auch hierzu möchte wird zur Veranschaulichung ein Fall angeführen.
In einem Seminar wurde eine etwa zweiminütige, auf Video aufgezeichnete Unterrichtsszene gezeigt, die Studierende verschriften sollten.

> Bei der Szene handelt es sich um Sportunterricht in einer ersten Klasse. An verschiedenen Stationen einer Bewegungslandschaft bewegen sich die Kinder frei. Die Station, auf deren Beobachtung sich die Studierenden konzentrieren sollten, besteht aus zwei niedrigen Ständern, zwischen denen auf Kniehöhe eine Leine gespannt ist. Mehrere Kinder laufen und springen über das Seil.

Drei Beispiele, wie Studierende die Aufgabe gelöst haben, werden hier wiedergeben. Es werden nur die Textstellen aufgeführt, die sich mit der Reihenfolge beim Springen beschäftigen.

> Die Kinder verhalten sich bei dieser Station ‚locker', d.h. es gibt keine genaue Reihenfolge. Die Lehrperson fordert die Kinder auch nicht auf, Abstand zu halten. Selbst als ein Kind ‚dazwischen' springt, reagieren die Mitschüler nicht negativ - mit Meckern oder Zurechtweisungen. (1)

> Nachdem die Kinder über das Band gesprungen sind, stellen sie sich sofort in der Schlange hinten an. Da aber einige Kinder nicht so lan-

ge warten können, bis sie wieder an der Reihe sind, drängeln sie sich einfach vor den anderen Kindern vor. Weder die Lehrer noch die Mitschüler geben einen Einwand. (2)

In der Gruppe gibt es einen permanenten Vordrängler, der es in keiner Runde auslässt, einem anderen Kind die Bahn zu kreuzen. (3)

Bei ca. 30 Beschreibungen, die im Seminar erstellt wurden, sind keine zwei, die sich gleichen. Wie kommen diese Unterschiede zustande? Loizos (2000, S. 96) führt ein Beispiel an, das analog zu den obigen Beschreibungen der Studierenden ist. Beim Betrachten einer Fotografie eines Autos sehen verschiedene Menschen Verschiedenes: „one observer, looking at a photograph, sees ‚a motor car', a second one sees ‚an elderly medium-sized family saloon', a third one sees ‚a 1981 Ford Cortina with rally steering wheel and sports wheel-hubs'" (Loizos, 2000, S. 96). Das Auto ist dasselbe reale Objekt für alle drei Beobachter, aber sie nehmen es unterschiedlich wahr und sind unterschiedlich gut in der Lage, es zu beschreiben und ihm Bedeutung zu verleihen. Diese Verschiedenheit, so Loizos (ebd.) sei durch die individuellen Biografien hervorgerufen.

Betrachtet man sich die Beschreibungen der Studierenden, so kann man erschließen, welche Probleme den jeweiligen Beobachtern wichtig waren. Wer seine Beobachtungen beschreibt, legt damit zugleich nahe, was für ihn oder sie bedeutsam ist und auf welchen impliziten Theorien er bzw. sie urteilt. Während die einen offensichtlich die nicht strenge Reihenfolge der Kinder für problematisch halten, sehen die anderen keine Schwierigkeit. So kann man die verschiedenen Beschreibungen als Ausdruck des Ordnungsbedürfnisses ansehen. Fühlen die einen sich durch einen ‚Vordrängler' schon gestört und meinen erkannt zu haben, dass es immer dasselbe Kind ist (3), sind die anderen angetan von der ‚lockeren' Unterrichtsatmosphäre (1). Ganz deutlich wird an diesen Beispielen, wie stark Erwartungen und normative Vorstellungen die Beobachtung und Beschreibung beeinflussen.

Ist es tatsächlich so, wie Lüders (1995, S. 326) kritisiert, dass wir aus Beobachtungsprotokollen nichts weiter als die Wahrnehmungs- und Deutungsmuster der Beobachtenden erfahren? Gibt es keine Verbindlichkeiten?

Für Geertz (1995, S. 10) sind es nicht Techniken und herkömmliche Verfahrensweisen, die nützlich sind, um kulturelle Systeme zu verstehen (und Sportunterricht kann man durchaus als Teil eines kulturellen Systems verstehen). Entscheidend sei vielmehr die besondere geistige Anstrengung, das intellektuelle Wagnis der ‚dichten Beschreibung'. Am Beispiel des Zwinkerns verdeutlicht er, was er damit meint:

Die Augenbewegung kann ein ungewolltes Zucken sein, sie kann aber auch gemeint sein als einvernehmliches Zuzwinkern zwischen Freunden in der Öffentlichkeit. Als Bewegung ist beides identisch – eine ‚fotografische', Darstellung könnte beides nicht unterscheiden (ebd., S. 10). Während eine Beschreibung des rein äußerlich sichtbaren Vorgangs keinen Unterschied zwischen Zucken und Zwinkern machen würde – Geertz spricht hier von einer ‚dünnen' Beschreibung, schließe die dichte Beschreibung die Bedeutung der Bewegung mit ein (ebd., S. 11/12). Eine gute Beschreibung lasse sich daher von einer schlechten unterscheiden, ob man ihrer Hilfe zwischen Zucken und Zwinkern unterscheiden könne (ebd., S. 24). Als Ethnograph bekennt sich Geertz dazu, dass die Beschreibung deutend ist (ebd., S. 30). Auch wenn solche Texte etwas ‚Gemachtes' seien, gebe es dennoch einen Unterschied zu fiktionalen Texten wie etwa Romanen, denn die Bedingungen und der Zweck ihrer Entstehung sei deutlich voneinander verschieden.

3.3 Vom Nacherzählen zum Deuten

Vielen Studierenden bereitet der Schritt von der Darstellung des Falles zu seiner Deutung Probleme. Häufig bleibt es bei einer Nacherzählung dessen, was die Falldarstellung auch schon mitteilt. Entscheidender Unterschied zwischen dem Nacherzählen und dem Deuten ist, dass man die unmittelbare Ereignisebene verlässt und nicht mehr beschreibt, was geschehen ist, sondern analysiert. Das bedeutet, dass man von der konkreten Handlung und Interaktion im Unterricht abstrahieren muss. Interpretationen sollten Antwortversuche auf Fragen sein, die man an einen Text stellen kann. Bude (2000, S. 569) spricht hierbei von ‚experimentellem Theoretisieren', d.h. eine Interpretation sollte dazu dienen, den Fall als ‚Fall von ...' verstehen zu können. Da es beim kasuistischem Vorgehen in dem hier dargestellten Sinne keine vorgängigen Theorien gibt, unter die man die Einzelfälle subsumieren könnte[41], entwirft man beim Interpretieren ein Allgemeines, das für diesen Fall gilt, von dem man aber annehmen muss, dass es auch für weitere Fälle gelten könnte.

Als Beispiel mag ein Auszug aus einer studentischen Abschlussarbeit dienen (vgl. Gerland, 2007, S. 55/56).

> 2. Klasse. Die Kinder toben sich zu Beginn der Sportstunde in ihrer freien Spielzeit aus. Dann stellt die Lehrerin sich an den Mittelkreis und pfeift einmal. Sie hebt die Hand, als Zeichen der Versammlung. Die Schülerinnen

---

[41] Ein anderes Verständnis von kasuistischer Unterrichtsauswertung hat Scherler (2004, S. 21-28).

und Schüler laufen zu ihr hin und setzen sich auf den Kreis. Als die Lehrerin ihren Platz zwischen den Kindern einnehmen will, rufen einige: „Kannst du nicht neben mir sitzen?", „Ich will neben dir sitzen!" und „Das ist gemein, du hast letztes Mal erst neben P. gesessen!" Die Lehrerin setzt sich trotzdem an diesen Platz. Sie sagt, dass sie jetzt mit dem Unterricht beginnen möchte und als erstes den heutigen Ablauf erklärt.

Die Studentin interpretiert diesen Fall im Rahmen ihrer Masterarbeit mit dem Thema ‚Körperliche Nähe und Distanz zwischen Grundschüler und Sportlehrer' folgendermaßen:

„Anhand der Beobachtungen wird deutlich, dass Grundschüler die körperliche Nähe zur Lehrperson häufig suchen und möglichst nah bei ihr sitzen wollen. Für sie scheint der Platz, den die Lehrerin zwischen zwei Kindern einnimmt, auch immer eine persönliche Zuwendung zu bedeuten, denn ein Junge protestiert und bezeichnet es als Gemeinheit, da die Lehrerin neulich erst neben diesen zwei Mitschülern gesessen hat. Eine Situation in dieser Form kann sich also durchaus negativ auf die pädagogische Beziehung auswirken, obwohl sie an sich eher harmlos und alltäglich erscheint. Setzt die Lehrerin sich häufiger neben die gleichen Schüler, stellt sie einen engeren Kontakt zu diesen her gegenüber den anderen, sodass die ‚Außenstehenden' sich irgendwann zurückgesetzt abgelehnt und ungerecht behandelt fühlen. Denn ‚wenn A einen anderen B gern hat, dann wird er irgendwie näher bei ihm sitzen oder stehen. (…) Mehrere Untersuchungen haben gezeigt, dass eine größere Nähe als Sympathie dekodiert wird (Argyle, 1979, S. 285)."

Werfen wir einen Blick auf diese Interpretation. Ansätze zur Deutung stecken einmal in der Verallgemeinerung dieses Falles, indem die Autorin behauptet, Grundschüler suchten *häufig* die Nähe der Lehrperson. Damit ordnet sie den beschriebenen Vorfall in eine Vielzahl von Ereignissen ein. Weiterhin nimmt sie an, dass körperliche Nähe auch Zuwendung bedeute, was sie am Ende des Zitats mit der Berufung auf Argyle zu belegen versucht. Etwas spekulativ wirkt dagegen die Vermutung, dass eine solche Situation sich negativ auf die pädagogische Beziehung auswirken könne. Man könnte den spontanen Protest des einen Schülers als Indiz dafür nehmen, dass er sich in diesem Moment für benachteiligt hält. Ob die Lehrerin allerdings tatsächlich zuvor neben denselben Schülern gesessen hat, kann man anhand des Textes nicht überprüfen. Denkbar wäre ja auch, dass dieser eine Schüler besonders nähebedürftig ist und deswegen Strategien sucht, um sein Bedürfnis zu erfüllen. Eine solche Einschätzung der pädagogischen Folgen, wie sie die Verfasserin äußert, ist in meinen Augen zu pauschal und nicht am Text zu belegen. Um die Interpretation ergiebiger und besser nachvollziehbar zu machen, hätte sie noch enger am Text und an der sequenziellen Ordnung des Falles bleiben sollen. Gerade die Bedeutung der wörtlichen Äußerungen der Schülerinnen und Schüler wären wertvoll gewesen; beispielsweise wäre es lohnend noch genauer über den Ausdruck ‚gemein' nachzudenken, ebenso über die Tatsachen, dass der Schüler die Lehrerin duzt. Laut Erfahrung stürzen sich gerade ‚Interpretationsanfänger' gerne auf eine halbwegs plausibel klingende Deutung, die zudem ihren eigenen Normen entspricht. Der obigen Interpretation liegt auch die Norm zugrunde, dass alle Schülerinnen und Schüler gleich zu behandeln seien, da die Autorin sich für die Gleichverteilung der körperlichen Nähe ausspricht. Als Empfehlung zur Vermeidung solcher Art problematischer Deutungen wird hier auf Hitzler und Honer (1997, S. 24) verwiesen, die zwei Prinzipien für die sozialwissenschaftliche Hermeneutik nennen: Dummheit und Langsamkeit. Dummheit und Langsamkeit in dem Sinne, dass der Interpret sich ‚künstlich' dumm stellt und nicht vorschnell seinem Alltagsverständnis folgt.

3.4 Von heimlichen zu aufgeklärten Normen

In der methodologischen Literatur zur qualitativen Sozialforschung wird immer wieder betont, dass das Vorwissen, das eine Untersuchung leitet, expliziert werden müsse. Theoretisches Vorwissen ist für die Analyse qualitativer Daten nützlich und sollte einen heuristischen Rahmen für die empirische Studie bilden (vgl. z.B. Kelle & Kluge, 1999, S. 98). Aber nicht nur die rationale und mit wissenschaftlichem Vorgehen zu rechtfertigende Seite spielt eine Rolle. „Interpretieren ist nicht nur eine Selbstentäußerung in dem Sinn, dass es immer jemanden gibt, der interpretiert. Es ist überdies ein Selbstentwurf, in dem immer ein Affekt steckt" (Bude, 2000, S. 571).

Wie aus dem Vorausgegangenen deutlich geworden sein sollte, kann es keine pädagogischen Fallkonstruktionen geben, die gänzlich von Normen losgelöst sind. Solche Normen sind tatsächlich oft mit Affekten verbunden, sodass beispielsweise selbst Unterrichtskonflikte, an denen man lediglich als Beobachterin teilnimmt, durchaus aufwühlend sein können.

Der heuristische Rahmen (sport-)pädagogischer Forschung kann sich dementsprechend nicht nur auf Theorien stützen, sondern muss auch einen Normendiskurs führen. Um Intersubjektivität der Forschungsergebnisse zu erreichen, sollten die Normen offengelegt werden (vgl. Abschnitt 2.5).

An einer studentischen Arbeit wird gezeigt, wie Normen die Darstellung eines Geschehens beeinflussen. Ein Zitat aus dem Tagebuch, das im Rahmen eines Schulpraktikums angefertigt wurde.

> Schwimmen in der 3c. Wie jeden Mittwoch stehen wir vor der Schwimmhalle und erwarten die Kinder. Die Kinder lassen auch nicht lange auf sich warten und betreten schon bald begeistert den Vorraum der Schwimmhalle. Relativ schnell sind sie umgezogen und befinden sich nun in der Schwimmhalle auf der Treppe. Christopher sitzt neben mir und fragt mich: „Gehst du heute mit ins Wasser?"
>
> Ich: (überrascht) „Äh, weiß ich noch nicht, vielleicht."
>
> Christopher: „Hast du mir aber letztes Mal versprochen!"

Eine Woche später notiert der Student:

> Besondere Vorkommnisse: Christopher schnorrt Shampoo und erzählt mir Geschichten unter der Dusche.

In der folgenden Woche:

> Als ich unter die Dusche gehe, steht Christopher natürlich auch wieder da und wartet, glaube ich, nur auf mich. Er bekommt wieder Shampoo von mir und schäumt sich ein.
>
> Kurze Zeit später kommt Frau M. in die Männerdusche und beschimpft Christopher. Er solle demnächst zu Hause duschen und nicht nach der Schwimmstunde. Ich stehe noch eingeschäumt daneben und muss es mir mit anhören. In der Umkleidekabine entschuldigt sich Frau M., sie wollte mich nicht in meiner Privatsphäre stören, aber die Kinder sollten nun mal zu Hause duschen. Ich bin anderer Meinung, aber sie streitet es mit der Begründung ab, dass dies zu viel Zeit koste.

In der letzten Praktikumswoche liest man folgenden Eintrag:

> Meine vorerst letzte Stunde findet heute statt. (...) Christopher steht dieses Mal nicht mehr unter der Dusche. Schade!

Die Textsorte, die wir hier vorliegen haben, ist die eines Erlebnisberichtes, der ausdrücklich die persönliche Sicht des Verfassers zur Sprache bringt. Das beinhaltet, da es um Schwimmunterricht in einer Schule geht, auch pädagogische Normen.

Der Student schildert (neben vielen anderen Ereignissen, die ich hier ausgelassen habe – auch das natürlich eine Konstruktion!) über mehrere Wochen hinweg seine informelle Interaktion mit einem bestimmten Schüler. Das gemeinsame Duschen erinnert eher an eine Situation aus der Familie als an eine Veranstaltung der Institution Schule. Gerade das letzte Wort des Berichtes „Schade!" scheint mir ein Schlüssel zu den impliziten Normen des Studenten zu sein. Er hat den Kontakt zu Christopher offensichtlich genossen und die Nähe, die dieser Schüler zu ihm gesucht hat, eher noch gefördert. Wollte man die Norm als Imperativ formulieren, so könnte sie etwa lauten: „Gehe eine enge Beziehung zu den Schülerinnen und Schülern ein!" Oder: „Gib den Schülerinnen und Schülern die Nähe, die sie suchen!" Dies wäre die Offenlegung der persönlichen Normen des Verfassers, mit denen sich Leserinnen und Leser auseinandersetzen können.

Ein zweiter Schritt wäre es, den Normendiskurs aufzunehmen und literaturbasiert auf den eigenen Fall zu beziehen. Von dem Begriff Nähe aus wäre es z.B. Gewinn bringend, in die erziehungswissenschaftliche und schulpädagogische Debatte um die Antinomie von Nähe und Distanz einzusteigen. An dem Fall ließe sich auch gut zeigen, wie sich Lehrkräfte berufsbiographisch verändern. Während der Student noch sehr die Nähe der Schülerinnen und Schüler genießt, kann man an dem Konflikt mit der Lehrerin erkennen, dass sich diese vorrangig an den Erfordernissen der Institution Schule orientiert.

4 Fazit

Liest man pädagogische Fallstudien, so könnte man geneigt sein, sie aufgrund ihres Forschungsgegenstandes, des Schulalltags, und der Alltagssprache in der Falldarstellung für einfach zu halten. Mit diesem Beitrag sollte ein Bewusstsein dafür geschaffen werden, dass dies nicht so ist. Kasuistisches Forschen erfordert sowohl diszipliniertes methodisches Vorgehen als auch Originalität, sowohl Belesenheit als auch mutige eigene Überlegungen, sowohl konkrete Ziele als auch Offenheit gegenüber dem Ausgang des Forschungsprozesses. Da die eigene Person beim kasuistischen Forschen nicht auszuklammern ist (wie im Übrigen bei keiner Methode), gibt es etliche ‚Fallstricke', auf die im zweiten Teil des Aufsatzes eingegangen worden ist. Sich aus den ‚Fallstricken' zu befreien gelingt nur, wenn der Forschungsprozess gleichzeitig in hohem Maße die Selbstreflexion des oder der

Forschenden einschließt. Und dass dies ein schwieriges, gleichwohl fruchtbares Unterfangen ist, lässt sich zeigen – von Fall zu Fall!

Literatur

Argyle, M. (1979). *Körpersprache und Kommunikation.* Paderborn: Junfermann.
Bergmann, J.R. (1985). Flüchtigkeit und methodische Fixierung sozialer Wirklichkeit. In W. Bonß & H. Hartmann (Hrsg.), *Entzauberte Wissenschaft* (= Soziale Welt, Sonderband 3) (S. 299-230). Göttingen: Otto Schwartz & Co.
Biller, K. (1988). *Pädagogische Kasuistik.* Baltmannsweiler: Pädagogischer Verlag Burgbücherei Schneider.
Binneberg, K. (1979). Pädagogische Fallstudien. *Zeitschrift für Pädagogik, 25* (3), 395-402.
Buck, G. (1989). *Lernen und Erfahrung – Epagogik. Zum Begriff der didaktischen Induktion* (3. Aufl.). Darmstadt: Wissenschaftliche Buchgesellschaft.
Bude, H. (2000). Die Kunst der Interpretation. In U. Flick, E. v. Kardorff & I. Steinke (Hrsg.), *Qualitative Forschung* (S. 569-578). Reinbek: Rowohlt.
Flick, U. (2000). Konstruktion und Rekonstruktion. In K. Kraimer (Hrsg.), *Die Fallrekonstruktion* (S. 179-200). Frankfurt a.M.: Suhrkamp.
Geertz, C. (1995). *Dichte Beschreibung* (4. Aufl.). Frankfurt a.M.: Suhrkamp.
Gerland, A. (2007). *Körperliche Nähe und Distanz zwischen Grundschüler und Sportlehrer.* Unveröffentlichte Masterarbeit. Hochschule Vechta.
Glaser, B.G. & Strauss, A.L. (1971). *Status passage.* Chicago, New York: Aldine-Atherton.
Günther, K.H. (1978). Pädagogische Kasuistik in der Lehrerausbildung. In H. Blankertz (Hrsg.), *Die Theorie-Praxis-Diskussion in der Erziehungswissenschaft* (15. Beiheft der Zeitschrift für Pädagogik) (S. 165-174). Weinheim, Basel: Beltz.
Helsper, W. & Böhme, J. (2000). Schulmythen. Zur Konstruktion pädagogischen Sinns. In K. Kraimer (Hrsg.), *Die Fallrekonstruktion* (S. 239-274). Frankfurt a.M.: Suhrkamp.
Hitzler, R. & Honer, A. (1997). Einleitung: Hermeneutik in der deutschsprachigen Soziologie heute. In R. Hitzler & A. Honer (Hrsg.), *Sozialwissenschaftliche Hermeneutik* (S. 7-27). Opladen: Leske + Budrich.
Kelle, U. & Kluge, S. (1999). *Vom Einzelfall zum Typus.* Opladen: Leske + Budrich.
Loizos, P. (2000). Video, film and photographs as research documents. In M.W. Bauer & G. Gaskell (eds.), *Qualitative Researching with Text, Image and Sound* (p. 93-107). London: Sage.

Lüders, C. (1995). Von der teilnehmenden Beobachtung zur ethnographischen Beschreibung. In E. König & P. Zedler (Hrsg.), *Bilanz qualitativer Forschung* (S. 311-342). Weinheim: Deutscher Studienverlag.

Lüsebrink, I. (2006). *Pädagogische Professionalität und stellvertretende Problembearbeitung*. Köln: Strauß.

Merriam, S.B. (1998). *Qualitative research and case study applications in education*. San Francisco: Jossey Bass.

Oevermann, U. (2000). Die Methode der Fallrekonstruktion in der Grundlagenforschung sowie der klinischen und pädagogischen Praxis. In K. Kraimer (Hrsg.), *Die Fallrekonstruktion* (S. 58-156). Frankfurt a.M.: Suhrkamp.

Peirce, C.S. (1976). *Schriften zum Pragmatismus und Pragmatizismus*. Frankfurt a.M.: Suhrkamp.

Reichertz, J. (2000). Abduktion, Deduktion und Induktion in der qualitativen Forschung. In U. Flick, E. v. Kardorff & I. Steinke (Hrsg.), *Qualitative Forschung* (S. 276-286). Reinbek: Rowohlt.

Scherler, K. (1992). *Elementare Didaktik* (2. Aufl.). Weinheim, Basel: Beltz.

Scherler, K. (2004). *Sportunterricht auswerten*. Hamburg: Czwalina.

Scherler, K. & Schierz, M. (1993). *Sport unterrichten*. Schorndorf: Hofmann.

Schierz, M. (1986). *Bewegungsspiele unterrichten*. Frankfurt a.M.: Harri Deutsch.

Soeffner, H.-G. (1983). Alltagsverstand und Wissenschaft – Anmerkungen zu einem alltäglichen Missverständnis von Wissenschaft. In P. Zedler & H. Moser (Hrsg.), *Aspekte qualitativer Sozialforschung* (S. 13-50). Opladen: Leske + Budrich.

Soeffner, H.-G. (2000). Sozialwissenschaftliche Hermeneutik. In U. Flick, E. v. Kardorff & I. Steinke (Hrsg.), *Qualitative Forschung* (S. 164-175). Reinbek: Rowohlt.

Stake, R.E. (1994). Case studies. In N.K. Denzin & Y.S. Lincoln (eds.), *Handbook of Qualitative Research* (S. 236-247). Thousand Oaks, London, New Delhi: Sage.

Stake, R.E. (1995). *The art of case study research*. Thousend Oaks, London, New Delhi: Sage.

Steinke, I. (2000 a). Gütekriterien qualitativer Forschung. In U. Flick, E. v. Kardorff & I. Steinke (Hrsg.), *Qualitative Forschung* (S. 319-331). Reinbek: Rowohlt.

Strauss, A. & Corbin, J. (1996). *Grounded Theory. Grundlagen Qualitativer Sozialforschung*. Weinheim: Beltz.

Thonhauser, J. (1996). Fallgeschichten als didaktisches Instrument. In M. Schratz & J. Thonhauser (Hrsg.), *Arbeit mit pädagogischen Fallgeschichten* (S. 61-90). Innsbruck, Wien: Studien-Verlag.

Wirth, U. (1995). Abduktion und ihre Anwendungen. *Zeitschrift für Semiotik, 17,* 404-424.

Wolters, P. (1999). *Bewegungskorrektur im Sportunterricht*. Schorndorf: Hofmann.

Wolters, P. (2006 a). *Bewegung unterrichten. Fallstudien zur Bewegungsvermittlung in der Institution Schule.* Hamburg: Czwalina.

Wolters, P. (2006 b). Sichtweisen von ‚Profis' und Laien auf eine koedukative Problemsituation. In P. Gieß-Stüber & G. Sobiech (Hrsg.), *Gleichheit und Differenz in Bewegung* (S. 169-176). Hamburg: Czwalina.

Teil III

Methodologische Stile

Inhalt

- Dokumentarische Methode- Grundgedanke, Vorgehen und Forschungspraxis
  (MATTHIAS SCHIERZ, ROLAND MESSMER & TINA WENHOLT)........................ 163

- Auswertung qualitativer Daten entlang der Grounded Theory
  (PETER FREI & VERA REINARTZ).. 187

- Triangulation: Kompositionsformen von Perspektiven und
  Methodenvielfalt (WOLF-DIETRICH MIETHLING).. 209

MATTHIAS SCHIERZ, ROLAND MESSMER & TINA WENHOLT

Dokumentarische Methode – Grundgedanke, Vorgehen und Forschungspraxis

1   Einleitung

2   Der Grundgedanke der dokumentarischen Methode

3   Das Vorgehen der dokumentarischen Methode – formulierende und reflektierende Interpretation

4   Die Forschungspraxis der dokumentarischen Methode – Beispielpassage ‚Dreisprung'
4.1   Thematische Strukturierung des Unterrichtsverlaufs
4.2   Formulierende Interpretation der Unterrichtspassage
4.2.1 Vorikonographische Beschreibung der Unterrichtspassage
4.2.2 Entschlüsselung der konventionellen Bedeutung unterrichtlicher Praktiken und Bestimmung des ikonographischen Themas der Unterrichtspassage
4.2.3 Entwurf einer sinnstiftenden Narration der Unterrichtspassage
4.3   Reflektierende Interpretation
4.3.1 Formanalyse des Unterrichts und Einordnung der Unterrichtspassage in die Unterrichtskonfiguration
4.3.2 Vertiefende Kontrastierung von Horizont und Gegenhorizont in der Unterrichtspassage
4.3.3 Gedankliche Lösung und didaktische Empfehlungen
4.3.4 Bildungs- und unterrichtstheoretische Abstraktion

5   Fazit

1 Einleitung

Gibt es gute Gründe, über Sportunterricht distanziert und interpretativ zu forschen? Dies mag bezweifelt werden. Wer zur Schule gegangen ist, weiß in der Regel auch ohne sich wissenschaftlich gebildet zu haben, wie schulischer Unterricht im Allgemeinen und fachlich im Besonderen abläuft. Es besteht daher auch nicht der geringste Mangel an Erzählungen zu und Erfahrungen mit den Charakteristika von Sportunterricht. Das auf Sportunterricht bezogene Wissen wird in Erinnerungen und Alltagsgesprächen in variantenreichen Formen verfügbar gehalten, aber es wird nur selten problematisiert. Alle scheinen aus Erfahrung Bescheid zu wissen; daher können auch alle mitreden, einige mehr, andere weniger.

Diese Position wird in Teilen durch wissenschaftliche Diskurse bestärkt. Beispielsweise gaben Beiträge aus der Didaktik beruflicher Bildung mit Bezügen auf das ‚Implizite Wissen' von Lehrer/innen als ‚Expert/innen' kurzzeitig wieder einer Einstellung Vorschub, die besagte, dass es umso mehr die Praktiker/innen seien, die aufgrund eigener Erfahrungen ‚wissen' wie das Unterrichtsgeschäft läuft (vgl. Neuweg, 1999). Dabei geriet eine Erkenntnis in den Hintergrund, die schon Herbart formulierte: Die Erfahrung des neunzigjährigen Dorfschullehrers könnte die Erfahrung von neunzig Jahren Schlendrian sein. Die hohe Feier des ‚Impliziten Wissens' war unschwer als eine ambivalente Angelegenheit zu durchschauen und rief Gegenstimmen hervor (vgl. Kolbe & Combe, 2004). Nach wie vor ist daher die distanziert-forschende Beschäftigung mit der Beantwortung der Frage, was in Lehr-/Lernsituationen des Unterrichts vor sich geht, ein berechtigtes Anliegen interpretativer Unterrichtsforschung. Es überschreitet die impliziten Perspektiven des Alltagsverstands und zeigt aus der Distanz zum Unterricht, was in den Verstrickungen in die Unterrichtspraxis den Verstrickten nicht sichtbar wird und dem ‚Impliziten Wissen' der Unterrichtssubjekte verborgen bleibt.

Interpretative Unterrichtsforschung ist kein neues Unterfangen. Im deutschsprachigen Raum gab Terhart mit seiner 1978 erschienen Schrift ‚Interpretative Unterrichtsforschung – Kritische Rekonstruktion und Analyse konkurrierender Forschungsprogramme der Unterrichtswissenschaft' einen ersten großen Anstoß, die Erforschung von Situationen des Unterrichtens mit qualitativen Methoden in Angriff zu nehmen. Auch in der sportdidaktischen Forschung liegen seit fast zwei Jahrzehnten Monografien im Kontext dieser Forschungsrichtung vor. Gegenwärtig gewinnt sie in der hochschuldidaktischen Sicht im Rahmen der Reform der Ausbildung von Sportlehrer/innen an Bedeutung (vgl. Lüsebrink, 2006), wenngleich sie wiederum im Zuge der Diskussion um die Definition und Testbarkeit von Standards der Grundbildung auch an Bedeutung verliert.

Insgesamt finden sich kaum spezielle Werke zu methodologischen Fragen interpretativer Unterrichtsforschung. Sie werden vielmehr im Rahmen der einschlägigen Handbücher zu qualitativen Methoden in der Erziehungswissenschaft verstreut mit behandelt (vgl. Friebertshäuser & Prengel, 1997) oder selektiv in den Bezügen auf eigene Forschungsbeiträge und -verständnisse aufgegriffen (vgl. Krummheuer & Naujok, 1999; im Sport Scherler & Schierz, 1987). Die Etappen oder Schritte des Forschungsprozesses ähneln sich einerseits in solchen Darstellungen erheblich. Sie orientieren sich andererseits an den übergreifenden Stationen, die auch schon in den allgemeinen Überlegungen zum ‚Design und Prozess qualitativer Forschung' bei Flick (2003) zu finden sind. Gleichermaßen behandelt werden in diesen Beiträgen, wenn auch unter differenter Bezeichnung und mit unterschiedlicher Gewichtung die Eingrenzung der Fragestellung (1), der Feldzugang (2), die Datenerhebung (3), die Datenaufbereitung (4), die Dateninterpretation (5), die analytische Abstraktion zum Typus (6), die Form der Ergebnisdarstellung (7) und die Probleme der Ergebnisverwendung (8).

Wir wollen im Folgenden nur zwei dieser Schritte aus der Sicht des Forschungsstils der dokumentarischen Methode, nämlich die der Datenaufbereitung und der Dateninterpretation, etwas ausführlicher darstellen. Dokumentarische Methode gilt als Verfahren qualitativer Forschung in sehr unterschiedlichen Forschungsfeldern als etabliert (vgl. Nohl, 2006, S. 14), hat aber in der empirisch-qualitativen Unterrichtsforschung und insbesondere der sportdidaktischen Unterrichtsforschung noch wenig Beachtung gefunden. Gleichwohl lassen sich enge Bezüge zu Arbeiten fallrekonstruktiver Forschung herstellen, wie sie in den Beiträgen der Hamburger Arbeitsgruppe zur Unterrichtsforschung im Sport seit zwanzig Jahren vorliegen (vgl. u. a. Scherler, 1986; Scherler & Schierz, 1995; Schierz, 1997; Wolters, 2007). Die folgende Darstellung und Auseinandersetzung mit dem Verfahren der dokumentarischen Methode ist daher als Fortentwicklung einer etwas zum Stillstand gekommenen Diskussion um die Methodologie interpretativer Unterrichtsforschung im Sport zu lesen, die selbstreflexive Anschlüsse der Sportdidaktik an Diskussionen in den methodologischen Foren anderer disziplinärer Forschungen im Interesse didaktischer Rekonstruktion von Unterricht erlaubt. Wir möchten an dieser Stelle betonen, dass unser Beitrag die intensive Lektüre der grundlegenden Texte zur dokumentarischen Methode und zur interpretativen Unterrichtsforschung im Sport und der anderer Fächer nicht ersetzt. Der Text wendet sich primär an wissenschaftlichen Nachwuchs, der seine Arbeiten im Feld der qualitativen Unterrichtsforschung konzipiert und über grundlegende Kenntnisse zu rekonstruktiver Sozialforschung verfügt.

Wir stellen unsere Auffassung und Praxis der dokumentarischen Methode in vier Abschnitten vor. Der erste führt in den Grundgedanken der dokumentarischen Methode ein, der sich eng an die Wissenssoziologie von Karl Mannheims anlehnt. Im zweiten skizzieren wir knapp das Vorgehen dieses Forschungsstils anhand der leitenden Unterscheidung zwischen der formulierenden und der reflektierenden Interpretation von Daten. Der dritte Abschnitt befasst sich detailliert mit der Forschungspraxis der dokumentarischen Methode und veranschaulicht an einer Beispielpassage aus der Unterrichtsforschung im Sport deren Arbeitsschritte. Abschließend ziehen wir ein kurzes Fazit.

2 Der Grundgedanke der dokumentarischen Methode

Die theoretischen Eckpunkte der dokumentarischen Methode wurden schon vielfach dargestellt (vgl. u. a. Bohnsack, 1999, 2006; Bohnsack, Nentwig-Gesemann & Nohl, 2001; Nohl, 2006; Przyborski, 2004), so dass wir uns an dieser Stelle auf eine dichte Skizze beschränken können.

Für die Methode ist im Rückgriff auf Mannheim (1980) die Unterscheidung zweier Sinnebenen zentral, die als immanente und dokumentarische Sinnebenen bezeichnet werden. Unter dem immanenten Sinn versteht Mannheim den kontextfreien, lexikalischen Sinn, der einem Gebilde innewohnt. ‚Unterricht' ist beispielsweise in seinem lexikalischen Sinn eine Veranstaltung, durch die „bewußt und mit pädagogischer Absicht eine Erweiterung des Wissens- und Fähigkeitsstandes der Unterrichteten erreicht werden soll" (Terhart, 1994, S. 134). ‚Unterricht' ist in diesem Verständnis als ein Allgemeinbegriff zugänglich, der weitgehend von den konkreten Kontexten, Erlebnissen und Erfahrungen abstrahiert, die Schüler/innen und Lehrer/innen mit Unterricht an ihren Einzelschulen und in ihren sozialen Lagen machen und haben. Das Wort ‚Unterricht' transportiert aber einen z. T. anderen Sinn, wenn man es im ‚existenziellen Bezug' (Mannheim, 1980, S. 219) rückverankert. Für diejenigen Schüler/innen beispielsweise, die aus einem bildungsfernen Milieu stammen und an einer Hauptschule in einem sozialen Brennpunkt zur Schule gehen, ist der Sinn, den sie in der Rede von ‚Unterricht' äußern, an andere Erfahrungen gebunden als für diejenigen, die an einem Gymnasium in einem bildungsprivilegierten Stadtteil ihren ‚Unterricht' täglich erleben (vgl. u. a. Wiezorek, 2005)[42]. Der Sinn von ‚Unterricht' konstituiert sich hier wie dort in den selbstverständlichen Gemeinsamkeiten einer geteilten unterrichtlichen Alltagspraxis, die sich von den Alltagspraxen an anderen Schulen und Schultypen durchaus gravierend unterscheiden kann. In den differenten konjunktiven Erfahrungsräumen (vgl. u. a. Mannheim, 1980, S. 216) von Hauptschule und Gymnasium entsteht beispielsweise der jeweils andere dokumentarische Sinn von ‚Unterricht', der sich in einem gemeinsamen, selbstverständlichen Vollzug von Praktiken der Hauptschule oder des Gymnasiums und in einem biographisch aufgeschichteten ‚Erlebniszusammenhang' (vgl. Mannheim, 1980, S. 78f.) solcher Praktiken dokumentiert. Als konjunktiver Erfahrungsraum wird ‚Unterricht' von den Beteiligten als fraglos, vertraut und selbstverständlich vorausgesetzt und zugleich auch von Schülern/innen als Ko-Konstrukteuren ihres Unterrichts nach präreflexiven generativen Mustern immer wieder neu erzeugt und modifiziert. ‚Unterricht' in der Hauptschule oder im Gymnasium repräsentiert auf der dokumentarischen Sinnebene in der ihm zugrundeliegenden ‚Rahmenform' (Mannheim, 1980, S. 247) letztendlich einen dem konjunktiven Wissen der Unterrichtsakteure nicht nur vor-, sondern auch aufgegebenen historisch-gesellschaftlichen Gesamtzusammenhang und ist auf abstraktester Ebene als Dokument der Grundeinstellungen einer historischen Epoche zu Vermittlungsprozessen in Kontexten schulischer Bildung zu deuten.

3 Das Vorgehen der dokumentarischen Methode – formulierende und reflektierende Interpretation

Die Unterscheidung von immanenter und dokumentarischer Sinnebene wird in der dokumentarischen Methode vorausgesetzt, wenn sie zwei Arbeitsschritte als zentral für ihr Vorgehen erachtet: die formulierende und die reflektierende Interpretation. Die formulierende Interpretation verbleibt auf der Ebene des immanenten Sinns in Form von Paraphrasierungen, vorikonographischen und ikonographischen Be-

---

[42] Damit lässt sich eine Gemeinsamkeit zu den „konzeptionellen Begriffen" der Narrativen Didaktik (Schierz, 1996) herstellen. Konzeptionelle Begriffe arbeiten nicht generelle Bestimmungen heraus, sondern fixieren Bedeutsamkeiten eines gemeinsamen Erfahrungsraums von Unterrichtssituationen.

schreibungen von Text- oder Videoabschnitten. Sie legt aus, was in lexikalisch-allgemeiner Hinsicht die Inhalte bzw. Themen einer Gruppendiskussion, eines Interviews, eines Bildes oder eines Videos sind. Sie fragt nach dem ‚Was', das im Material vorliegt. Die reflektierende Interpretation legt hingegen aus, welche generativen Orientierungen in Form von Mustern oder Prinzipien sich am Material dokumentieren, die z. B. als Unterrichtsorientierungen von Hauptschülern oder Gymnasiasten ihren selbstverständlichen Praktiken des Unterrichtsvollzugs zugrunde liegen. Reflektierende Interpretation fragt nach dem ‚Wie' der Erzeugung des existenziellen Bezugs, der sich im konjunktiven Erfahrungsraum, in der als selbstverständlich erfahrenen gemeinsamen Lebenspraxis ‚Unterricht' zeigt. Die formulierende Interpretation umfasst mehrere Schritte. Dabei liegen unterschiedliche Ansichten vor, ob der in der Regel der als erster genannte Schritt der Untergliederung des thematischen Verlaufs eines Interviews, einer Gruppendiskussion oder eines Unterrichtsvideos der formulierenden Interpretation zugeordnet werden soll oder ob sie einen eigenständigen, der formulierenden und reflektierenden Interpretation vorgeordneten Arbeitsschritt bildet.[43] In dieser Etappe unterteilt der Interpret/die Interpretin das Datenmaterial in thematische Sinnabschnitte, die in der dokumentarischen Methode ‚Passagen' genannt werden. Ausgewählte Passagen werden einer weiteren thematischen Feingliederung unterzogen. Für die Auswahl solcher Passagen sind drei Kriterien ausschlaggebend: (1) ihre thematische Relevanz für die Forschungsfrage und das Erkenntnisinteresse, (2) ihre thematische Vergleichbarkeit mit anderen Passagen und (3) ihre interaktive und metaphorische Dichte (vgl. Bohnsack, 1999, S. 150).

Ein unstrittig der formulierenden Interpretation zugeordneter erster Arbeitsschritt dient der Reformulierung des generellen bzw. lexikalischen Sinngehalts des Datenmaterials. Dies betrifft bei sprachlichen Daten den allgemeinen wörtlichen Gehalt von Äußerungen. Bei visuellen Daten entspricht dem die sachliche Benennung der sichtbaren Objekte im Bild, beispielsweise der vorhandenen Dinge in einem Klassenzimmer: Tische, Stühle, Tafel, Kreide.

Für uns ist die Interpretation visueller Daten aufgrund der Arbeit mit Videokonserven von ebenso großer Bedeutung wie die Arbeit mit auditiven Daten. Wir setzen im Folgenden den Schwerpunkt unserer Darstellung jedoch stärker auf Fragen der

---

[43] Anders als Bohnsack schlägt Przyborski (2004, S. 50) vor, die Einteilung in Passagen nicht der formulierenden Interpretation zuzurechnen, sondern nur als ein erstes Überblickverschaffen zu begreifen, in das jedoch schon Anteile der formulierenden und der reflektierenden Interpretation eingehen. Wir schließen uns dieser Ansicht an.

Bildinterpretation als der Sprachinterpretation, da die Interpretation von transkribierten Gesprächen in der einschlägigen Literatur zur dokumentarischen Methode anhand von Interviews und Gruppendiskussionen ausgiebig behandelt worden ist. Bohnsack begründet sein Vorgehen der Bildinterpretation im Rückgriff auf das kunsthistorische Interpretationsverfahren des Mannheimschülers Panofsky (vgl. Bohnsack, 2006). Dieser beginnt auf grundlegender Ebene die Interpretation eines Bildes mit der ‚vorikonographischen Beschreibung', bei der es um die wiedererkennende Identifikation und Benennung von unmittelbar sichtbaren Bildgegenständen geht (vgl. Panofsky, 1980, S. 32). Solche wiedererkennende Beschreibung ist für ihn prinzipiell möglich, sofern eine Basis der alltäglichen Vertrautheit mit den ‚Gegenständen', den im Bild vorhandenen Dingen, Personen, Ereignissen gegeben ist. Marotzki und Stoetzer weisen zurecht daraufhin, dass genau genommen „Hypothesen der Objektbenennung erzeugt werden, denn spätestens von Bildern aus anderen Kulturkreisen können wir nicht sicher sein, um welche Objekte es sich handelt; wir können deshalb nicht sicher sein, weil uns der entsprechende erfahrungsgeschichtliche Hintergrund nicht oder nur bedingt zur Verfügung steht" (Marotzki & Stoetzer, 2006, S. 18). Die Objekthypothese soll, das ist der umstrittene Punkt des Verfahrens, auf der Ebene der formulierenden Interpretation sich auf die Bedeutung ‚der Sache selbst' bei der Benennung der Objekte beschränken und deren Sinn im Kontext praktischer Erfahrungen möglichst einklammern.[44]

In einem zweiten Arbeitsschritt der formulierenden Interpretation wird in starker Anlehnung an Panofsky die konventionale Bedeutung der Motive eines Bildes analysiert:

> „Es wird durch die Erkenntnis erfaßt, daß eine männliche Gestalt mit einem Messer den heiligen Bartholomäus repräsentiert, daß eine weibliche Gestalt mit einem Pfirsich in der Hand eine Personifikation der Wahrhaftigkeit ist, daß eine Gruppe von Personen, die in einer bestimmten Anordnung und mit bestimmten Posen um eine Speisetafel sitzen, das letzte Abendmahl darstel-

---

[44]Bohnsack (2006, S. 209) verweist im Zusammenhang mit der Forderung nach einer vorikonographischen Beschreibungsweise von Bildern z. B. auf systematische Versuche bei Wagner – Willi (2005) als schon annäherungsweise gelungenes Beispiel für eine vor-ikonographische Beschreibung. Marotzki und Stoetzer (2006, S. 18) weisen hingegen auch skeptisch darauf hin, dass es prinzipiell nicht vermieden werden kann, bei der vorikonographischen Beschreibung auch kulturell variante Bedeutungen mitzutransportieren. Sie plädieren für ein reflektierendes Identifizieren von Bildgegenständen. Ob mit der teils offenen, teils verdeckten Forderung, in der vorikonographischen Beschreibung von Bildmaterial die ‚Sache selbst' zu benennen, die Diskussion um die ‚Krise der Repräsentation' in ethnographischen Kontexten neue Nahrung in Form alter Naivität erhält, kann hier nicht verfolgt werden. Wir bevorzugen die Rede vom lexikalischen Sinn des Wortes, das bei der vorikonographischen Benennung von Bildgegenständen verwendet wird, ohne die Kulturvarianz von Lexika in Abrede zu stellen.

len oder daß zwei Gestalten, die auf bestimmte Weise gegeneinander kämpfen, für den Kampf von Laster und Tugend einstehen. Indem wir das erfassen, verknüpfen wir künstlerische Motive und Kombinationen künstlerischer Motive (Kompositionen) mit Themen oder Konzepten. Motive, die dergestalt als Träger einer sekundären oder konventionalen Bedeutung erkannt werden, mögen Bilder (images) heißen, und Kombinationen solcher Bilder sind das, was die alten Kunsttheoretiker invenzioni genannt haben; wir sind gewohnt, sie Anekdoten (Geschichten, Fabeln) oder Allegorien (1) zu nennen. Die Identifizierung solcher Bilder, Anekdoten und Allegorien ist der Bereich dessen, was normalerweise mit der Bezeichnung ‚Ikonographie' gemeint ist." (Panofsky, 1980, S. 32/33)

Überträgt man den Gedanken der ‚Ikonographie' auf die Arbeit mit Videodaten einer Unterrichtssequenz, so gehört zu ihr die Identifikation konventionaler Bedeutungen von unterrichtlichen Praktiken und gegenständlichen Arrangements ebenso wie die ‚Geschichte', die das Video in den Augen des Beobachters/der Beobachterin erzählt. Diese Etappe der formulierenden Interpretation wird bei Bohnsack mit Blick auf Bildmaterialien nur angespielt. In der Tradition unseres Arbeitens kommt ihm jedoch weitaus größere Bedeutung zu. Wir verweisen daher an dieser Stelle auch auf das an Panofsky und partiell an Imdahl ansetzende Arbeitsmodell von Marotzki und Stoetzer (2006). Es geht ebenfalls von vorikonographischen Beschreibungen aus, entwickelt jedoch in einer zweiten Perspektive konventionale Sinnzusammenhänge und Narrative der Motive eines Bildes. Wir ordnen diesen Schritt der ikonographischen Analyse noch der formulierenden Interpretation aus dem einfachen Grund zu, dass er Teil der Vor-Interpretation ist, in der eine Antwort auf die Was-Frage formuliert wird.

In der reflektierenden Interpretation steht hingegen die Wie-Frage im Zentrum der Arbeit. In ihren Arbeitsschritten werden Orientierungsfiguren, (kollektive) übergreifende Orientierungsrahmen und modi operandi herausgearbeitet, die als Sinnmuster die unterschiedlichen Äußerungen der Sprecher/innen, Akteuren/innen oder Künstler/innen hervorbringen und die Art und Weise beschreiben, in der sie ein Thema erfahren und behandeln. Bohnsack schwankt in seiner Darstellung des wesentlichen Arbeitsschritts reflektierender Interpretation von Bildmaterial zwischen der ikonologischen Interpretation Panofskys (1980) und der ikonischen Interpretation Imdahls (1994) und bezeichnet die reflektierende Interpretation auch etwas unentschieden als ‚ikonologisch-ikonische Interpretation' (Bohnsack, 2006, S. 60). Als zentraler Ausgangspunkt reflektierender Interpretation wird in Bezügen auf Panofsky und Imdahl die formale Ästhetik des Bildmaterials, insbesondere die

Planimetrie und die (symbolische) Perspektivität des Bildes genommen. Dies scheint sich mit Blick auf die Interpretation von stehenden Bildern, Kunstwerken und Fotografien zu bewähren, ist mit Blick auf die audio-visuelle Dokumentation von Unterricht im Video aber nur eingeschränkt umsetzbar. Es entspricht auch nicht unserem primären Erkenntnisinteresse, uns mit dem zu befassen, was hinter der Kamera geschieht. Unser Erkenntnisinteresse richtet sich unter formanalytischen Gesichtspunkten nicht vorrangig auf die formale Komposition der Videobilder durch die Forschenden, sondern auf die formale Komposition des Unterrichts in den Artikulationsschemata der Unterrichtenden, die sich beim Unterrichten vor der Kamera bewegen. Wie das ‚Was' des Unterrichts im Prozess des Unterrichtens hervorgebracht wird, hängt u. a. von den Formen und Figuren der Strukturierung und Verzeitlichung des Unterrichtsgangs ab (vgl. Prange, 1983).

Die Perspektivität der Erzeugung des Bildes durch die Wahl des Kamerastandortes, Einstellungsgrößen, Motive, Bewegungen der Kamera ist in die reflektierende Interpretation dennoch kritisch mit einzubeziehen. Der ‚abbildende Bildproduzent' (Bohnsack, 2006, S. 54), der hinter der Kamera steht, nimmt Unterschiedliches in den Focus des Kamerablicks und erzeugt damit eine eigene Art des Sehens von Unterricht, die für den Betrachter vertraut oder neu sein kann. Schon im Kamerablick wird also eine Unterrichtssicht erzeugt, die in die Konturen der Gesamtinterpretation mit einfließt. Die formal-ästhetische Komposition von Unterrichtsaufnahmen durch den/die Unterrichtsbeobachter/in könnte daher, sofern sich in ihr ein einschneidender Wandel der zeitüblichen Kompositionsformen abzeichnet, ein Indiz für einen weitgehenden Wandel sein, mit den Augen der Wissenschaft Unterricht zu sehen.

Die Analyse der formalen Stufen und Figuren des Unterrichts, auf die sich unser Erkenntnisinteresse primär richtet, gibt einen ersten Hinweis auf das ‚Wie' der Erzeugung des ‚Was' des Unterrichts. Artikulationsschemata des Unterrichts bilden kontrastive Unterrichtsorientierungen, die Vergleichshorizonte eröffnen. Sie sind im Sinne Bohnsacks als einander begrenzende Gegenhorizonte lesbar (vgl. Bohnsack, 1999, S. 151), die für die Unterrichtsorientierungen von Lehrern/innen bedeutsam sind. Ob und wie sie auch für Schüler/innen relevant sind, oder ob nicht andere Gegenhorizonte Hinweise auf ihre Unterrichtsorientierung geben, ist vergleichend zu untersuchen.

Zur Erhöhung der empirischen Fundierung von kontrastiven Vergleichshorizonten wird im Rahmen der reflektierenden Interpretation besonderer Wert auf eine komparative Analyse des Datenmaterials gelegt. Damit ist nicht nur der kontrastive

Vergleich unterschiedlicher Fälle gemeint, sondern auch und gerade der fallinterne Vergleich unterschiedlicher Passagen. Auf dem Weg über die sozio- und sinngenetische Typenbildung wird abschließend im Kontext interpretativer Unterrichtsforschung eine bildungs- unterrichtstheoretische Abstraktion versucht.

4 Die Forschungspraxis der dokumentarischen Methode – Beispielpassage ‚Dreisprung'

In die folgende Darstellung der Forschungspraxis fließen unsere Forschungserfahrungen sehr stark ein. Wir zeigen daher auch nicht eine idealisierende Reinkultur der Praxis der dokumentarischen Methode und sind auch nicht Verfechter/innen ihrer Orthodoxie, sondern stellen eine modifizierte und variierte Forschungspraxis vor. Der Abschnitt ist daher als Werkstattbericht zu lesen. Wir veranschaulichen unsere Praxis an der Beispielpassage ‚Dreisprung':

„Stationsbetrieb in einer 7. Klasse, deren Schüler sich in ihren Körpergrößen gewaltig unterscheiden. Einer hat die einsneunzig schon überschritten, andere sind nicht einmal einsfünfzig groß. Im Verlauf des Übens verändert der Lehrer mehrfach die Abstände zwischen den Geräten.
Nach einem freien Lauf durch den Parcours beginnen die ersten Übungsrunden mit Schrittsprüngen über die Zwischenräume zwischen den Geräten. Hiernach gibt der Lehrer den Inhalt der Stunde bekannt: ‚Dreisprung'. Dann demonstriert er an der Kastentreppe die nächste Sprungfolge: mit links vom Boden auf die kleinen Kästen, mit links von diesen auf den mittleren Kasten, mit rechts von diesem auf den hohen Kasten und mit rechts von diesem auf den Weichboden, in dem die Schüler wieder auf dem rechten Bein landen sollen.
Vielen Schülern gelingt der Sprungbeinwechsel vom mittleren auf den unverhältnismäßig hohen Kasten nicht. Kleine Schüler steigen mehr als zu springen. Andere unterbrechen die Sprungfolge auf dem mittleren Kastenteil, um sich für den Sprung auf den hohen Kastenteil zu konzentrieren. Eine Schülerin knickt bei der einbeinigen Landung auf dem Weichboden um und humpelt weinend an den Rand. Eine andere stürzt in der Kastentreppe.
Auch an den beiden anderen Stationen gelingt den wenigsten der Dreisprung. Für einige sind die Abstände zwischen den Matten zu groß, für andere zu klein.

An der dritten Station springen manche auf die Kastendeckel statt darüber. Der Lehrer: „Also ich glaube, das Ganze ging ein bisschen zu schnell. Ihr müsst dem Vordermann genügend Gelegenheit geben, sich zu konzentrieren. Und ihr müsst jeder für sich selbst durchgehen, mit welchem Bein fang' ich an, dann zweimal das gleiche Bein, dann das andere Bein. Und denkt bitte an die beidbeinige Landung!" Auch in den letzten Durchgängen gelingt nur wenigen die geforderte Sprungfolge. Einige Schüler laufen an der dritten Station einfach durch."

Die Passage stammt aus einer Sportstunde, die im Rahmen eines Forschungsprojekts zur Konstitution von Unterricht durch verfahrensmäßige Praktiken in Form einer Videokonserve dokumentiert wurde (Scherler & Schierz, 1995, S. 25f.). Interpretativen Forschungsansätzen, die sich auf Videoanalysen von Unterricht stützen, ist gemeinsam, dass sie sich nicht auf die Interpretation der sprachlichen Gehalte des Unterrichts zurückziehen, sondern dass sie neben der Sequenzialität von sprachlichen Äußerungen auch die Simultanität von Gesten und Bewegungen in Unterrichtsituationen erfassen. Damit entstehen besondere Probleme der Beschreibung und Interpretation des Datenmaterials, da es mit der alleinigen Transkription des Gesprochenen nicht getan ist. Die folgenden Ausführungen zur thematischen Strukturierung, zur formulierenden und zur reflektierenden Interpretation legen die vorliegende Vertextlichung der Unterrichtspassage zugrunde. Sie beziehen aber den Umgang mit der Videokonserve grundlegend mit in ihre Überlegungen ein.

4.1   Thematische Strukturierung des Unterrichtsverlaufs

Wir verschaffen uns in diesem Arbeitsschritt einen Überblick über den thematischen Verlauf der Unterrichtsstunde, indem wir insbesondere in einer Formanalyse das Artikulationsschema der Stunde abstrahieren, nach Stellen der Interpolation suchen (vgl. 4.1) und daraufhin die thematischen Passagen mit einer Überschrift versehen und abschließend durch eine kurze Inhaltsangabe ergänzen. In einer anschließenden Arbeitsphase wählen wir solche Passagen der Unterrichtsstunde aus, in denen wir ‚Schlüsselpassagen' für die reflektierende Interpretation sehen.
Die vorliegende Stunde folgte dem Schema ‚Unterricht als Lektion' (vgl. Prange, 1983, S. 121ff.). Im Kern des Unterrichts standen die Demonstration und die Instruktionen einer Sprungabfolge und die Versuche der Schüler/innen, das Demonstrierte und Instruierte an verschiedenen Stationen in einer formgerechten Bewegung zu realisieren. Der Aufbau, das Aufwärmen und das Spielen am Ende der

Stunde bildeten hierauf bezogene funktionale thematische Abschnitte des Unterrichts. Die Auswahl der vorliegenden Passage aus dem Gesamt der thematischen Abschnitte der Unterrichtsstunde erfolgte aufgrund ihrer Relevanz für die Untersuchung des dokumentarischen Sinns konventioneller Unterrichtsverfahren im Sport, da in ihr ein für die Performanz von Sportunterricht, dessen Erzeugung, Inszenierung und Wirksamkeit ‚typisches' Vermittlungsverfahren identifizierbar war. Sie war mit anderen Passagen des Gesamtmaterials unter kontrastierenden Gesichtspunkten gut vergleichbar und zeichnete sich durch eine besondere interaktive Dichte aus. In dieser Offenlegung wird deutlich, dass die Auswahl der Passage nicht ihrer Interpretation voranging, sondern dass sie schon Produkt einer Lesart des Unterrichts war, in der die Identifizierung konventionaler unterrichtlicher Praktiken und Formgebungen eine nicht zu unterschätzende Bedeutung zukam. In der Praxis der Forschung geschehen daher die thematische Strukturierung, die formulierende und die reflektierende Interpretation in einem sich wechselseitig bedingenden Abgleich, der ein striktes zeitliches Nacheinander nicht zulässt.

4.2 Formulierende Interpretation der Unterrichtspassage

In der formulierenden Interpretation einer Unterrichtspassage geht es um eine zusammenfassende Formulierung ihres immanenten, allgemeinen Sinngehalts. Die Frage, die es in der Forschungsgruppe zu beantworten gilt, lautet: Was geschieht in diesem Unterricht? Die Funktion der folgenden Schritte der formulierenden Interpretation liegt vorrangig in der Kontrolle der ersten und einfachen Sinnverständnisse hinsichtlich des Unterrichtsinhalts und -gehalts innerhalb der Forschungsgruppe. Als was sehen und deuten sie die Objekte, Ereignisse und Themen des audio-visuell dokumentierten Unterrichts? Schon auf den Ebenen des Verständnisses des wörtlichen Gehalts des im Unterricht Gesagten, der Objektbenennung der im Unterricht arrangierten und verwendeten Dinge, der Bezeichnung des im Unterricht Getanen setzt im Vorgehen der dokumentarischen Methode der Anspruch auf intersubjektive Überprüfbarkeit der Beschreibung des Unterrichts an.

Die formulierende Interpretation erfolgt in mehreren Schritten. In Fällen der Uneinigkeit geht die Forschungsgruppe wieder an das audio-visuelle Datenmaterial zurück und vollzieht erste Schritte erneut. Wir unterscheiden drei Arbeitsschritte der formulierenden Interpretation: Die vorikonographische Beschreibung des Unterrichtsgeschehens (1) die Entschlüsselung der konventionellen Bedeutung der unterrichtlichen Praktiken (2) und abschließend der Entwurf einer sinnstiftenden Narration (3).

4.2.1 Vorikonographische Beschreibung der Unterrichtspassage

„Station 1 besteht aus vier Matten, die quer hintereinander liegen. Station 2 ist eine Treppe aus kleinen und großen Kästen, bei der zwischen der zweiten und dritten Stufe jedoch ein beträchtlicher Höhenunterschied besteht. Station 3 wird von drei längs liegenden Matten gebildet, die durch zwei quer liegende Kastenoberteile voneinander getrennt sind."

Aus Sicht der allgemeinen Benennung von wiedererkennbaren Objekten wird von kleinen und großen Kästen, von Matten und von Kastenoberteilen gesprochen. Die wesentlichen Ereignisse, die in anderen Textabschnitten benannt werden, sind Bewegungen: Sprünge, Steige- und Laufbewegungen. Auf der Ebene der vorikonographischen Beschreibung stellt das Bildmaterial auf den ersten Blick also kaum vor schwerwiegende Probleme der Wiedererkennung der Gegenstände in allgemeiner und vertrauter Hinsicht. Wer mit der Welt der Sporthalle bekannt ist, wird das Gesagte, Getane, Dinge, Personen und Ereignisse im Video in lexikalischen Allgemeinbegriffen bezeichnen können, ohne ihre konventionelle Bedeutung im unterrichtlichen Setting schon unreflektiert vorwegzunehmen. Gleichwohl ist es fast unmöglich, im ‚Kasten' nur ein Objekt im Sinne der Wortbedeutung eines Gehäuses oder Behälters zu sehen, ohne schon an die konventionelle Bedeutung eines Turngeräts zu denken. Der Text unserer Beispielpassage ist aber nicht nur aus diesem Grund kein Beispiel für eine stringente vorikonographische Beschreibung. Er enthält sich weder der Identifikation konventioneller Unterrichtssujets, der Begriff der ‚Station' belegt dies, noch der Sinnstiftung durch eine Narration. Um sich einer vorikonographischen Beschreibung anzunähern wären daher Änderungen nötig: „Station 2 ist eine Treppe aus kleinen und großen Gehäusen (Behältern), ..." Erst die ikonographische Analyse würde die ‚Gehäuse (Behälter)' in ihrer konventionellen Bedeutung als Turngeräte ausweisen. Ob der Rückgang auf eine solche Form der vorikonographischen Beschreibung prinzipiell nötig ist, um die Unterrichtsinterpretation abzusichern, bezweifeln wir.[45] Aufwand und Ertrag stehen

---

[45] Man mag in ethnographischer Tradition in dieser Beschreibungsweise ein Befremden der eigenen Kultur sehen (vgl. Hirschauer & Amann, 1997). Dieser Schritt wird aber überflüssig, sofern die Unvertrautheit soziologischer Empirie mit der didaktischen Tradition, Forschung, Theorie und Praxis so evident ist, dass sich ihre Unterrichtserfahrung ohnehin nur als Fremdheitserfahrung konstituiert. So-

unserer Erfahrung nach nur selten in einem angemessenen Verhältnis. In Einzelfällen, in denen die konventionale Bedeutung von Objekten strittig ist, wäre eine solche Form der Benennung und Beschreibung u. U. die angemessene.

4.2.2 Entschlüsselung der konventionellen Bedeutung unterrichtlicher Praktiken und Bestimmung des ikonographischen Themas der Unterrichtspassage

Der Zusammenhang der Dinge, Bewegungen, Ereignisse und Personen im Unterrichtsprozess, ihre szenehafte Anordnung und Zuordnung, ist in vielen Variationen beobachtbar. Was bedeutet also der spezifische Zusammenhang der zunächst nur im lexikalischen Sinn bezeichneten Gegenstände, der im Unterricht gestiftet wird? Wenn jemand im Vorübergehen seinen Hut zieht und sich uns zugewandt leicht verbeugt, dann wissen wir, dass diese Geste ‚Grüßen' bedeutet. Panofsky verwendet dieses Beispiel selbst (vgl. Panofsky, 1980, S. 30). Die konventionelle Bedeutung des Zusammenhangs von Hut und Bewegung entschlüsseln wir im Rückgriff auf kulturell variantes Wissen.

Im Fall der vorliegenden Passagenbeschreibung wird dieses Wissen um die Konventionalität der Bedeutung der spezifischen Ordnung und Zuordnung der Dinge, Personen, Bewegungen und Ereignisse mit den Worten ‚Dreisprung', ‚Station' und ‚Parcours' zum Ausdruck gebracht. Sie verweisen auch auf die Konventionalität eines Unterrichtsverfahrens, das ein Thema ‚Dreisprung' durch ein materielles Arrangement (Stationen, Parcours) im Unterricht erzeugt. Der ‚Parcours' ist u. E. das ikonographische Thema der Passage.

Mit dieser Bestimmung ist schon die Möglichkeit und Notwendigkeit für eine komparative Analyse eröffnet, also für einen Vergleich mit anderen Videos oder anderer Materialien zum gleichen ikonographischen Thema. Die Katalogisierung von Parcoursformen in der Sportwissenschaft und der sportdidaktischen Methodenliteratur könnte beispielsweise schon Hinweise auf den historischen Ort eine besondere Tradition des Verfahrens geben. Darüber hinaus werden erste hypothetische und gedankenexperimentelle Konstruktionen von Horizont und Gegenhorizont angeregt, z. B. können der Lern- oder Übungsparcours des Unterrichts und der

---

ziologisch-ethnographische Aufklärung über Unterricht läuft dann allerdings Gefahr, Erkenntnisse als neuartig auszugeben, die in didaktischen Diskursen als Allgemeinplatz gelten.

Hindernisparcours im Springreiten oder in leichtathletischen Wettkämpfen kontrastiert werden.

4.2.3 Entwurf einer sinnstiftenden Narration der Unterrichtspassage

Die Entschlüsselung der konventionellen Bedeutung der Passage „führt in der Regel zur Generierung eines Sinnzusammenhanges, der in vielen Fällen wiederum zu einer Narration führt, denn narrative Strukturen stellen die genuine Form der Konstitution von Sinn dar (...) Die Motive und das Thema des Bildes werden mit einer Geschichte (im weitesten Sinne) in Verbindung gebracht" (Marotzki & Stoetzer, 2006, S. 22). Das In-Verbindung-bringen ist in zwei Hinsichten denkbar. Zum einen lassen sich Bildthema und kodierte Narrationen, kunstgeschichtlich beispielsweise solche der Bibel oder klassischer Mythen, deutend aufeinander beziehen. In Hinblick auf Unterrichtsvideos muss aber der/die Forscher/in oder eine Forschungsgruppe eine solche Narration oder plausible Narrationsversionen mangels kodierter Narrationsbestände häufig selbst erzeugen. In der sportdidaktischen Tradition wird dieser besondere Aspekt reflektierender Interpretation von Unterrichtspassagen mit Rückgriff auf die Arbeiten von Wilhelm Schapp, Hayden White und Jerome Bruner unter methodologischen Fragestellungen im Ansatz der narrativen Didaktik verhandelt (vgl. Schierz, 1996, 1999; Messmer, o. J., 2004).[46] Mit der Generierung einer Narration oder von Narrationsversionen wird die Ebene der Konsensualität und Pluralität von Repräsentationen einer Passage betreten, die für weitergehende Interpretationshypothesen von großer Bedeutung sein können.

Auch die vorliegende Vertextlichung der Beispielpassage ‚Dreisprung' lässt sich durchaus unter erzähltheoretischen Gesichtspunkten als eine Narration lesen. Sie stiftet zwischen den Ereignissen, materiellen Arrangements und Personen einen Sinnzusammenhang, den es ohne die Narration nicht gäbe. Wir möchten mit Blick auf diesen Arbeitsschritt hervorheben, dass mit der narrativen Form daher schon ‚Konturen einer Gesamtinterpretationsrichtung' (Marotzki & Stoetzer, 2006, S. 24) erzeugt werden.[47]

---

[46] Die interpretativen Arbeiten von Scherler und Wolters sind ebenfalls einer interpretativ-narrativen Tradition in der Sportdidaktik zuzurechnen, sie rücken in ihren methodologischen Reflektionen die Erzeugung von Sinn durch Narrationen jedoch nicht in den Focus ihres Interesses.

[47] Erst in der Verbindung vorikonographischer Beschreibung der formulierenden Interpretation und narrativer Darstellung in der reflektierenden Interpretation entsteht ein Text, den Clifford Geertz vielleicht eine ‚dichte Beschreibung' nennen würde (vgl. Geertz, 1983).

4.3 Reflektierende Interpretation

Die reflektierende Interpretation zielt auf die Rekonstruktion des Orientierungsrahmens, innerhalb dessen ein Thema konstituiert und abgehandelt wird. Stellen im Datenmaterial, an denen Orientierungsrahmen zum Ausdruck gebracht werden, nennt Bohnsack ‚Propositionen'. Sie verweisen in der Regel auf positive oder negative Gegenhorizonte. Der Identifikation solcher kontrastiven Horizonte gilt daher in der reflektierenden Interpretation besondere Aufmerksamkeit.

4.3.1 Formanalyse des Unterrichts und Einordnung der Unterrichtspassage in die Unterrichtskonfiguration

Dieser Arbeitsschritt überschneidet sich in Teilen mit dem der thematischen Strukturierung des Materials. Es beinhaltet die Abstraktion des formalen Orientierungsrahmens, in dem die Themen des Unterrichts hergestellt und abgehandelt werden. Prange (1983, Kap. II) unterscheidet beispielsweise drei formale Artikulationsschemata als sinntypische Orientierungsrahmen für Unterricht: das pragmatische Modell, das kognitiv-humanistische Modell (Lektionsmodell) und das Erlebnismodell. Zu jedem Artikulationsschema unterscheidet Prange Figuren, solche des Einstiegs, der Darstellung und der Wiederholung (vgl. Prange, 1983, Kap. IV). Unterricht erfolgt jedoch nicht ständig in der Reinform eines der drei Orientierungsrahmen. Sie erweisen sich häufig als zu eng, so dass Lehrende an neuralgischen Punkten des Unterrichts von einem Schema in ein anderes wechseln. Prange spricht in diesem Fall von ‚Interpolation' (1983, S. 227). Übergänge zwischen den Artikulationsschemata bestimmen die Konfiguration des Unterrichts.

Artikulationsschemata sind im Kontext der dokumentarischen Methode als Typen zu begreifen, die sinngenetisch abstrahiert werden. Diese Genese muss am vorliegenden Material nicht erneut geschehen. Die Typen werden als Lesarten an das Material herangetragen und komparativ genutzt, um Unterrichtsorientierungen der Lehrenden und Interpolationspassagen im Unterrichtsprozess zu bestimmen.

Die vorliegende Passage besteht nach vorbereitenden Handlungen mit Blick auf das Thema ‚Dreisprung' aus einer darbietenden Figur des Zeigens durch den Lehrer, einer Figur des Übens durch die Schüler, einer Figur der Ergebnissicherung und der Figur einer Anschlussaufgabe. Der Unterricht folgt weitgehend dem Lektionsmodell, ohne dass an irgendeiner Stelle ein Wechsel in ein anderes Artikulationsschema sichtbar wird. Die Figur der Ergebnissicherung besitzt aber durchaus den Charakter einer Problematisierung und wäre u. U. geeignet gewesen, in das pragmatische Modell zu wechseln. Dieses Modell bildet den gedankenexperimentellen Gegenhorizont.

4.3.2 Vertiefende Kontrastierung von Horizont und Gegenhorizont in der Unterrichtspassage

Der Teilinterpretationsschritt der Entwicklung von Sinnzusammenhängen durch die Verbindung des ikonographischen Themas mit einer Narration ist dem eigentlichen Anliegen reflektierender Interpretation, nämlich der Identifizierung eines konjunktive Erfahrungen aufschließenden Orientierungsrahmens mittels der Kontrastierung von Horizont und Gegenhorizont noch vorgelagert. Einen ersten Hinweis auf eine solche Kontrastierung von Horizonten ergab sich in der Bestimmung des Artikulationsschemas. In Hinblick auf unsere Beispielpassage lag eine weitere Horizontkontrastierung schon in der Analyse der Bedeutung des Wortes ‚Parcours' im Sport vor. Ein ‚Parcours' ist sowohl in didaktischer Perspektive als Fördernis für Schüler/innen bei der Konstruktion, Deutung und Bearbeitung eines Bewegungsthemas konzipiert als auch in sportlicher Perspektive als eine mit Hindernissen verstellte Strecke tradiert, die es schnellst möglich zu bewältigen gilt.

Der Lehrer ist im vorliegenden Beispiel der Unterrichtsorientierung am Rahmen des kognitivistischen Lektionsmodells verhaftet. Es begreift das Erlernen einer Bewegung kognitivistisch als Aufbau einer Bewegungsvorstellung: „Und ihr müsst jeder für sich selbst durchgehen, mit welchem Bein fang' ich an, dann zweimal das gleiche Bein, dann das andere Bein. Und denkt bitte an die beidbeinige Landung!" Die Kognition, das ‚Denken an', bildet im Lektionsmodell die Erfolgsgrundlage der Bewegung. Sportunterricht versteht sich als Anleitung zum Bewegungsdenken: Aus dem richtigen Wissen soll das gute Können folgen. Der Lehrer stellt den Schülern/innen dementsprechend eine Denkaufgabe und konzipiert Sportunterricht darin ebenso kognitivistisch wie Deutsch- oder Mathematikunterricht. Ziel seines Unterrichts ist der Aufbau einer formkorrekten Bewegungsvorstellung (kognitivhumanistisches Modell), nicht aber die Lösung eines im Arrangement der Stationen materialisierten Bewegungsproblems (pragmatisches Modell).

Um diese Hypothese zu prüfen, bietet es sich unserer Erfahrung nach an, zunächst im fallinternen Vergleich weitere falsifizierende oder bestätigende Passagen des Videos heranzuziehen. Der weitere externe Vergleich mit anderen Unterrichtsstunden zeigt, dass möglicher Weise das sinntypische Lektionsmodell den soziogenetischen Typus eines Orientierungsrahmens für die Generierung von Sportunterricht bildet, in anderer Sprache würde man von einem Skript sprechen, der typisch für eine Generation von Sportlehrern/innen ist, die in den Zeiten kybernetischer Lehr-Lernverständnisse ausgebildet wurden. Der Parcours besteht in diesem Zeitverständnis und ihrer Sprache aus einer Reihung von Instruktionsstationen zu einer ‚Lernstraße' (vgl. Ungerer, 1979, S. 79f.). Bei Scherler und Schierz beispielsweise finden sich im Vergleich mit anderen Unterrichtsstunden der infrage kommenden Generation eine Reihe weiterer Passagen, in denen das Setting des Unterrichts aus Denkaufgaben und einem als Lernstraße konzipierten Parcours besteht (vgl. Scherler & Schierz, 1995, Kap. 2.2.2 und Kap. 2.2.3). Diese Fälle reichen für eine Sättigung noch nicht aus, plausibilisieren aber die Annahme.

In welchem Orientierungsrahmen erfährt die in der Passage betroffene Generation der Schüler/innen den beschriebenen Sportunterricht? Hierüber kann mangels systematischer komparativer Untersuchungen nur eine Vermutung in Form einer Arbeitshypothese angestellt werden. Was als Weitsprung in der Leichtathletik tradiert ist, der ‚Dreisprung', wird im materiellen Arrangement der Kastentreppe als Hoch- und Tiefsprung thematisiert. Für die Schüler/innen liegt daher keine Lernstraße vor, in der Wissen stimmig in Können umgesetzt wird, sondern ein sportlicher Hindernisparcours, den sie mit Ziel-, Hoch-, Tief- und Weitsprüngen zügig überwinden wollen, es aber kaum können. Die Aufgabenstellung, die sie lösen sollen, ist antinomisch strukturiert. Sie sollen einerseits den Anspruch erfüllen, Dreisprung formgerecht zu realisieren. Andererseits stellt das materielle Arrangement des Parcours sie vor den Anspruch, Hindernisse in einer Sprungvielfalt zu überwinden, die der normierten Form des Dreisprungs entgegensteht. Horizont und Gegenhorizont, Lernstraße und Hindernisparcours, verschränken sich auf paradoxe Art und Weise zu einem Unterrichtssetting, das Behinderung durch Förderung erzeugt. Die Schülerinnen erfahren Sportunterricht als Vermittlung von immateriellen, gedanklich konstruierten Lösungen, die zu den materiellen, sinnlich wahrnehmbaren Problemen nicht passen und verweigern letztendlich die Auseinandersetzung mit Lösung und Problem: „Einige Schüler laufen an der dritten Station einfach durch".

4.3.3 Gedankliche Lösungen und didaktische Empfehlungen

Dieser Schritt ist nicht dem Selbstverständnis rekonstruktiver Unterrichtsforschung im Stil der dokumentarischen Methode geschuldet, sondern dem pragmatischen Hintergrund des didaktischen Erkenntnisinteresses. Wir wollen Arbeiten der interpretativen Unterrichtsforschung nicht aus dem Anspruch entlassen, mit ihren Ergebnissen auch auf die Verbesserung von Unterricht zu zielen.

Unsere Empfehlung lautet: Wechsel spätestens mit der Figur der Ergebnissicherung das Artikulationsschema! Denn an dieser Stelle bietet sich die Gelegenheit und stellt sich die Notwendigkeit, in der Sprache Donald Schöns (1983) gesagt, sich selber einer Denkaufgabe zu stellen und in die ‚reflection-in-action' zu treten. Sie hat das Ziel, in der Konversation mit der Situation zu einem problemangemessenen ‚Reframing' der Aufgabenstellung zu gelangen. Der Parcours ist keine Lernstraße zum Dreisprung. Er ist eine Aneinanderreihung von Hindernissen. Er stellt die Schüler vor ein Problem, das sich im weitesten Sinn daher als Hindernislauf verstehen lässt, auch wenn Sprünge eingelagert sind. Dieses Problem bildet den Ausgangspunkt des Unterrichts. Daher gelten folgende Empfehlungen: Sammel mit deinen Schülerinnen unterschiedliche Lösungen, die Hindernisse zu durchlaufen. Prüft und ordnet gemeinsam die Lösungen: schnelle, langsame, anstrengende, bequeme, sichere, riskante Lösungen. Übt einige der Lösungen und übertragt sie auf einen anderen Parcours. Wechsel also vom kognitiv-humanistischen Modell (Lektionsmodell) zum pragmatischen Modell (Arbeitsmodell): Die Schüler/innen begegnen einer Schwierigkeit, lokalisieren sie, suchen Ansätze zu ihrer Lösung, überprüfen die gefundenen Lösungen und übertragen sie auf andere Fälle. Nach Durchlaufen dieses Modells wäre auch der Rückgang auf das Thema Dreisprung denkbar. Auf welches Problem ist die Form des modernen Dreisprungs der Leichtathletik eine Antwort? Gibt es andere Lösungen für dieses Problem? Welcher Person ist die leistungssportlich bewährte Lösung angemessen? Welche ist die euch angemessene Lösung?

4.3.4 Bildungs- und unterrichtstheoretische Abstraktion

Auf der letzten Stufe der Interpretation geht es im Anschluss an Marotzki und Stoetzer darum, den bildungstheoretischen Gehalt und den Epochencharakter des Dokuments herauszuarbeiten. Dies geht im Kontext der dokumentarischen Methode nur über Fallkontrastierungen im Prozess der sinn- und soziogenetischen Typenbildung, den wir hier nicht detailliert darstellen können (vgl. Nohl, 2006). Hervorheben möchten wir nur, dass die Typenbildung in der dokumentarischen Methode mehrdimensional angelegt ist und beispielsweise unter der Dimension ‚Generation' die unterrichtlichen Orientierungsrahmen einer Lehrer- und einer Schülergeneration herausarbeitet, die den gemeinsamen Sportunterricht als generationell unterschiedlichen konjunktiven Erfahrungsraum konstituieren. Unter der Dimension ‚Geschlecht' oder ‚Institution' kämen andere Aspekte konjunktiver Erfahrungsräume zur Geltung. Wir deuten an dieser Stelle nur Überlegungen zur Dimension ‚Generation' in Form einer Arbeitshypothese an.

Das Dokument ‚Dreisprung' steht u. E. für das Unterrichtsverständnis einer Lehrer/innengeneration der 1970er und 1980er Jahre, das gelungene Bewegung als Produkt kognitiver Anstrengungen sowie informationstheoretisch aufbereiteter Instruktionen begreift. Dieses Unterrichtsverständnis organisiert Denkaufgaben in Lernstraßen, in denen ‚Bewegung als Form' erzeugt werden soll (vgl. ausführlich Wolters, 2006, S. 17ff.). Von den Schülern und Schülerinnen werden solche Straßen aber nicht per se als sinnstiftende Wege zur Bewegung wahrgenommen. Denn nicht die von den Lehrenden als zielführend gesetzten Kognitionen leiten das Bewegen der Schüler/innen im Unterricht, sondern das Bewegen in den materiellen Arrangements des Unterrichts leitet im konjunktiven Erfahrungsraum der Schüler/innen ihre Kognitionen.

Vielleicht liegt in diesem Orientierungsdilemma zwischen den Generationen ein Grund (unter weiteren) für die immer wieder bis in die Gegenwart reichenden Schwierigkeiten einer jüngeren Generation von Schüler/innen mit einer spezifischen älteren Generation von Sportlehrenden, gemeinsam gelingenden Sportunterricht hervorzubringen.

5 Fazit

Wir konnten das Vorgehen der dokumentarischen Methode in der Darstellung der Grundgedanken und Arbeitsschritte nur andeuten. Die Resultate verweisen auf einen Stil, nicht auf eine Technik. In der sportdidaktischen Unterrichtsforschung lassen sich zwar in vergleichbaren interpretativen Ansätzen der ‚Hamburger Schule' Bezüge zur dokumentarischen Methode herstellen. Als Auswertungsverfahren ist sie aber systematisch noch kaum erprobt und bedarf weiterer Ausarbeitung in empirischen Forschungsprojekten rekonstruktiver Unterrichtsforschung. In Hinblick auf die steigende Bedeutung von Evaluationsforschung ist jedoch auch zu überlegen, pragmatische Abkürzungen des sehr komplexen Verfahrens zu entwickeln.

Literatur

Bohnsack, R. (1999). *Rekonstruktive Sozialforschung. Einführung in Methodologie und Praxis qualitativer Forschung* (3 Auflg.). Opladen: Leske + Budrich.
Bohnsack, R. (2006). Die dokumentarische Methode der Bildinterpretation in der Forschungspraxis. In W. Marotzki & H. Niesyto (Hrsg.), *Bildinterpretation und Bildverstehen. Methodische Ansätze aus sozialwissenschaftlicher, kunst- und medienpädagogischer Perspektive* (S. 45-75). Wiesbaden: VS Verlag für Sozialwissenschaften.
Bohnsack, R. (2007). Performativität, Performanz und dokumentarische Methode. In Ch. Wulf & J. Zirfas (Hrsg.), *Pädagogik des Performativen. Theorien, Methoden, Perspektiven* (S. 200-212). Weinheim und Basel: Beltz.
Bohnsack, R., Nentwig-Gesemann, I. & Nohl, A.-M. (Hrsg.) (2001). *Die dokumentarische Methode und ihre Forschungspraxis. Grundlagen qualitativer Sozialforschung*. Opladen: Leske + Budrich.
Combe, A., & Kolbe, F.-U. (2004). Lehrerprofessionalität: Wissen, Können, Handeln. In W. Helsper & J. Böhme (Hrsg.), *Handbuch der Schulforschung* (S. 833-851). Wiesbaden: VS Verlag für Sozialwissenschaften.
Flick, U. (2000). Design und Prozess qualitativer Forschung. In U. Flick, E. v. Kardoff & I. Steinke (Hrsg.), *Qualitative Forschung. Ein Handbuch* (S. 252-265). Hamburg: Rowohlt.
Friebertshäuser, B., & Prengel, A. (Hrsg.). (1997). *Handbuch Qualitative Forschungsmethoden in der Erziehungswissenschaft*. Weinheim und München: Juventa.
Geertz, Cl. (1983). *Dichte Beschreibung*. Frankfurt a. M.: Suhrkamp.
Hirschauer, S., & Amann, K. (Hrsg.) (1997). *Das Befremden der eigenen Kultur. Zur ethnographischen Herausforderung soziologischer Empirie*. Frankfurt a. M.: Suhrkamp.
Imdahl, M. (1994). Ikonik. Bilder und ihre Anschauung. In G. Boehm (Hrsg.), *Was ist ein Bild?* (S. 300-324). München: Fink.
Krummheuer, G. & Naujock, N. (1999). *Grundlagen und Beispiele Interpretativer Unterrichtsforschung*. Opladen: Leske + Budrich.
Lüsebrink, I. (2006). *Pädagogische Professionalität und stellvertretende Problembearbeitung. Ausgelegt durch Beispiele aus Schulsport und Sportstudium*. Köln: Strauß.
Mannheim, K. (1980). *Strukturen des Denkens*. Frankfurt a. M.: Suhrkamp.
Marotzki, W. & Stoetzer, K. (2006). Die Geschichten hinter den Bildern. Annäherungen an eine Methode und Methodologie der Bildinterpretation in biographie- und bildungstheoretischer Absicht. In W. Marotzki & H. Niesyto (Hrsg.), *Bildinterpretation und Bildverstehen. Methodische Ansätze aus sozialwissenschaftlicher, kunst- und medienpädagogischer Perspektive* (S. 15-44). Wiesbaden: VS Verlag für Sozialwissenschaften.

Messmer, R. (2004). Didaktisches Wissen und narratives Denken. In M. Schierz & P. Frei (Hrsg.), *Sportpädagogisches Wissen. Spezifik - Transfer – Transformation* (S. 164-171). Hamburg: Czwalina.

Messmer, R. (o. J.). *Didaktik in Stücken. Werkstattbericht zur Fallarbeit in der Lehrer/innenbildung.* Magglingen: Eidg. Fachhochschule für Sport.

Neuweg, G. H. (1999). *Könnerschaft und implizites Wissen. Zur lehr-lerntheoretischen Bedeutung der Erkenntnis- und Wissenstheorie Michael Polanyis.* Münster: Waxmann.

Nohl, A.-M. (2006). *Interview und dokumentarische Methode. Anleitungen für die Forschungspraxis.* Wiesbaden: VS Verlag für Sozialwissenschaften.

Panofsky, E. (1980). Studien zur Ikonologie. In E. Panofsky (Hrsg.), *Studien zur Ikonologie. Humanistische Themen in der Kunst der Renaissance* (S. 29-326). Köln: Dumont.

Przyborski, A. (2004). *Gesprächsanalyse und dokumentarische Methode. Qualitative Auswertung von Gesprächen, Gruppendiskussionen und anderen Diskursen.* Wiesbaden: VS Verlag für Sozialwissenschaften.

Scherler, Kh. (1986). *Elementare Didaktik. Vorgestellt an Beispielen aus dem Sportunterricht.* Weinheim und Basel: Beltz.

Scherler, Kh., & Schierz, M. (1987). Interpretative Unterrichtsforschung in der Sportpädagogik. In W. Brehm & D. Kurz (Red.), *Forschungskonzepte in der Sportpädagogik* (S. 74-102). Clausthal-Zellerfeld: dvs.

Scherler, Kh. & Schierz, M. (1995). *Sport unterrichten* (2. Aufl.). Schorndorf: Hofmann.

Schierz, M. (1997). *Narrative Didaktik. Von den großen Entwürfen zu den kleinen Geschichten im Sportunterricht. Studien zur Schulpädagogik und Didaktik.* Band 14. Weinheim und Basel: Beltz.

Schierz, M. (1999). Narrative Didaktik. Ein Beispiel und drei Zweifel. In H. G. Holtappels & M. Horstkemper (Hrsg.), *Neue Wege in der Didaktik? Analysen und Konzepte zur Entwicklung des Lehrens und Lernens. Die Deutsche Schule 5.* Beiheft (S. 186-190). Weinheim: Juventa.

Schön, D. (1983). *The reflective practitioner. How professionals think in action.* USA: Basic Books.

Terhart, E. (1978). *Interpretative Unterrichtsforschung. Kritische Rekonstruktion und Analyse konkurrierender Forschungsprogramme der Unterrichtswissenschaft.* Stuttgart: Klett.

Terhart, E. (1994). Unterricht. In D. Lenzen (Hrsg.), *Erziehungswissenschaft. Ein Grundkurs* (S. 133-158). Hamburg: Rowohlt.

Ungerer, D. (1979). Sportdidaktik auf kybernetischer Grundlage. In S. Größing (Hrsg.), *Spektrum der Sportdidaktik* (S. 57-84). Bad Homburg: Limpert.

Wagner-Willi, M. (2005). *Kinder-Rituale zwischen Vorder- und Hinterbühne. Der Übergang von der Pause in den Unterricht.* Wiesbaden: VS Verlag für Sozialwissenschaften.

Wiezorek, Ch. (2005). *Schule, Biographie und Anerkennung. Eine fallbezogene Diskussion der Schule als Sozialisationsinstanz.* Wiesbaden: VS Verlag für Sozialwissenschaften.

Wolters, P. (2007). *Bewegung unterrichten. Fallstudien zur Bewegungsvermittlung in der Institution Schule.* Hamburg: Czwalina.

PETER FREI & VERA REINARTZ

Auswertung qualitativer Daten entlang der Grounded Theory

1	Die Grounded Theory in der Sportpädagogik: Hintergründe und Anwendungen
2	Zentrale Prämissen der GT – Kodierverfahren
3	Aufbereiten und Kodieren verbaler Daten
3.1	Beispiel 1: Code-Konzept-Kategorie – Schülerdaten zum Sportunterricht
3.2	Vom Invivo-Code zur zentralen Kategorie
4	Wie funktioniert der Abschluss? – Von der Forschungslogik zur Darstellungslogik

1 Die Grounded Theory in der Sportpädagogik: Hintergründe und Anwendungen

Die Überschrift suggeriert vermutlich selbstbewusst einen Status Quo sportpädagogischer Forschung, der zumindest eines bescheideneren Zusatzes bedarf: Denn von einer Art Grounded Theory-Tradition innerhalb der Sportpädagogik kann (noch) nicht die Rede sein (vgl. Frei, 2005, S. 54). Zwar gibt es, angefangen mit Schwier (1995; vgl. auch 1998; 1999) auch in unserer Disziplin Arbeiten, in denen sich die Autorinnen und Autoren auf diese Methodologie berufen (vgl. Frei, 1999; Frei, Lüsebrink, Rottländer & Thiele, 2000; Glorius, 1998; Miethling & Krieger, 2004), ob sie allerdings als längerfristige und nachhaltige Orientierung sportpädagogischer Forschung kandidiert, ist längst nicht entschieden. In der Soziologie ist die Popularität der durch die US-Amerikaner Glaser und Strauss 1967 begründeten Grounded Theory (GT) freilich ungleich höher. Es sind schließlich die Begründer selbst, die seitdem und über unterschiedlich intensive Phasen hinweg eine nunmehr 40-jährige Entwicklung geprägt haben. Für die Verbreitung der GT sind zwei zentrale Gründe anzuführen.

(1) Zum einen steht mit diesem Konzept ein methodologischer Rahmen zur Verfügung, der verstanden werden kann als „eine konzeptuell verdichtete, methodologisch begründete und in sich konsistente Sammlung von Vorschlägen, die sich für die Erzeugung gehaltvoller Theorien über sozialwissenschaftliche Gegenstandsbereiche als nützlich erwiesen haben" (Strübing, 2004, S. 7). Es handelt sich also nicht um ein hermetisches Verfahren, sondern um ein Set an Verfahrensweisen, das an verschiedene Forschungsbereiche und leitende Fragestellungen angepasst und in ihnen angewandt werden kann.

(2) Zum anderen liegen zur GT Veröffentlichungen in Form von Lehrbüchern vor, die auf den ersten Blick den Eindruck vermitteln könnten, man brauche sich die vorgestellten Verfahrensweisen ‚nur' durch die Lektüre zu erarbeiten und gelange so zum (vermeintlich) sicheren Ziel. Dass dieser Eindruck jedoch trügerisch ist und dies meist erst im Alltag des fortgeschrittenen Forschungsprozesses ans Tageslicht kommt, birgt gerade für Forschungsnovizen eine große Gefahr. Für die Umsetzung der GT bedarf es also einer Anpassung der Methode an die forschungspraktischen

Gegebenheiten, bei der aber gleichzeitig den Grundprinzipien der GT Rechnung getragen werden muss.

Das vielleicht wichtigste *Grundprinzip* besteht darin, einem theoriegenerierenden Erkenntnisinteresse zu folgen, das sich in Daten gründet. Dieses generierende Interesse ist an die basalen Forderungen qualitativen Forschens gekoppelt, an Offenheit und Kommunikation. Um soziale Realitäten zu verstehen, ist es geboten, in einem möglichst offenen Herangehen, Daten über diese Realitäten zu gewinnen, aus denen sich sukzessive theoretische Aussagen über selbige entwickeln lassen. Diesem Verständnis folgend, haben Glaser und Strauss in den 60er/70er Jahren tragende Erkenntnisse über den Umgang mit Tod und über das Verhältnis von Pflegepersonal und Patienten in amerikanischen Krankenhäusern gewonnen (vgl. Glaser & Strauss, 1965, 1967). Seit diesen Analysen wird die Frage diskutiert, wie ein Prozess zu fassen ist, der eine Theorie aus Daten hervorbringt. Denn die Prämisse eines ‚möglichst offenen Herangehens' klingt einleuchtender und einfacher als sie es ist. Über soziale Handlungsfelder, mit denen man sich als Forscher beschäftigt, existieren immer schon und irgendwie geartete theoretische (Vor-) Verständnisse. Glaser und Strauss selbst sind bei der Frage, welche Rolle Theorie im Prozess von Datengewinnung und Datenauswertung haben darf in Disput geraten. Während Glaser z.B. nach wie vor die ursprünglich gemeinsam mit Strauss entwickelte Position vertritt, dass Theorie aus den Daten zu entstehen habe (Theorie ermergiert aus Daten) und daher gerade zu Beginn eines Forschungsprozesses eher zu einer Theorieabstinenz aufruft, wandelte sich die Auffassung Strauss' dahingehend, dass bereits in einer frühen Phase der Datenauswertung, die Daten in theoretischen Begriffen zu denken seien. Beide favorisieren also ein unterschiedliches Verhältnis von Theorie und Empirie und beide legen das Prinzip der Offenheit dementsprechend unterschiedlich aus. Im Laufe dieser Auseinandersetzungen kam es regelmäßig zu neuen Argumenten und Reformulierungen, so dass dieser Disput in methodologischer Hinsicht sicherlich nach wie vor gewinnbringend ist, sich für Forschungsnovizen die Tragweite jedoch im Umgang mit den Daten zeigen wird. Aus eigener Erfahrung sei der Hinweis erlaubt, dass sich vieles von dem, was methodologisch diskutiert wird, in der Datenarbeit auflöst. In ähnlichem Sinne attestiert auch Kelle (1996) - ein großer Kenner der GT - diesen methodologischen Diskursen den Status von Scheingefechten.

„Tatsächlich aber haben Glaser und Strauss gerade in jener Studie über die Interaktion mit Sterbenden, die ihrer Aussage zufolge eine wesentliche Grundlage für das Discovery-Buch darstellt [‚The discovery of grounded theory', P.F. & V.R.], selbst *zuerst* theoretische Konzepte entwickelt und erst *anschließend* hierzu empirische Daten gesammelt" […]

Der Vorherrschaft des hypothetiko-deduktiven Modells in der quantitativen Surveymethodologie wird eine induktivistische Rhetorik des ‚zurück zu den Daten' entgegengesetzt. Methodologisch ist diese Rhetorik jedoch fatal, weil ein solches Modell forschungspraktisch gar nicht umsetzbar ist – jeder Versuch, theoretische Konzepte allein aus den Daten emergieren zu lassen, wird letztendlich nur dazu führen, daß der Untersucher im Datenmaterial geradezu ertrinkt (Kelle, 1996, S. 32, Herv. i. O.).

2 Zentrale Prämissen der GT - Kodierverfahren

Die folgenden Ausführungen zu zentralen Prämissen der GT werden unmittelbar an der Forschungspraxis gebrochen. Dabei liefern die Kodierverfahren von Glaser und Strauss und in Folge von Strauss und Corbin (vgl. 1996) die Orientierung. Im Fokus stehen die Prinzipien des *ständigen Vergleichs* von Daten und ihrer sukzessiven *Sättigung* und die Hinzuziehung theoretischer Überlegungen.

Ausgangspunkt sind also vorliegende Daten, hier nun Interviewdaten. Das Prinzip des ständigen Vergleichs bezieht sich auf die den Daten entnommenen Systematisierungen und Interpretationen. Die Daten und die Auswertungsprodukte werden in Beziehung gesetzt, sie werden zum Gegenstand von Rückfragen, so dass sich schließlich verschiedene Perspektiven im Auswertungsprozess ergeben; das Arbeiten in Teams ist diesbezüglich ein großer Gewinn. Eine Voraussetzung für diese Art des ständigen Vergleichs ist ein Sampling, das solche Vergleiche ermöglicht und das gleichzeitig offen genug ist, von entstehenden Systematisierungen geleitet zu werden. Erreicht wird dies z.B. durch Interviewpartner, die sich bereits durch ihre Biographie, ihr Alter, Geschlecht, Bildungsstand etc. unterscheiden und eine Perspektivenvielfalt erwarten lassen und die andererseits hinsichtlich einer leitenden Fragestellung allesamt als relevant erscheinen. Durch erste Interviews und ihre Auswertungen ergeben sich u. U. Hinweise auf weitere Interviewpartner, die für die zu erforschende Sache von Bedeutung sein könnten.

Strauss und Corbin (1996) schlagen einen dreistufigen Kodierprozess vor, der aus dem offenen, dem axialen und dem selektiven Kodieren besteht, wobei sie mit den jeweiligen Kodierschritten eine jeweils spezielle Samplingstrategie verbinden. Im Rahmen des *offenen Kodierens* geht es zunächst um das ‚Aufbrechen' des Datenmaterials. Das Sampling, das im Rahmen des offenen Kodierens stattfindet, entspricht im Grunde ersten Feldzugängen. Zielsetzung ist hierbei, Codes zu finden, die einen Begriff für im Interviewtext vorkommende Handlungen, Beschreibungen, Sichtweisen (Phänomene) liefern. Diese Codes werden auf ihre Eigenschaften und Dimensionen hin untersucht, so dass sich allmählich eine Art Konzept für ein Phänomen ergibt. Bereits derartige Konzepte sind sensibel für Theorie. Ein Sampling sollte deshalb gegenüber den Personen, Plätzen, Situationen etc. offen sein, die die größte Wahrscheinlichkeit bieten, die relevantesten Daten über ein Phänomen zu gewinnen. Am Ende dieses offenen Kodierens werden die anfänglichen Codes zu Kategorien expandiert. Mehrere Codes werden so zusammengefasst und theoretisch verdichtet. Diese Systematisierungsleistung geht mit einer quantitativen Reduktion gefundener Begriffe einher – d.h., es gibt weniger Kategorien als Codes. In einem zweiten Analyseschritt, dem *axialen Kodieren*, geht es dann darum, die empirischen Beziehungen der Kategorien, die im Rahmen des offenen Kodierens entwickelt worden sind, aufeinander zu beziehen. Gemäß der Zielsetzung, der diesem Kodierschritt eigen ist, geht es bei dem Sampling in diesem Untersuchungsstadium auch um das Sampling von Beziehungen und Variationen. Wichtig ist dabei, so viele Unterschiede wie möglich zu entdecken (vgl. Strauss & Corbin, 1996). Eine der wichtigsten Fragen an diesem Punkt der Forschung ist oftmals, wie die Zirkularität von Datenerhebung und Datenauswertung gewährleistet und organisiert werden kann. In der Forschungspraxis hängt dieses Problem oftmals mit zwei Faktoren zusammen. Zum einen ist es entscheidend, wie die Kontakte zum Untersuchungsfeld aussehen; zum anderen muss man die zur Verfügung stehende Zeit im Auge behalten. Deutlich wird auch, dass in bestimmten Fällen ein begründetes Abweichen vom ‚Idealfall' durchaus möglich sein sollte. Dazu gehört gerade bei schwierigen Feldzugängen unweigerlich die Perspektive, dass auch in einem solchen Fall „die Datenerhebung kein abgeschlossener Vorgang zu Beginn des Forschungsprozesses sein kann, sondern ein sukzessives Prozedere mit deutlichem Schwerpunkt im ersten Stadium der Forschungen, jedoch mit möglichen Ergänzungen und Datennacherhebungen selbst während des Auswertungsprozesses" [ist] (Alheit, 1999, S. 14).

Für die Beschreibung des abschließenden Kodierschrittes, dem *selektiven Kodieren*, setzen Strauss und Corbin ein auffallendes Satzzeichen: „Nach einer Zeit (wahrscheinlich Monate) des Sammelns und Analysierens von Daten stehen Sie jetzt der Aufgabe gegenüber, Ihre Kategorien zu einer Grounded Theory zu integrieren!" (Strauss & Corbin, 1996, S. 94). Das Zeichen steht für die Schwierigkeit, die bisherigen Kategorien und die in ihnen aufgehobenen Codes zu einer Kernkategorie zu expandieren. In dieser Kernkategorie findet sich sozusagen der Plot der Datensätze. Entlang dieser Kernkategorie sollte es möglich sein, in seinem Forschungstext die zentralen theoretischen Aussagen über ein Forschungsfeld, gemäß einer 'Storyline' (vgl. Berg & Milmeister, 2007, S. 190) nachvollziehbar zu verfassen. Die Generierung einer Theorie ist stark an die Entwicklung und Darstellung einer Kernkategorie gebunden.

3 Aufbereiten und Kodieren verbaler Daten

'All is data' (Glaser, 2001, S. 145) – eine Einschätzung Glasers, die im Folgenden insofern eingeengt wird, als dass der Umgang mit *verbalen* Daten im Zuge von Leitfadeninterviews und narrativen Interviews illustriert wird. Die Trennung von Datenerhebung und Datenauswertung ist dabei höchstens analytischer Art. Vielmehr gibt es immer schon nicht hintergehbare Beziehungen zwischen der Erhebung von Interviewdaten, ihrer Aufbereitung und ersten Analysen. Mindestens drei Konstruktionsebenen, die sich jeweils unterschiedlichen Kommunikationsbedingungen verdanken, sind von Beginn an als verschränkte Prozesse zu denken: Zum einen gibt es da die Erzählsituation, in der ein Gegenüber Einblicke in seine Welt gewährt; zum anderen kommt es zu einer Verschriftung des Erzählten und schließlich zu einer unmittelbare Rezeption dieses entstandenen Textes. Es begegnet also die Gadamer'sche Version von Sinn und Bedeutung, die sich in einem zirkelhaften Prozess verfestigt (vgl. 1999). Diese Zusammenhänge stellen den Forschenden vor große Herausforderungen, geht es doch um nicht weniger, als sich dieser Zirkelhaftigkeit bewusst zu sein und im Sinne einer Rückbezüglichkeit, erste Auslegungen von Daten ständig zu befragen. Eine wichtige Voraussetzung für ein so verstandenes Gelingen ist die Erstellung des Interviewtextes als Primärdokument. Nach der Durchführung eines Interviews bietet es sich an, dieses anhand der erstellten Tonbandaufnahmen vollständig zu transkribieren. Diese sehr zeitaufwendige Variante ist einer Teiltranskription mit Verlaufsprotokoll vorzuziehen, da die Arbeit an einem vollständigen Transkript die Aufmerksamkeit von der ursprünglichen Interviewsituation ablenkt und eine Fokussierung auf den Umgang mit dieser Art von Datenmaterial ermöglicht. Darüber hinaus bietet dieses Vorgehen eine Möglichkeit, bestimmte Besonderheiten nicht zu ‚übersehen' bzw. zu ‚überhören'. Zu diesem Zweck eigenen sich möglichst zeitnah verfasste, ausführliche Erinnerungsprotokolle und erste Memos, die dann jedoch erst zu einem späteren Zeitpunkt wieder an das Datenmaterial heran getragen werden. Zunächst ist der Fokus auf den ‚reinen' Interviewtext gerichtet. Dies dient u. a. der Entlastung von Eindrücken, die während des Gesprächs entstanden und möglicherweise verfestigt worden sind. Bereits während dieser Tätigkeit können dann Verlaufsprotokolle (vgl. Alheit & Dausien, 1985) erstellt werden, die die *Segmentierung* des Interviews darstellen, sowie die lebensgeschichtlichen Eckdaten in einem tabellarischen Lebenslauf dokumentiert werden.

Eine eigene Schwierigkeit ist die Forderung nach einer Anonymisierung aller Namen und Ortsangaben durch Pseudonyme. Bisweilen ist nämlich der Grad an Eigenweltlichkeit in einem Feld so hoch, dass Personen und Handlungen schnell rekonstruierbar sind. Eine Anonymisierung dient aber noch einem stärker methodologischen Zweck. Er hat mit einer Ablösung des Textes von der dahinter stehenden Person zu tun. Hier wird das Verständnis verdeutlicht, das mit der Analyse vor allem biographisch-narrativer Texte verbunden ist: nämlich sich mit *(textuellen) Konstruktionen* zu befassen und nicht mit dem ‚wirklichen Leben'. Die Transkription ermöglicht so eher die Verschiebung des Interesses auf den produzierten Text und lässt die eigentliche Gesprächssituation in den Hintergrund treten. Der/die Forscher/in tritt in Distanz zur erlebten Interviewsituation und geht nun Fragestellungen der Untersuchung nach. Es geht also nicht darum, die Sicht der Erzähler/in auf sich selbst zu reproduzieren, sondern die *Konstruktionslogik des Textes* zu rekonstruieren. Interessant ist in diesem Zusammenhang, dass in früheren qualitativen Forschungsarbeiten die so genannte ‚Kommunikative Validierung' als Gütekriterium herangezogen wird. Kommunikative Validierung meint in diesen Arbeiten, die ‚Absegnung' der Interpretationstexte durch die Interviewpartner/innen. Das hier zugrunde gelegte und auch praktizierte Verständnis von Kommunikativer Validierung bezieht sich hingegen auf die ‚Prüfung' der Interpretationstexte in Forschungsgruppen und –werkstätten. Es bezieht sich also darauf, die eigenen Interpretationen anderen Forscher/innen darzulegen und Interviewmaterial gemeinsam zu interpretieren. Dabei ist die argumentative Schlüssigkeit als Qualitätskriterium leitend und maßgeblich. Ein gemeinsames Vorgehen zielt darauf ab, die Strukturiertheit des Textes durch die Relevanzsetzungen der Interviewpartner/innen zu rekonstruieren. Es geht also zunächst darum, die *formale Struktur* des Interviews zu erschließen (vgl. hierzu z. B. Schütze, 1983; Fischer-Rosenthal & Rosenthal, 1997). Die formale Struktur wird mit Hilfe von ‚Kategorien für die Sequenzierung' (vgl. Rosenthal, 1995, S. 220f.[48]) in einem Verlaufsprotokoll festgehalten.

Seite/Zeile	Form/Textsorte	Inhalt	Codes und Ideen

Abb. 1: Matrix für Verlaufsprotokolle.[49]

Dieses dient der inhaltlichen und formal-strukturellen Erschließung des Interviews. Es werden *Sprecherwechsel, Wechsel der Textsorte* (Beschreibung, Erzählung, Argumentation) sowie *Themenwechsel* erfasst und bereits mit ersten Ideen und Codes versehen. Auf dieser Grundlage sind dann *Kernstellen* identifiziert und analysiert worden.

Zu Beginn steht zunächst eine intensive Analyse des Interviewanfangs, die es erlaubt, erste Perspektiven und Fragestellungen für das Interview zu entwickeln. Nach den Prinzipien des minimalen und maximalen Vergleichs werden dann weitere Kernstellen identifiziert und interpretiert. Die Interpretationsarbeit besteht zu einem großen Teil aus der plausiblen Rückbindung von interpretativen Argumentationsketten an das Datenmaterial. Ziel ist also, „die (häufig impliziten) Konstruktionen eines Textes zu *explizieren* und – im Hinblick auf ein bestimmtes Interesse und eine Fragestellung – die ‚Regeln' zu re-konstruieren, die den Konstruktionen des Textes zugrunde liegen, sowie schließlich einen eigenen Text über den empirischen Text zu erzeugen, der nach den Regeln der Wissenschaft plausibel ist und

---

[48] Rosenthal entwickelt hier die Ausführungen von Kallmeyer und Schütze (1977) weiter.
[49] Vgl. hierzu ausführlich Alheit und Dausien (1985).

Zusammenhänge in den empirischen Daten ‚neu ordnet' bzw. ‚neue' Gesichtspunkte hervorhebt" (Dausien, 2002, S. 174). Hier wird erneut das *Prinzip der Kommunikativen Validierung* in dem bereits erwähnten Verständnis relevant, d. h. es geht darum, jene Kernstellen nicht nur für sich selbst plausibel zu ergründen, sondern in *Forschungszusammenhängen* sowohl reine Dateninterpretation gemeinsam durchzuführen, als auch die Interpretationstexte immer wieder zur Diskussion zu stellen, um auf diese Weise eine tragfähige und schlüssige Interpretation herstellen zu können.

Eine solche Interpretation ist freilich aufgehoben in den beschriebenen verschiedenen Varianten des Kodierens von Daten. Die ersten Schritte werden nun zur Darstellung gebracht. Sie sollen die Prämissen des ständigen Vergleich von Daten und eines zirkulären – oder auch: iterativen – Kodierprozesses illustrieren (vgl. Glaser & Strauss, 1998, S. 29ff). In der Kodierlogik von Strauss und Corbin stellen die Beispiele gewissermaßen eine Phase der Datenauswertung zwischen offenem und axialem Kodieren dar.

3.1 Beispiel 1: Code-Konzept-Kategorie - Schülerdaten zum Sportunterricht

Zu Beginn steht eine Begriffsunterscheidung. In der GTM und ihren Auslegungen durch andere Forschende ist von Kodieren, Codes, Konzepten und Kategorien die Rede. Eine Unterscheidung ist auch in den Originalarbeiten keine Selbstverständlichkeit, so dass gerade in ersten Projekten nach Maßgabe der GTM Abgrenzungsschwierigkeiten dokumentiert werden. Wir schlagen hier nun folgende Lesart vor:

- *Kodieren:* Darunter ist ein Prozess zu fassen, in dessen Verlauf Schlüsselwörter oder auch Wendungen zu einzelnen Textstellen des Transkripts zugeordnet werden (vgl. Berg & Milmeister, 2007, S. 187). Das Resultat sind Codes (und Kategorien).
- *Codes*: Ein Code ist eine Bezeichnung, die unmittelbar auf eine Handlung oder Beschreibung an einer bestimmten Stelle des Transkripts Bezug nimmt. Häufig ist ein Code eine Art Assoziation, die begrifflich als Paraphrase gefasst ist und die am Transkriptrand notiert wird.[50] Ein Transkript besteht aus zahlreichen Codes.

---

[50] Dies ist im Zuge einer Papier und Bleistift-Methode genauso möglich, wie im Falle computerunterstützter Auswertung (ATLASti).

- *Konzepte*: In der weiteren Beschäftigung mit diesen Codes werden u.a. Fragen nach Zusammenhängen und Spielarten gestellt. Auf diesem Wege entsteht eine Idee davon, ob und wie einzelne Codes zusammen gehören und in welchem Verhältnis sie zueinander stehen. Dieser Prozess kann Konzeptualisierung genannt werden. Strauss und Corbin sprechen an dieser Stelle von Eigenschaften und Dimensionen von Codes, die zunehmend unterschieden werden und die einen oder mehrere Codes zu einer Kategorie werden lassen (vgl. 1996, S. 150).
- *Kategorie*: Eine Kategorie liegt auf einer höheren Abstraktions- und Systematisierungsebene. Der Interpret verlässt zunehmend die Ebene des Primärtextes (Transkiption), um für Merkmale, Besonderheiten und theoretische Anknüpfungspunkte seiner entstehenden Kategorie sensibel zu werden. Er kehrt aber im Verlauf dieser Entwicklung immer wieder zum Transkript zurück. In der weiteren Analysearbeit wird mit diesen Kategorien weitergearbeitet, die Ebene der Codes wird verlassen. Denn diese sind in den Kategorien entsprechend aufgehoben, was durch eine ständige Rückversicherung gewährleistet wird. In letzter Konsequenz ergibt sich auf diesem Wege eine Kernkategorie, auf die wiederum die bisherigen Kategorien verweisen und zu der sie in Beziehung stehen. Über die Kernkategorie entwickelt sich der Plot des Forschungstextes. Sie liefert eine tragende Figur oder ein Argumentationsmuster für den Text. Die Kernkategorie wird dabei ständig auf die Kategorien rückbezogen.

Die Fallibilität einer derartigen begrifflichen Unterscheidung von Codes und Kategorien verdeutlicht sich am Phänomen, dass nicht selten die erste Assoziation im Zuge des Auffindens von Codes als spätere Kategorie aufrechterhalten werden kann. Eine Besonderheit ist in diesem Zusammenhang ein sogenannter ‚In-vivo-Code' (siehe Kap. 3.2). Auch eine Kernkategorie emergiert nicht selbstverständlich aus den Daten. Nicht selten sind es mehrere Kategorien gleichen Abstraktionsgrades, die die Storyline markieren und als Pendant zu *der* treffenden Kernkategorie gelten können.

Die folgende Illustration soll ein Beispiel für den Prozess des Konzeptualisierens liefern. Es handelt sich um Daten aus Gruppendiskussionen mit Schülern. Das übergeordnete Themenfeld sind Sichtweisen der Schüler über Sportlehrer. Der erste Kodierprozess, der zu ersten Konzepten führt, ist nicht dargestellt. Vielmehr wird mit den nachfolgenden Sequenzen eine entstehende Kategorie aufgezeigt.[51]

S1: Na ja, wenn die Frau W. das nicht erfährt, sag ich mal, dass sie uns in vielen Sachen falsche Techniken beibringt und dass sie nicht mehr auf dem höchsten Stand der Technik ist [...].

S1: Ja, sie ist nicht resolut genug. Blödsinn lässt sie einfach durchgehen, schreit manchmal, aber es merkt sich keiner mehr, was sie sagt usw. Sie hat nicht die Klasse im Griff.

S2: Ja, also ich finde auch, dass sie da irgendwie die Sachen, die sie uns beibringt, dass die nicht sehr sinnvoll sind, dass man sinnvollere Sachen machen kann und ich denk, dass Frau W. auch zu sehr an ihren Plänen hängt, an ihren Aufzeichnungen und so. Da wird viel zu viel auf theoretisch gemacht und ich find, das ist nicht sehr sinnvoll.

I.: Du hättest lieber Praxis? Mehr spielen, mehr ... Was heißt denn theoretisch? Was macht ihr denn theoretisch?

S1: Ja, also, dass sie uns beibringt, z.B. bestimmte Übungen, die zeigt sie uns dann, die sind vollkommen taktisch nicht sinnvoll, weil z.B. hab ich bei Badminton gemerkt, weil ich von Badminton auch Ahnung hab, die sind taktisch vollkommen blödsinnig, die würd kein normaler Mensch so machen. Nur um einfach halt bestimmte Sachen gemacht zu haben, hab ich das Gefühl.

I: Ihr hattet die Frau W. schon im Politikunterricht. Wie lässt sich denn das vergleichen?

S1: Naja, was sie uns im Politikunterricht damals beigebracht hat, gleiche Rechte für alle, andere in anderem tolerieren usw., ja im Sportunterricht geht das nicht mehr ein. Macht jeder, was er will [...] Ja, ich denk halt, im Politikunterricht ist sie ein ganz guter Lehrer, kann man eigentlich ganz gut machen, aber im Sportunterricht hat sie, wie gesagt, da ist sie manchmal wirklich in Ordnung, aber wie sie den Unterricht gestaltet, ist eigentlich sehr unsinnvoll, find ich.

I: Woran liegt das denn, was glaubt ihr?

---

[51] Die Daten stammen aus einer Studie zum kommunikativen Handeln im Sportunterricht (vgl. Frei, 1999, S. 173f.). Die Partiturschreibweise ist hier aus Darstellungsgründen jetzt aufgehoben. S1 bzw. S2 steht für Schüler 1 bzw. 2; I steht für Interviewer.

S2: Ja, dass die einfach nicht die Ahnung hat von bestimmten Sachen, dass sie das alles nur theoretisch weiß, theoretisch beherrscht und dann nicht genau weiß, was gut und was schlechter zu machen ist (2 S-LiW, 59-118).

Nun gibt es zahlreiche Codes, die extrahiert werden können (z.B. Autorität, Sinnhaftigkeit, curriculare Orientierungen, Theorie-Praxis-Verhältnis etc.). Die Wahl fällt hier jetzt auf die Codes von *Technik* und *Taktik*.
Beides wird von den Schülern mit Blick auf die Lehrerin als fehlerbehaftetes oder ‚unsinnvolles' Handeln beschrieben. Mal ist sie nicht auf dem ‚höchsten Stand der Technik' oder vermittelt eben falsche Techniken, mal sind Übungen taktisch wenig sinnvoll, weswegen „die kein normaler Mensch so machen [würd]".
Diese auf das Wissen der Lehrerin referierenden Äußerungen der Schüler werden nun in Bezug zu dem Stil des Unterrichtens gesetzt, so dass die Schüler selbst eine weitere problematische Dimension der Handlungskoordinierung verdeutlichen. Die Lehrerin bedient sich bei der Vermittlung technisch-taktischer Inhalte eigener Aufzeichnungen, an denen sie aus Sicht der Schüler zu sehr festhält und weniger beachtet, ‚was gut und was schlechter zu machen ist'. Es offenbart sich hier ein ganz eigenes Theorie-Praxis-Problem, das zum einen in fehlerhaftem Wissen der Lehrerin – gekoppelt mit der Handlungsstrategie eigener Aufzeichnungen oder Pläne – und zum anderen in dem Maßstab der Schüler von einem sportlichen Tun besteht, ‚was ... gut zu machen ist' oder was ‚normale Menschen' (hier: im Badminton) machen. So entsteht das Schülerbild von einer Lehrerin, die zu wenig weiß, die zu theoretisch ist und damit den Eindruck erweckt, als mache sie die Dinge nur, um sie letztlich gemacht zu haben. Als eine Konsequenz wird von den Schülern die eigene fehlende Aufmerksamkeit genannt „…es merkt sich keiner mehr, was sie sagt usw.", und mit Blick auf die Lehrerin kommen sie zu dem Schluss, dass sie die Klasse nicht im Griff hat.
Interessant ist der Vergleich zum anderen Fachunterricht der Lehrerin. Dort scheint die fachliche Kompetenz nicht in Frage gestellt zu werden: „im Politikunterricht ist sie ein ganz guter Lehrer, kann man eigentlich ganz gut machen". Überhaupt ist sie ja eigentlich in Ordnung, manchmal auch im Sportunterricht, doch die Handlungskoordinierungen bleiben problematisch. Die Schüler verweisen mit ihren Äußerungen auf ein manifestes *Transparenzproblem*, dessen Ursachen auf dem Gebiet des *Wissens* und des *Stils* der Lehrerin zu finden sind. Mit anderen Worten: Die Lehre-

rin ist *mit* ihren Handlungen und *in* ihren Handlungen nicht in der Lage, die Schüler nachvollziehen zu lassen, warum sie gerade so handelt wie sie handelt. Transparenz ist nach diesem kurzen Durchlauf eine entstehende Kategorie, auf die die beiden Codes Technik und Taktik in bestimmter Art verweisen. Mit Wissen und dem Stil der Lehrerin sind gleichfalls etwaige Kategorien benannt, die mit Transparenz korrespondieren. Sie sind hier jetzt nicht weiter illustriert. Die entstehende Kategorie wird im weiteren Verlauf der Konzeptualisierung zunehmend gesättigt. Eine weitere Sequenz aus einem anderen Interview soll davon einen Eindruck vermitteln.

S2: Also, ich meine, diese Plakate eigentlich oder diese Erklärungen, die macht er nur, wenn wir ein Thema schon vorher behandelt haben und das noch spezialisieren will, ansonsten gar nicht.

S1: Irgendwann so mittendrin, so vielleicht nach der/dann kommen die Plakate. Er fängt irgendwie an mit em neuen Thema ... das ist irgendwie komisch, er sagt zum Beispiel „ja, jetzt fangen wir an mit Badminton, schnappt euch en Schläger und kickt mal den Ball eben en bisschen durch die Gegend". Also groß erzählt hat er bisher noch nicht dazu, von wegen Technik oder Laufmittel, wie man laufen sollte.

S2: Nur weil das angeblich halt in seinem komischen Curriculum da drin steht.

S1: Ja, dass wir halt Badminton machen müssen.

I: Also Lust habt ihr da nicht zu?

S1: Ja, ich hatte eigentlich so von Anfang an, ich spiele so auch Badminton, im Verein eben, ja, hatte ich Lust auf Badminton, ja, allerdings nachdem ich die erste Stunde hier erlebt hatte, dachte ich mir auch schon „ach Gott, was wird das denn".

I: Weil's nicht so perfekt abläuft wie im Verein oder wie?

S1: Ähm, ne, ich habe keine Perfektion erwartet, ich habe erwartet, dass Herr B. zumindest die richtigen Regeln uns mitteilt [lacht].

Die Transparenzproblematik wird ein weiteres Mal virulent, nun im Kontext von Bewegungs- und Regeleinführungen. So sieht sich der Schüler in seiner Erwartungshaltung enttäuscht, dass doch zumindest die Regeln im Badminton richtig vermittelt werden müssten - von Perfektion sieht er einmal ganz ab. Auch darin deutet sich eine Beziehung zum Thema des Wissens an, das oben bereits als etwaige Kategorie angedeutet ist.

Doch von den Schülern wird diese Verknüpfung von Transparenz und Wissen in einen noch grundsätzlicheren Kontext gestellt. Sie stellen dem Lehrer in seinem Handeln Authentiziät in Abrede. Danach macht der Lehrer die Dinge so, wie er sie macht, weil es in „seinem komischen Curriculum da drin steht". Somit haftet dem eigentlich positiv zu bewertenden Versuch, theoretische Aspekte zu veranschaulichen, der Makel des Ritualisierten an. Ja, die Transparenzlosigkeit dieses Tuns wird geradezu zu einem Indiz dafür, dass der Lehrer mit diesem Tun keinen Anspruch auf Authentizität erhebt. Es ist ihm eigentlich nicht wichtig, er fängt halt ‚irgendwie' an, so die Schülersicht.

Im Sinne des Kontrasts eine letzte Sequenz, wiederum aus einem anderen Interview.

S2: Er versucht immer einigermaßen sich verständlich zu machen, bis man es verstanden hat und hakt nicht den Einzelnen immer so ab oder abgestempelt (...) oder so.

I: Und was ist, wenn er euch als die ganze Klasse anspricht, beispielsweise eben hat er was erklärt zum Aufschlag im Volleyball, ist das für euch verständlich, kommt das gut rüber oder?

S1: Ja, ich mein, meistens macht er das immer vor, was so manche Lehrer halt nicht machen und das find ich auch gut.

S2: Ja, ich würd sagen, er macht auch vieles vor. Er macht nicht viel theoretisch. Es gibt Lehrer, die sitzen da so stundenlang vor so ner Tafel und (...) da groß rum, er macht direkt den Versuch, einem das klar zu machen, die Spielordnung oder so, und dann lässt er das ausprobieren dabei direkt. Das find ich gut. Er (...) nicht lange rum, sondern lässt direkt probieren (2 S-LR, Z. 35-83).

Auch hier wird die Fähigkeit oder die Bereitschaft des Lehrers zum *Vormachen* (Code) im Kontext von Transparenz thematisiert – eine Facette des Handelns, die ganz eng mit dem Aspekt der Verständlichkeit (Code) zu tun hat (und vielleicht mit diesem zusammenfällt?). Genauer: Da wird nicht lange theoretisch agiert, da versucht der Lehrer, die Dinge „[direkt] klar zu machen", so wie er sie gleichfalls „direkt probieren [lässt]". Die in dem vorherigen Beispiel bemängelte Lücke von theoretischer Einführung oder Erklärung und letztendlicher Umsetzung wird hier als geschlossen wahrgenommen.

Als sprechakttheoretischer Wink sei darauf hingewiesen, dass ‚direkt' – von der Wortklasse her ein temporales Adjektiv (ähnlich in der Verwendung wie ‚unmittelbar' oder ‚sofort') – seine sprachpragmatische Funktion mit der Referenz auf eben diesen Aspekt der Transparenz des Lehrerhandelns offenbart. Durch den hohen Grad an Direktheit wird dieses Handeln aus Schülersicht besonders transparent, verständlich oder einleuchtend, und deswegen wird es unter Berücksichtigung der Erfahrung, dass Lehrerhandeln potentiell auch ganz anders sein kann – nämlich indirekt oder eher theoretisch („die sitzen da so stundenlang vor so ner Tafel (...) da groß rum"), als erwähnenswert eingestuft und gleichzeitig positiv konnotiert. Damit kann die ursprünglich temporal-adjektivische Einordnung von ‚direkt' in diesem sich hier sequentiell verfestigenden Kontext hinsichtlich des Lehrerhandelns zu einem modalen Merkmal expandiert werden: ‚Direkt' erhält im Zusammenspiel von Referenz und Prädikation – also im propositionalen Akt Searle'scher Prägung – eine elementare Bedeutung. Es bezieht sich unmittelbar auf das Lehrerhandeln, zeigt dabei aus Schülersicht eine grundsätzliche, hoch anzuerkennende Qualität dieses Handelns an und ist letztlich referenzidentisch mit dem erwähnten Aspekt der Transparenz. Es besitzt im Grunde das gleiche Denotat und scheint zu einem bedeutungsvollen Maßstab für Authentizität zu werden.

Mit diesen letzten Anmerkungen sprechakttheoretischer Art ist gleichfalls skizziert, wie entstehende Kategorien im Zuge des Konzeptualisierens zunehmend in theoretischen Bezügen gedacht werden ohne forcing Vorschub zu leisten (vgl. Kelle, 1996). Auf Transparenz verweisen verschiedene Codes, die im Zuge eines ersten Kodierens mehrerer Interviews notiert worden sind. Im Zuge eines Konzeptualisierens wird gefragt, wie z.B. Codes wie Technik, Taktik, Vormachen etc. auf etwas verweisen, das auf einer höheren Abstraktionsebene liegt. Es entsteht dadurch eine Vorstellung darüber, wie die interviewten Schüler Sportlehrerhandeln wahrnehmen und was sie mit Bedeutung belegen. Es ist nicht das Ziel, diese Vorstellung umfassend abzubilden, da es um den Weg einer frühen Datenarbeit geht und nur kursive Einblicke in die Datenarbeit ermöglicht werden. Doch die ‚Storyline' (vgl. Berg & Milmeister, 2007, S. 190) soll nicht gänzlich vorenthalten werden, sondern lässt sich in Kürze folgender Maßen fassen: Mit der Kategorie der Transparenz ist die Frage angedeutet, ob (Sport-)Lehrer auf einen Sport und Sportunterricht verweisen, der in seinen propositionalen Gehalten von den Schülern nachvollziehbar und akzeptabel (‚wahr') ist. Eng damit verbunden ist der Anspruch an Authentizität/Wahrhaftigkeit, weil Schüler transparentes Handeln nicht nur dadurch paraphrasieren, dass der Lehrer ‚von den Dingen Ahnung hat', sondern gleichfalls auch dadurch, dass er ‚zu den Dingen steht', die er zu vermitteln versucht – ein ganz entscheidendes Moment, das sich bei der Frage nach den Inhalten im Sportunterricht wiederholt. Denn von diesen Zuschreibungen ist abhängig, ob die Rede von einem inhaltlich immer gleichen Sportunterricht zu ‚immer gleich gut' oder ‚immer gleich schlecht' expandieren lässt (vgl. Frei, 1999, S. 227 f.).

3.2 Vom Invivo-Code zur zentralen Kategorie

In-vivo-Codes sind Codes, die direkt in den Daten gefunden werden, d. h. sie werden von dem/der Interviewpartner/in selbst genannt. Im Zuge des Analyseprozesses können sich solche In-vivo-Codes jedoch als fundamental bedeutsam für die Gesamtstruktur des Interviewtextes erweisen. Sie können vom ‚einfachen In-vivo-Code' zur zentralen Kategorie verdichtet werden. Wie dies genau zu verstehen ist, wird an einigen Interviewsequenzen aus einer biographischen Fallstudie illustriert. Die Beispiele wurden der Fallstudie ‚Marlene Auerbach' aus der Dissertation „Biographisches Wissen von Sportlehrerinnen und Sportlehrern – Eine qualitativ-empirische Studie über die Bedeutung lebensgeschichtlciher Erfahrungen für berufliches Handeln und Deuten" (Reinartz, 2006, unveröffentlichte Dissertation) entnommen. Diese Studie geht der Frage nach, auf welche Weise eigene lebensgeschichtliche Erfahrungen Einfluss auf die Perspektivierung der Professionalisierung von Sportlehrer/innen nimmt. Einfach gesprochen: Welche Rolle spielen eigenen (Vor)Erfahrungen im und mit Sport, aber auch mit Schule und Erziehung für das eigene berufliche Handeln und das Interpretieren berufsrelevanter Situationen? Und: Welchen Einfluss hat insbesondere solch biographisches Wissen auf die Entwicklung einer (sport)pädagogischen Grundhaltung im Zuge von Habitualisierungsprozessen?

Beispiel:
Die Protagonistin der Fallstudie ‚Marlene Auerbach' wird 1949 in einem dörflichen Vorort einer Großstadt geboren. Sie ist das zweite von insgesamt drei Kindern. Ihr Kontakt zum Sport hat keinen Anfangspunkt im eigentlichen Sinne, denn

sie wächst in einem ‚sportbegeisterten Elternhaus'[52] auf. Die Eltern treiben bereits seit ihrer eigenen Jugend Sport in dem ortsansässigen Sportverein und Marlene Auerbach wächst so ganz ‚natürlich' in eben diesen Verein hinein. Die Eltern engagieren sich zusätzlich als Übungsleiter und auf vereinsorganisatorischer Ebene. Die Sonntage verbringt die ganze Familie auf dem Sportplatz, wo der Vater Fußball spielt und die Kinder ‚immer Gleichgesinnte trafen, denen Sport eben auch etwas bedeutet'.

E: das ging eigentlich ganz lange *so* einfach wirklich nur so eine ganz lockere Anbindung jetzt nicht irgendwie – ja mit *irgendwelchen Leistungen* äh verbunden sondern wirklich einfach nur der *Bewegungsfreude*[53] halt äh nachzukommen äh sich ein bisschen spielerisch zu betätigen - aber Gemeinschaft spielte ne große Rolle so Aktivitäten Wandertage oder kleine Ausflüge auch mal mit solchen Gruppen mitzumachen –

Marlene Auerbach beschreibt das Leben mit dem Sport eher als ein Leben *im* und *mit* dem Verein, bei dem nicht leistungsorientierter Wettkampfsport im Mittelpunkt steht, sondern die *Gemeinschaft* und *Bewegungsfreude*. Diese beiden Begriffe werden in der oben zitierten Interviewsequenz zunächst als In-vivo-Codes eingeführt und im Rahmen des offenen Kodierens festgehalten.

In der weiteren Analyse zeigt sich jedoch ein hierarchisches Verhältnis zwischen diesen beiden In-vivo-Codes, denn der In-vivo-Code der Bewegungsfreude wird inhaltlich weiter ausdifferenziert und ‚Gemeinschaft' bzw. das gemeinschaftliche Ausüben von Bewegung kann als eine Dimension von Bewegungsfreude rekonstruiert werden. Das Miteinander in der Gemeinschaft bildet gewissermaßen einen Grundstein, um Bewegungsfreude entstehen lassen zu können. Der Sportverein bietet im Kontext dieser lebensgeschichtlichen Erzählung daher nicht nur einen organisatorischen Rahmen für sportliche Betätigung. Er wird von Marlene Auerbach vielmehr als *sportliche Heimat* ihrer Kindheit konstruiert, wobei die sportliche Betätigung zwar eine große Rolle spielt, es aber gleichzeitig um viele andere Aspekte des Vereinslebens wie das gemeinschaftliche Gestalten von Ausflügen, kleinen Feiern usw. geht. All diese Aspekte lassen sich dem In-vivo-Code Bewegungsfreude zuordnen. Er wird inhaltlich ausdifferenziert und an verschiedenen Stellen des Interviews – und somit auch in den verschiedenen Lebensphasen –

---

[52] Anführungsstriche kennzeichnen Originalzitate aus der Interviewtranskription.
[53] Hervorhebung durch die Autorin.

immer wieder aufgegriffen. Bewegungsfreude bedeutet u. a. auch freiwillige Teilhabe, Engagement und das Erfahren individueller Leistungsfortschritte. All diese Aspekte führen zu einer fortschreitenden theoretisierenden Verdichtung und sind Hinweise auf die grundlegende Bedeutung des ursprünglichen In-vivo-Codes, der auf diese Weise zur Kategorie entwickelt wird.

So greift Marlene Auerbach die Kategorie Bewegungsfreude beispielsweise auch im Kontext ihrer beruflichen Praxis als Sportlehrerin wieder auf (hier: „Freude am Bewegen"):

E: und auch so – und wenn dann plötzlich so wenn man dann nen Aufschwung am Reck kann – äh so so'n richtiges Strahlen über dies Kindergesicht geht
I: hmh
E: das ist also noch etwas was ich auch heute einfach so als – – ja unmittelbare Rückantwort empfinde
I: hmh
E: die ähm – ja – die auch noch wie vor motiviert.
I: hmh
E: (P./4 sec.) aber das ist *immer* wirklich so – ja diese ja dass sie *Freude am Bewegen*[54] haben. Dass sie also an diesen kleinen Erfolgen die sie haben auch sich selber immer sehr freuen können
I: hmh
E: und dann weiter machen und - - also ich glaube es ist mir ist es schon wichtig dass äh – dass äh sie von - - diese *Freiwilligkeit* die darin veranlagt ist also ich glaube so einen großen Druck ausüben könnte ich nicht.

Sie spricht hier von ihrer Arbeit in einer Turn-AG, die sie zur Zeit des Interviews neben einer weiteren Klasse als einzige Sportgruppen an der Schule betreute. In der AG-Arbeit, die sie eindeutig dem ‚normalen Sportunterricht' vorzieht, lassen sich ihre Vorstellungen von ‚gelungenem Sport' wesentlich besser verwirklichen, denn sie weist eine strukturelle Gemeinsamkeit mit dem Ort des ursprünglichen Sportengagements der Erzählerin auf. Genauso wie im Sportverein ist die *Freiwilligkeit der Teilhabe* strukturelles Prinzip der AG-Arbeit und für Marlene Auerbach ein zentrales Kriterium, um Bewegungsfreude entstehen lassen zu können. Diese

---

[54] Hervorhebung durch die Autorin.

Kriterien für die ‚ideale' Form der sportlichen Arbeit erfüllt die Institution Schule hingegen nicht.
Sie stellt fest:

E: also äh da f_ hab ich fühl ich mich dann auch plötzlich wirklich so wieder wie wie ganz früh als ich anfing quasi mit Übungsleiterschein dann im Verein zu arb_ äh ja ne kleine Leistungsgruppe Turnen aufzubauen.

Die biographische Verknüpfung der verschiedenen Tätigkeitsfelder breitensportlicher Vereinssport, Sportunterricht und die Betreuung von Sport-AGs sowie die Bedeutung der ‚sportlichen Primärerfahrungen' bilden quasi einen ‚roten Faden', der sich durch das gesamte Interview zieht. Das übergeordnete Motiv, das sich im Zuge von Habitualisierungsprozessen zum Label für die sportpädagogische Grundhaltung Marlene Auerbachs rekonstruieren lässt, wird maßgeblich durch die leitende *Kategorie der Bewegungsfreude* bestimmt.

Ein zu Beginn des Interviews genannter In-vivo-Code wird durch die Interviewpartnerin im weiteren Verlauf des Textes immer wieder aufgegriffen und inhaltlich ausdifferenziert. Auch die unterschiedlichen Formulierungen für dieses Bedeutungsgeflecht – einmal Bewegungsfreude, dann die Freude am Bewegen – sind Hinweise auf die Relevanzstrukturen der Erzählerin. Sie verfügt über verschiedene Versatzstücke zu diesem Bereich, die sie im Zuge der Erzählung als so bedeutsam charakterisiert, dass sie der Interviewerin immer wieder in unterschiedlichen Kontexten und Einbettungen präsentiert. Die Aufmerksamkeitsrichtung in der Analyse sollte auf solche Details gerichtet werden, da sie Hinweise auf die Nachhaltigkeit bestimmter Relevanzstrukturen im Interviewtext enthalten. Auf diese Weise wird ebenfalls die Nachvollziehbarkeit des Analyseprozesses in den Forschungstext transportiert.

4 Wie funktioniert der Abschluss? – Von der Forschungslogik zur Darstellungslogik

Die Darstellung des Kodierens hat aufgezeigt, dass der Forschungsprozess nach der GT kein linearer Prozess ist. Die Fragestellung ist zu Beginn sehr offen, um dem zumeist explorativen Charakter des Vorhabens Raum zu geben. Erst im Laufe des Forschungsprozesses entwickeln sich Hypothesen bzw. Konzept- und Kategorienstrukturen, die den weiteren Forschungsverlauf maßgeblich beeinflussen. Der vorliegende Text zeigt also ausschnitthaft den Übergang zwischen unterschiedlichen Kodierschritten (offen-axial). Das selektive Kodieren ist nicht oder nur kaum beschrieben. Dabei wird mit der Kernkategorie und ihrer Entwicklung aufgezeigt, wie Daten strukturiert und zunehmend in theoretischen Begriffen gefasst werden. Für diesen hoch kreativen Akt liefert der vorliegende Text höchstens eine Andeutung. Die Datenauszüge unter 3.1 lassen vielleicht eine Kernkategorie erahnen. Sie ist in der zugrunde liegenden Studie mit Wahrhaftigkeit bezeichnet. Mit ihr lässt sich beschreiben, wie Schüler Handlungskoordinierungen im Sportunterricht sehen und bewerten. Wahrhaftigkeit gibt der Storyline einen Namen und gleichzeitig eine Vielzahl von Differenzierungen und Eigenarten, die in den Kategorien angelegt sind. Das Auffinden einer Kernkategorie führt beinahe zwangsläufig zu Umwegen. Manchmal ist es gar eine fast schon abgelegte Kategorie, die zu einem späteren Zeitpunkt in den Status einer Kernkategorie gehoben wird.

Es gilt also, einen verschlungenen und vielschichtigen Prozess, der sich über mehrere Jahre hinweg erstreckt, zu entwirren und in die gewünschte Systematik zu bringen. Dabei entspricht die Darstellungslogik nicht der Forschungslogik bzw. -dynamik. Kategorien, die erst im Verlauf der Forschung und Datenauswertung relevant geworden sind, müssen nun bereits recht früh eingeführt und beschrieben werden, was wiederum zur Folge hat, dass bestimmte Aspekte, die eigentlich der Ergebnisdarstellung zuzuschreiben wären, schon im ‚theoretischen Teil' der Arbeit aufgegriffen werden. Anders herum fallen Gedanken und theoretische Bezüge, die für eine Zeit lang wichtig gewesen sind, nun der Darstellungslogik zum Opfer, obwohl sie die Ergebnisgewinnung doch eigentlich mit beeinflusst haben.

Darüber hinaus lassen sich Arbeitsschritte weniger leicht vorab festlegen. Sie ergeben sich erst und immer wieder in neuer Form im *Prozess des Handelns und Forschens*. Dieses alles braucht Zeit und lässt sich weder schrittweise abarbeiten noch beschleunigen, was den Forschenden neben der üblichen Selbstdisziplin eine gehörige Portion Überzeugung abverlangt, die Storyline zu finden. Es ist schließlich das Ziel, am Ende ein Werk vorzulegen, das auch für Leser/innen lesbar und nachvollziehbar ist, die den Forschungsprozess nicht aus nächster Nähe begleitet haben. Ein von Kuhlmann entsprechend bezeichnetes ‚Text-Lack' (1993, S. 136) ist nicht zu vermeiden. Wohl aber ist es möglich, eine Textsorte zu schaffen, durch die für den Leser die Haltung des Forschenden gegenüber den Daten, den zu Untersuchenden und den zentralen Prämissen qualitativer Sozialforschung erkennbar wird.

Intersubjektive Nachvollziehbarkeit ist daran geknüpft, ob es dem Forschenden gelingt, in derartigen Texten Glaubwürdigkeit dadurch herzustellen, dass seine detaillierte und differenzierte Arbeit an und mit den Daten (Daten selbst sind natürlich auch spezielle Texte) erkennbar wird. Reichertz bezeichnet dies als „das *Geschriebene als performativer Akt*" (1992, S. 346, Herv. i. O.).

Literatur

Alheit, P. & Dausien, B. (1985). *Arbeitsleben: eine qualitative Untersuchung von Arbeiterlebensgeschichten*. Frankfurt a. M. (u. a.): Campus-Verlag.

Berg, C. & Milmeister, M. (2007). Im Dialog mit den Daten das eigene Erzählen der Geschichte finden. Über die Kodierverfahren der Grounded Theory Methodologie. In G. Mey & K. Mruck (Hrsg.), *Grounded theory reader* (S. 182-210). Köln: Zentrum für Historische Sozialforschung.

Dausien, B. (1996). *Biographie und Geschlecht. Zur biographischen Konstruktion sozialer Wirklichkeit in Frauenlebensgeschichten*. Bremen: Donat.

Dausien, B. (2002). *Sozialisation – Geschlecht – Biographie. Theoretische und methodologische Untersuchung eines Zusammenhangs*. Bielefeld: Unveröffentlichte Habilitationsschrift an der Universität Bielefeld.

Fischer-Rosenthal, W. & Rosenthal, G. (1997). Narrationsanalyse biographischer Selbstpräsentationen. In R. Hitzler & A. Honer (Hrsg.), *Sozialwissenschaftliche Hermeneutik* (S. 133-164). Opladen: Leske + Budrich.

Frei, P. (1999). *Kommunikatives Handeln im Sportunterricht*. Sankt Augustin: Academia.

Frei, P., Lüsebrink, I., Rottländer, D. & Thiele, J. (2000). *Belastungen und Risiken im weiblichen Kunstturnen. Teil 2: Innensichten, pädagogische Deutungen und Konsequenzen*. Schorndorf: Hofmann.

Gadamer, H.-G. (1999). *Gesammelte Werke Bd. 1. Hermeneutik: Wahrheit und Methode. – Grundzüge einer philosophischen Hermeneutik*. Tübingen: Mohr.

Glaser, B. & Strauss, A. (1965). *Awareness of dying*. Chicago: Aldine.

Glaser, B. & Strauss, A. (1967). *The discovery of grounded theory:Sstrategies for qualitative research*. New York: de Gruyter.

Glaser, B. (2001). *The grounded theory perspektive: Conceptualization contrasted with description*. Mill Valley, Ca.: Sociology Press.

Glaser, B.: *Emergence vs. forcing: Basics of grounded theory analysis*. Mill Valley, CA 1992.

Glorius, S. (1998). *Zur Akzeptanz von Ballspielen bei Schülerinnen und jungen Frauen. Ein Beitrag zur Ermittlung beeinflussender Faktoren im Kontext des Sportunterrichts*. Hamburg: Kovac.

Kallmeyer, W. & Schütze, F. (1977). Zur Konstitution von Kommunikationsschemata in der Sachverhaltsdarstellung. In D. Wegner (Hrsg.), *Gesprächsanalysen. Vorträge, gehalten anlässlich des 5. Kolloquiums des Instituts für Kommunikationswissenschaft und Phonetik, Bonn 14.-16. Okt. 1976* (S. 159-274). Hamburg: Buske.

Kelle, U. (1996). Die Bedeutung theoretischen Vorwissens in der Methodologie der Grounded Theory. In R. Strobl & A. Böttger (Hrsg.), *Wahre Geschichten? Zur Theorie und Praxis qualitativer Interviews* (S. 23-48). Baden-Baden: Nomos-Verl.-Ges.

Kuhlmann, D. (1993). Methoden qualitativer Sozialforschung in der Sportwissenschaft. *Sportwissenschaft,* 23, 117-141.

Miethling, W.-D. & Krieger, C. (2004). *Schüler im Sportunterricht. Die Rekonstruktion relevanter Themen und Situationen des Sportunterrichts aus Schülersicht (RETHESIS)*. Schorndorf: Hofmann.

Reichertz, J. (1992). Über das Verfassen Ethnographischer Berichte. *Soziale Welt,* 43, Hf. 3, 331-350.

Reinartz, V. (2006). *Biographisches Wissen von Sportlehrerinnen und Sportlehrern – Eine qualitativ-empirische Studie über die Bedeutung lebensgeschichtlicher Erfahrungen für berufliches Handeln und Deuten*. Oldenbourg: Unveröffentlichte Dissertation.

Rosenthal, G. (1995). *Erlebte und erzählte Lebensgeschichte: Gestalt und Struktur biographischer Selbstbeschreibungen*. Frankfurt, New York: Campus.

Schütze, F. (1983). Biographieforschung und narratives Interview. *Neue Praxis,* 3, 283-293.

Schwier, J. (1995). *Spiel- und Bewegungskarrieren sehgeschädigter Kinder und Jugendlicher*. Hamburg: Czwalina.

Schwier, J. (1998). Qualitative Forschung in der Sportwissenschaft: Perspektiven der ‚Grounded Theory'. In D. Teipel, R. Kemper & D. Heinemann (Hrsg.), *Sportpsychologische Diagnostik, Prognostik, Intervention* (S. 257-262). Köln: bps.

Schwier, J. (1999). Die komparative Datenanalyse als ein Weg zur Entdeckung ‚Begründeter Theorien'. In B. Strauß, H. Haag & M. Kolb (Hrsg.), *Datenanalyse in der Sportwissenschaft. Hermeneutisch und statistische Verfahren* (S. 99-105). Schorndorf: Hofmann.

Strauss, A. & Corbin, J. (1996). *Grounded Theory: Grundlagen Qualitativer Sozialforschung*. Weinheim: Beltz.

Strübing, J. (2004): *Grounded Theory: zur sozialtheoretischen und epistemologischen Fundierung des Verfahrens der empirisch begründeten Theoriebildung*. Wiesbaden: Verlag für Sozialwissenschaften.

WOLF-DIETRICH MIETHLING

Triangulation: Kompositionsformen von Perspektiven- und Methodenvielfalt

1 Einleitung

2 Die Metapher ‚Triangulation'

3 Zur Definition

4 Triangulatorische Kompositionsformen qualitativer Untersuchungen
4.1 Gegenstand und Perspektiven
4.2 Methoden und Datensorten

5 Triangulation zwischen quantitativen und qualitativen Ansätzen

6 Kompensatorische Triangulation am Beispiel: Belastungs- und Bewältigungspotenziale in der berufsbiographischen Entwicklung von Sportlehrerinnen und Sportlehrern

1 Einleitung

In den letzten Jahren finden sich in verschiedenen sportwissenschaftlichen Feldern vermehrt Untersuchungsansätze, die in systematischer Weise unterschiedliche Perspektiven und Methoden miteinander verknüpfen. So untersuchen etwa Gebauer, Alkemeyer, Boschert, Flick und Schmidt (2004) Vergemeinschaftungsprozesse in traditionellen und neuen Sportarten, indem sie ethnographische Feldbeobachtungen und episodische Interviews mit den Akteuren kombinieren; bei Miethling (2006) werden berufsbiographische Entwicklungsprozesse von Sportlehrerinnen und Sportlehrern durch längsschnittliche Interviewserien und querschnittliche Fragebogenerhebungen rekonstruiert; Birkner und Hackfort (2006) schlagen für die sportpsychologische Konzeptionierung diagnostischen Urteilens eine Vorgehensweise vor, die in der gegenseitigen Ergänzung von Groß-N, Klein-N und Einzelfalluntersuchungen besteht; und Thiele (in diesem Buch) erstellt Schulsportportraits, die aus der Verknüpfung von teilnehmenden Beobachtungen, Leitfadeninterviews sowie Dokumentenanalyse (Schulprogramm, interne Fachpläne, etc.) gewonnen werden und die danach in einen Beratungsprozess zwischen den untersuchten Schulen und den Forschern eingebracht werden. Explizit wird in all diesen Ansätzen eine Strategie thematisiert, die in der qualitativen Sozialforschung schon seit den siebziger Jahren (Denzin, 1970) und neuerdings wieder intensiver diskutiert wird (vgl. Krüger & Pfaff, 2004; Flick, 2004; Pfaff, 2005), nämlich die der *Triangulation*. Was ist mit diesem Begriff gemeint?

2 Die Metapher ‚Triangulation'

Der Begriff der Triangulation (die Erstellung eines Dreiecksnetzes) stammt aus der Landvermessung und Geodäsie. Er bezeichnet dabei eine traditionelle Methode zur Lokalisierung und Fixierung von Positionen und Lagen auf der Erdoberfläche (s. Abb. 1).

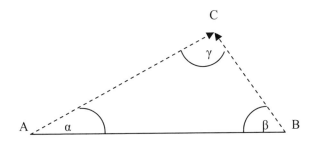

Abb. 1: Lokalisierung von C durch Peilung von A und B.

Wenn die Strecke zwischen A und B bekannt ist und die Winkel α und β durch Peilung ermittelt werden, lassen sich γ und die Strecken AC und BC errechnen. Die Position von C kann somit in Relation zu A und B bestimmt werden. Bei mehrfacher Anwendung dieser Methode können auch verschiedene Punkte lokalisiert werden, so dass die Lage eines zusammenhängenden Gebildes (einer Fläche) genau bestimmbar wird.

Übertragen in die Konstruktionslogik empirischer Sozialforschung lautet der Kerngedanke: Der zu untersuchende Gegenstand (C) kann durch mehrere Perspektiven/Methoden (A, B) besser (angemessener) erfasst und bestimmt werden als nur durch eine (s. Abb. 2).

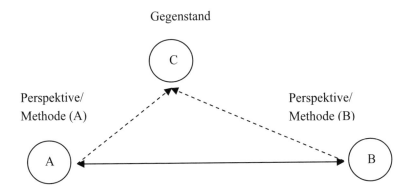

Abb. 2: Perspektiven-/Methoden-Triangulation.

Bedeutsam ist dabei auch, dass die Relation der beiden (oder mehr) Perspektiven/Methoden A und B geklärt bzw. zu klären ist; anderenfalls hätten wir es mit zwei unabhängigen, voneinander gelösten Zugriffsweisen (Peilungen) zu tun, deren

Erkenntnisse separat existierten, aber den Gegenstand nicht zusammenhängend und damit umfassender bestimmen würden.

Die somit beschriebene Metapher der Triangulation hat in der forschungsmethodologischen Diskussion eine Reihe von kreativen Gestaltungen oder Auslegungen erfahren, die sich zum Teil erheblich voneinander unterscheiden. Diese Unterschiede lassen sich bereits erahnen, wenn man sich den Definitionsvorschlag von Flick (2004) genauer betrachtet.

3 Zur Definition

„Triangulation beinhaltet die Einnahme unterschiedlicher Perspektiven auf einen untersuchten Gegenstand oder allgemeiner: bei der Beantwortung von Forschungsfragen. Diese Perspektiven können in unterschiedlichen Methoden, die angewandt werden, und/oder unterschiedlichen gewählten Zugängen konkretisiert werden, wobei beides wiederum miteinander in Zusammenhang steht bzw. verknüpft werden sollte. Weiterhin bezieht sie sich auf die Kombination unterschiedlicher Datensorten jeweils vor dem Hintergrund der auf die Daten jeweils eingenommenen theoretischen Perspektiven. Diese Perspektiven sollten so weit als möglich gleichberechtigt und gleichermaßen konsequent behandelt und umgesetzt werden. Gleichermaßen sollte durch die Triangulation (etwa verschiedener Methoden oder verschiedener Datensorten) ein prinzipieller Erkenntniszuwachs möglich sein, dass also bspw. Erkenntnisse auf unterschiedlichen Ebenen gewonnen werden, die damit weiterreichen, als es mit einem Zugang möglich wäre" (Flick, 2004, S. 12).

Dieses Verständnis von Triangulation ist recht vielschichtig und komplex, zugleich auch vieldeutig auslegbar. Unterschiedliche Perspektiven auf einen Gegenstand, verschiedene Methoden und Zugänge sowie verschiedenartige Datensorten sollen so in Beziehungen gesetzt werden, dass ein weiterreichender Erkenntnisgewinn erzielt werden kann. Wie das geschehen kann, bleibt zunächst noch offen oder wird eher vage („… soweit als möglich gleichberechtigt und gleichermaßen konsequent …"; s. o.) angedeutet.

Klar ist vor allem die Abgrenzung bzw. Überwindung so genannter ‚Bestätigungsforschung', deren einsinnige Anlage seltener zur Entdeckung neuer Zusammenhänge und zu komplexeren Vorstellungen führt, sondern – erkenntnistheoretisch betrachtet – Gefahr läuft, sich im Kreis zu bewegen (vgl. Holzkamp, 1994; Birkner & Hackfort, 2006, S. 78). Selbst im Fall der empirischen Widerlegung von Annahmen, die aus einer bestimmten theoretischen Vorstellung abgeleitet sind, erfolgen in der Regel differenziertere methodische und theoretische Überlegungen, die zumeist jedoch im Horizont der theoretischen Perspektive verbleiben und demzufolge erst nach allmählichem Erreichen eines ‚falsifikatorischen' (widerlegungsreichen) Sättigungsgrades zur Reflexion und potentiellen Erweiterung der Perspektive führen.

Klar wird mit der Flick'schen Definition auch eine Abgrenzung gegenüber etwaigen forschungsmethodischen Wechseln bei der Verknüpfung von Vor- und Hauptuntersuchung. So ist die geläufige und sinnvolle Praxis, vor der Hauptuntersuchung mit standardisierten Verfahren (z. B. Fragebogenerhebung) eine Voruntersuchung mit qualitativen Methoden (z. B. Interviewverfahren) durchzuführen, die der Exploration des Feldes und der Konstruktion eines angemessenen Fragebogens dienen, noch nicht als Triangulation zu bezeichnen. Erst wenn die Voruntersuchung zu einer eigenständigen Teilstudie ausgebaut würde, deren Ergebnisse zur Erweiterung des Gegenstandsverständnisses beitragen, wäre von einem triangulatorischen Ansatz zu sprechen.

Schließlich lässt sich sagen: „Ein schlüssiger Gesamtsinn aus Theorie, Methode und Gegenstand ergibt sich nur, wenn die Dimensionen Theorie und Methoden *prinzipiell* im Hinblick auf die Gesamtkomposition Gegenstand aufeinander bezogen werden. Insofern kann man Triangulation als eine gegenstandsbezogene, methodische und theoretische Kompositionsform verstehen" (Birkner & Hackfort, 2006, S. 77).

4 Triangulatorische Kompositionsformen qualitativer Untersuchung

Nachdem nun die Strategie bzw. Kompositionsform der Triangulation definitorisch umschrieben ist, werden im Folgenden einige typische Beziehungen zwischen Gegenstand und Perspektiven sowie Methoden und Daten erörtert, die in qualitativen Untersuchungen jeweils systematisch und spezifisch zu thematisieren sind.

4.1 Gegenstand und Perspektiven

Am Anfang steht im Allgemeinen eine Problem- oder Fragestellung, mit der der Untersuchungsgegenstand noch sehr undeutlich benannt und umrissen wird. Nehmen wir beispielsweise die Frage: ‚Wie entwickelt sich das Alltagsbewusstsein von Sportlehrerinnen und Sportlehrern?' Zunächst gilt es selbstverständlich zu klären, was unter ‚Entwicklung' zu verstehen ist, was mit ‚Alltagsbewusstsein' gemeint ist, was ‚Sportlehrer/innen' gegenüber anderen Lehrern/innen auszeichnet und in welchem Zusammenhang die Fragestellung überhaupt relevant ist. Schon dabei kommt es darauf an, Perspektiven und Ebenen zu unterscheiden, die die Betrachtung und Analyse des Gegenstandes in grundlegender Weise ausrichten (s. Abbildung 3).

Ebenen	Perspektiven
1. Subjekt	→ Subjektive Theorien und Sinnkonstruktionen
2. Soziales Handeln	→ Soziale Interaktions- u. Kommunikationsformen in bestimmten Handlungszusammenhängen
3. Kultureller und gesellschaftlicher Kontext	→ Tiefenstrukturen mit handlungs- bzw. bewusstseinserzeugenden Funktionen

Abb. 3: Ebenen und Perspektiven.

Auf der ersten Ebene geht es um den Nachvollzug subjektiv gemeinten Sinns. Wie deutet und erlebt der Sportlehrer seinen Alltag? Woran orientiert er seine Handlungsmöglichkeiten? Wie verarbeitet er seine Erfahrungen? Wie sieht und erklärt er sich seine eigene Entwicklung? Welches ‚Skript' seiner Sichtweise auf sich selbst liefert er? In welchen Teilen ist dieses ‚Skript' unauffällig, konsistent, klar und inwieweit zeigen sich Besonderheiten, Brüche, Widersprüche, Unklarheiten? Solche Fragen richten sich also auf die Rekonstruktion der subjektiven Theorien und des Sinngehalts der Lehrer-Sichtweise(n).

Da diese subjektive Sichtweise nicht weltenthoben oder aus sich selbst heraus entsteht, sondern sich im konkreten Tun entwickelt, gerät demzufolge – auf der zweiten Ebene – das Handeln in bestimmten Zusammenhängen in den Blick. Welche Alltagssituationen sind bedeutsam? Welche Bewältigungsstrategien und Routinen bilden sich? Durch welche Interaktions- und Kommunikationsformen ist der Sportunterricht, der Umgang zwischen den Kollegen/innen, die Schulkonferenz; ... gekennzeichnet? Welche Regeln, Symbole, Rituale bestimmen darin das soziale Handeln mit? Wie viel Handlungsspielraum wird durch die Organisation der Schule ermöglicht und welche Handlungszwänge bestehen? Wie festgefügt und wie veränderlich sind diese Strukturen? In diesen Zusammenhängen manifestiert sich das Alltagsbewusstsein der Lehrer als soziales Handeln. Die Beschreibung und Interpretation des sozialen Handelns zielt also auf die Rekonstruktion des Alltagsbewusstseins auf der Ebene bereichsspezifischer Handlungszusammenhänge.

Nun entstehen subjektiver Sinn und soziales handeln natürlich nicht nur bereichsspezifisch, sondern auch vor dem Hintergrund bereichsunspezifischer sozialer Konstellationen und Räume. So sind zum einen Schulsport und Schule eingebettet in ein Bildungssystem, das seinerseits Teil und Ausdruck bestimmter gesellschaftlicher Verhältnisse ist; und zum anderen ist das Alltagsbewusstsein durch mehr bestimmt, als sich auf rationaler Oberfläche zeigen lässt, es besitzt einen tiefer liegenden lebens-geschichtlichen Ursprung: „Ich habe versucht zu sagen, dass das ‚*Subjekt*' sozialer Handlungen, ..., kein Subjekt ist, kein bewusstes ‚Ich', das sich explizite Ziele setzt, seine Mittel in Abhängigkeit von diesen explizit gesetzten Zielen kalkuliert, etc., es ist kein rationaler Akteur – was nicht heißen soll, dass er ein Mechanismus ist, der automatisch wie eine Maschine auf äußere *Stimuli* reagiert – also das, was ich *Habitus* nenne, ist eine inkorporierte Geschichte, eine Körper gewordene Geschichte, eingeschrieben in das Gehirn, aber auch in die Falten des Körpers, die Gesten, die Sprechweisen, den Akzent, in die Aussprache, die Ticks, in alles was wir sind. Diese inkorporierte Geschichte ist der Ursprung, von dem aus wir antworten ..." (Bourdieu, 2001, S. 165).

Auf der dritten Ebene sind es also die deutungs- und handlungsgenerierenden Tiefenstrukturen, die die Hintergründe und Ursprünge des Untersuchungsphänomens betreffen. In dieser Perspektive geht es um eine zugleich nach innen und nach außen gerichtete Dynamik, nämlich um die Prozesse der Aneignung, Herstellung und Behauptung von Bedeutungen, die den subjektiven Sinn und das soziale Handeln stützen.

Zieht man alle drei Ebenen im Hinblick auf die Fragestellung ‚Wie entwickelt sich das Alltagsbewusstsein von Sportlehrern/innen?' in Betracht, so wird der Gegenstand mehrperspektivisch umrissen. Erste Konturen eines komplexen Gegenstandsverständnisses entstehen. Zu entscheiden und zu begründen ist nun die Antwort auf die Frage, auf welcher(n) Ebene(n) die Untersuchung schwerpunktmäßig angelegt sein soll. Geht es primär um den Nachvollzug subjektiver Theorien/subjektiven Sinns und/oder um die Rekonstruktion des Alltagsbewusstseins im sozialen Handeln und/oder um den interpretativen Zugang zu bedeutungserzeugenden Tiefenstrukturen? Im Konzept der Triangulation ist die bestimmung des Verhältnisses der Perspektiven zueinander unverzichtbar. Erst wenn diese theoretisch fundiert aufeinander bezogen sind – als Perspektiven-Triangulation – ergibt sich eine ‚Kompositionsform', die den Anspruch auf Überwindung von eindimensionalen, fragmentarischen Betrachtungsweisen einzulösen vermag. Selbst für den Fall der Entscheidung für lediglich eine der Ebenen bzw. Perspektiven erscheint die argumentativ-begründende Auseinandersetzung mit den ausgeblendeten Perspektiven notwendig, um den gewählten Untersuchungsansatz prinzipiell anschlussfähig für erweiterte Betrachtungsweisen zu halten und ihn nicht hermetisch zu schließen.

4.2 Methoden und Datensorten

Nehmen wir an, dass die Perspektivenentscheidung zugunsten der Ebenen ‚Subjekt' und/oder ‚Soziales Handeln' getroffen ist, so folgt als nächster Entscheidungsschritt die Wahl der passenden Untersuchungsmethoden. Verbreitet sind in der qualitativen Forschung für die Perspektive des sozialen Handelns die Methoden der teilnehmenden Beobachtung[55]. oder die der sog. Konversationsanalyse[56]. Werden also die Methoden der teilnehmenden Beobachtung und der Konversationsanalyse aufeinander bezogen, so spricht man von Methodentriangulation. Darüber hinaus bestehen einzelne Methoden oft in mehr oder weniger unterschiedlich akzentuierten Verfahren. Diese zu verknüpfen meint, eine methodeninterne Triangulation herzustellen.

Für die methodisch kontrollierte Exploration subjektiver Theorien sind es vor allem verschiedene Interviewformen (s. Blotzheim; Krieger; Richartz; in diesem

---

[55] Unter teilnehmender Beobachtung ist die geplante und dokumentierende Wahrnehmung des Verhaltens von Personen in ihrer ‚natürlichen' Umgebung durch einen Beobachter gemeint, der an den Interaktionen irgendwie teilnimmt und von den anderen Personen als Teil ihres Handlungsfeldes angesehen wird.

[56] Die Konversationsanalyse untersucht anhand dokumentarischen Materials (z. B. Tonbandaufzeichnungen von Gesprächen) die Art und Weise, wie Teilnehmer an der Interaktion Verständigung zwischen sich herstellen und absichern. Es geht um scheinbar selbstverständliche kommunikative ‚Mechanismen', durch die eine grundlegende Ordnung hergestellt wird bzw. ein generatives Prinzip gelingender, praktizierter Interaktion gekennzeichnet ist.

Buch), die als geläufige Verfahren bevorzugt werden. Solche Verfahren sind etwa das ‚Narrative Interview'[57], das ‚Leitfaden-Interview'[58], oder das ‚Episodische Interview' (s. u.). Jede dieser Interviewformen beruht auf besonderen Annahmen hinsichtlich der Strukturen und Bedeutung des Alltagswissens bzw. subjektiven Wissens. D. h. der Zugang oder die Rekonstruktion der Wissensbereiche und Bedeutungsgehalte erfolgt in voraussetzungsvoller und besonderer Weise, die schließlich auch zu besonderen Datensorten führt. So werden im besonders vielfältigen Falle des episodischen Interviews die Bereiche des konkret-episodischen und des abstrakt-begrifflichen Wissens aufeinander bezogen angesprochen (s. Abb. 4).

---

[57] Unter ‚Narrativen Interviews' sind solche Interviewverfahren zu verstehen, die lebensgeschichtliche Erzählungen hervorrufen. Diese lebensgeschichtlichen (Stegreif-)Erzählungen können sich auf das gesamte Leben, Lebensabschnitte oder auch auf kleinere Zeiträume des alltäglichen Erlebens beziehen. Eine verbreitete besonders elaborierte Form des Narrativen Interviews geht auf Schütze (u. a. 1987; 2001) zurück.

[58] Leifadeninterviews bestehen aus relativ flexibel eingesetzten, teilstandardisierten (festgelegten) Fragen, die sich auf (theoretisch) relevante Aspekte des Gegenstandes beziehen. Die Interviewer orientieren sich an diesem Leitfaden, der jedoch offen für spontane Fragenformulierungen, unterschiedliche Nachfragestrategien und auch variabel in der Abfolge der Fragen ist.

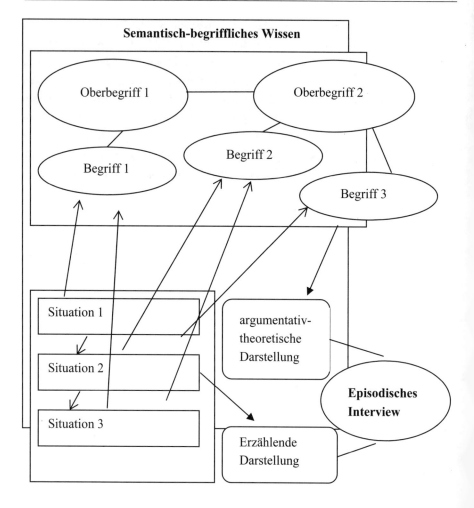

Abb. 4: Wissensbereiche des Alltagswissens im episodischen Interview (s. Flick, 2004, S. 31).

Im Zentrum dieser Interviewform stehen gegenstandsbezogene Situationsschilderungen, die thematisch orientiert an einem Leitfaden erbeten werden. Die Erzählaufforderungen sind allerdings offen für situationsüberschreitende Zusammenhänge, wie etwa Erklärungen über das Zustandekommen bestimmter Phänomene oder negative und positive Erwartungen hinsichtlich zukünftiger Entwicklungen. Gezielt wird darüber hinaus nach dem subjektiven Verständnis zentraler Begriffe des Gegenstandsfeldes gefragt.

Auf diese Weise entsteht ein komplexes Bild subjektiver Erfahrungen und Wissensbestände, das unterschiedliche Grade von Abstraktheit bzw. Konkretisierung aufweist und explizite Bezüge und Verknüpfungen enthält; mit anderen Worten: Wir haben es mit unterschiedlichen Datensorten zu tun, die es im Prozess der Auswertung zunächst zu unterscheiden gilt, um sie anschließend sinnvoll aufeinander beziehen zu können (Daten-Triangulation). Das episodische Interview erzeugt üblicherweise folgende Datensorten (vgl. Flick, 2004; S. 37):

- *Situationserzählungen* mit eindeutig räumlich-zeitlicher Begrenzung;
- sog. *Repisoden*, also Schilderungen regelmäßig wieder kehrender Situationen, die nicht mehr eindeutig räumlich-zeitlich festgelegt sind;
- vom konkreten Bezug gelöste *Beispielschilderungen, Metaphern, Klischees* oder *Stereotype*;
- subjektive *Begriffsklärungen* oder *Begriffsdefinitionen*;
- *argumentative Herstellungen* von (logischen) Bezügen und Zusammenhängen innerhalb und zwischen den Wissensbereichen.

Die Auswertung der Interviews anhand der *Datendifferenzierung* nach o. g. Datensorten ergibt zunächst ein konturreiches Bild des Gegenstands. Eine *Datenintegration*, d. h. ein gegenseitiges Eingliedern bzw. Aufeinanderbeziehen verschiedener Datensorten kann dann zu einem vervollständigten, tieferen Verständnis des Gegenstandes führen. Beide Schritte sind notwendig, um von einer *Datensortentriangulation* (als Teil der Gesamtkonstruktion) sprechen zu können.

In der Abbildung 5 ist der bisherige Gedankengang stichwortartig skizziert, womit eine Zwischen-Bilanz gezogen wird.

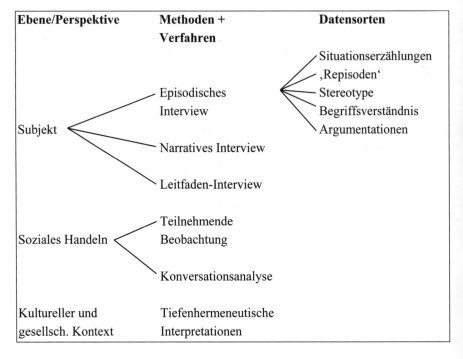

Abb. 5: Beziehungen zwischen Perspektiven, Methoden und Datensorten.

Triangulation wird hier als gegenstandsbezogene, methodische und theoretische Kompositionsform verstanden. Als solche muss sie verschiedene Perspektiven oder Ebenen (Subjekt; Soziales Handeln; Kultureller und gesellschaftlicher Kontext) berücksichtigen, eine Auswahl an theoretischen Ansätzen und damit verknüpften Untersuchungsmethoden und Verfahren der Datenerhebung (Beispiel ‚Episodisches Interview') treffen und schließlich zwischen verschiedenen Datensorten differenzieren und diese integrieren können. Triangulation ist insofern das Gegenteil einer falsch verstandenen ‚Anything-Goes'-Konzeption; sie besteht gerade in der systematischen und begründungspflichtigen Bezugnahme verschiedener Ansätze auf verschiedenen Ebenen, um die Untersuchungsgegenstände komplexer und angemessener zu rekonstruieren und somit die Erkenntnismöglichkeiten zu steigern.

In diesem Sinne haben sich in den letzten Jahren auch Kompositionsformen entwickelt, die nicht nur innerhalb der qualitativen Sozialforschung angesiedelt, sondern dezidiert auf die Verknüpfung von quantitativen und qualitativen Ansätzen hin angelegt sind. Von dieser fundamental neuen und m. E. zukunftsträchtigen Form der Triangulation handelt das folgende Kapitel.

5 Triangulation zwischen quantitativen und qualitativen Ansätzen

Die Lager von Verfechtern sog. quantitativer und qualitativer Forschungsansätze können auf eine lang dauernde paradigmatische Auseinandersetzung zurückblicken. Um nur einige Argumente aufzugreifen, wurde etwa den qualitativen Ansätzen vorgeworfen, sie würden mit zu kleinen Stichproben arbeiten und deshalb kaum zu verallgemeinerbaren Ergebnissen gelangen, sie würden nichtoperationalisierte Begriffe verwenden und somit empirisch ‚im Nebel stochern' und nicht zuletzt seien ihre theoretischen Konstruktionen so nicht widerlegbar (falsifizierbar) und deshalb empirisch kaum haltbar.

Umgekehrt wurde an den quantitativen Ansätzen bemängelt, sie seien ‚blind' gegenüber den in sozialen Interaktionen erzeugten subjektiven Bedeutungen bezüglich bestimmter Phänomene und könnten deshalb die Lebenswelten von Menschen nicht verstehen, ihre stark an (statistischen) Prüfverfahren ausgerichtete Methodik führe zu ständig verfeinerten Einzelbefunden und sei deshalb nicht in der Lage, größere Zusammenhänge aufzudecken und darüber hinaus würden sie die Herstellungs- und Entdeckungszusammenhänge ihrer eigenen Theorien zu wenig bedenken und insofern einer für soziale Phänomene unangemessenen naturwissenschaftlichen Denkweise aufsitzen.

Wenngleich diese konfrontative Stellung vielerorts auch heute noch Bestand hat, so wachsen im Rahmen methodologischer Entwicklungen doch auch Einstellungen, die ein komplimentäres Verhältnis beider Ansätze befürworten. Sowohl in erkenntnistheoretischer, als insbesondere auch in forschungspraktischer Hinsicht scheint sich eine Tendenz wechselseitiger Ergänzung zu bilden. So beschreibt Bryman (1988, 1992; vgl. Flick, 2004, S. 68) eine Reihe verschiedener Aspekte und Verknüpfungsmöglichkeiten quantitativer und qualitativer Forschung. Demnach könnten Ergebnisse qualitativer Forschung durch gezielte quantitative Untersuchungen *überprüft* werden, wie auch quantitative Forschung die *qualitative un-*

terstützen könne. Beide Ansätze würden in ihrer Verknüpfung ein *allgemeineres Bild* des untersuchten Gegenstandes ergeben. *Strukturelle Aspekte* würden besser durch quantitative, während *Prozessaspekte* besser durch qualitative Zugänge erfasst werden können. Während in quantitativer Forschung die vom *Forscher* favorisierte theoretische Perspektive dominiere, bekäme im qualitativen Ansatz die Perspektive der untersuchten *Subjekte* ein stärkeres Gewicht. Die *Generalisierbarkeit* von Erkenntnissen ließe sich besser über quantitative Vorgehensweisen ermitteln, während die *Interpretation* von Zusammenhängen leichter auf qualitativem Wege herzustellen sei. Für die Berücksichtigung sowohl der *Mikro- wie der Makroebene* eines Gegenstandsbereiches wäre die Kombination von quantitativen und qualitativen Zugängen ebenso vielversprechend wie bei deren sukzessivem und wiederholtem Einsatz in verschiedenen *Phasen des Forschungsprozesses*.

Mit diesem skizzenhaften Überblick ist der Variantenreichtum der Verknüpfungsmöglichkeiten beider Ansätze umrissen. Zentral und interessant erscheint dabei insbesondere auch die Frage zu sein, wie denn die auf fundamental unterschiedlichen Wegen erlangten *Ergebnisse oder Befunde* in ein passendes Verhältnis gebracht werden können. Mit Kelle und Erzberger (2000, 2003) lassen sich hier drei Möglichkeiten unterscheiden:

1. Die Ergebnisse *konvergieren*, d. h. sie sind vollständig oder partiell übereinstimmend. Beispielsweise decken sich die mittels einer standardisierten Fragebogenuntersuchung gewonnenen Befunde mit denen aus einer Leitfadeninterview-Studie oder sie weisen inhaltlich zumindest in dieselbe Richtung.
2. Die Ergebnisse sind *komplementär* zueinander, d.h. sie ergänzen sich, belichten ‚blinde Flecken' des jeweils anderen Ergebnisbildes. So könnten die Interview-Ergebnisse situationsspezifische, subjektsensible und alltagstheoretische Bedeutungen erkennen lassen, die ein tieferes Verstehen der Fragebogenuntersuchungsergebnisse erst ermöglichten.
3. Die Ergebnisse *divergieren*, d. h. sie weichen bis hin zur Widersprüchlichkeit derart voneinander ab, dass sie schwerlich noch sinnvoll in Einklang zu bringen sind. Die Feststellung solcher Divergenzen wäre dann der Ausgangspunkt für weitere theoretische und empirische Klärungsversuche.

Wie immer die Befundlage auch aussehen mag, so wirft sie den Forscher auf die grundlegende Problematik der Verknüpfung quantitativer und qualitativer Ansätze zurück. Flick (2004) artikuliert dies mit Blick auf den Ergebnisabgleich folgendermaßen:

> „Inwieweit wird dabei jeweils der spezifische theoretische Hintergrund der beiden verwendeten empirischen Zugänge (bei der Erhebung und Auswertung) berücksichtigt: Ergeben sich Divergenzen nicht möglicherweise schon aufgrund des jeweils unterschiedlichen Wirklichkeits- und Gegenstandsverständnisses der beiden qualitativen bzw. quantitativen Zugänge? Sollten dann zu weitgehende Konvergenzen nicht eher Anlass zur Skepsis als simple Bestätigung des einen durch das andere Ergebnis sein? Schließlich: Inwieweit werden die beiden Zugänge und die damit erzielten Ergebnisse auch jeweils als gleichermaßen relevante und eigenständige Erkenntnisse betrachtet, so dass die Verwendung des Begriffs der Triangulation hier gerechtfertigt ist? Inwieweit wird der eine (oder der andere) Zugang auf eine untergeordnete Rolle bspw. ausschließlich zur Plausibilisierung der Ergebnisse des jeweils anderen Zugangs reduziert?" (ebenda, S. 78/79).

Deutlich wird hier, dass der angestrebte Erkenntnismehrwert durch triangulatorische Kompositionsformen selbst im Falle vordergründig konvergierender Ergebnisse ohne entsprechend komplex angelegte Reflektionen nicht erreichbar ist. Hervor tritt, was in einseitigen Ansätzen oft eher hintergründig bleibt, nämlich die Konstruktionsabhängigkeit der Forschungsergebnisse und die Notwendigkeit des systematischen methodologischen Zweifelns. Gefragt sind Forscher(-Teams), die in der Lage sind, in kompetenter Weise verschiedene gegenstandsbezogene Perspektiven einzunehmen und methodologisch verstehende sowie erklärende empirische Ansätze nachzuvollziehen und zu nutzen. Work in progress – auf kreative Gestaltungen der skizzierten Kompositionsformen und Lösungen ihrer grundlegenden Problematik darf man gespannt sein.

Anhand des folgenden Forschungsbeispiels wird nun eine in bestimmter Weise gestaltete triangulatorische Kompositionsform vorgestellt, um die bisher allgemein gehaltenen Ausführungen zu konkretisieren und somit auch forschungspraktische Anregungen für andere Untersuchungsvorhaben zu ermöglichen.

6 Kompensatorische Triangulation am Beispiel: Belastungs- und Bewältigungspotenziale in der berufsbiographischen Entwicklung von Sportlehrerinnen und Sportlehrern

Die *Zielsetzung* dieser Untersuchung besteht in der empirischen Rekonstruktion und Analyse berufsbiographischer Entwicklungsprobleme von Sportlehrern/innen. Im Brennpunkt stehen dabei jene Entwicklungsprobleme, die im Alltag von Sportlehrern als kritisch, destabilisierend oder gesundheitlich gefährdend, kurz: als subjektiv belastend wahrgenommen werden. Im *Design* von SPOBIO werden eine qualitative Längsschnittstudie und eine quantitative Querschnittsuntersuchung zueinander in Beziehung gesetzt (vgl. Miethling, 2006, S. 28).

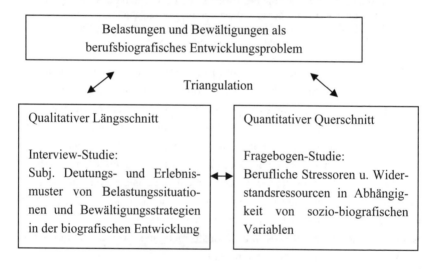

Abb. 6: Forschungsdesign des Projekts SPOBIO.

Worin besteht nun die triangulatorische Kompositionsform? Durch welche Charakteristika zeichnet sie sich aus?

Perspektivisch setzt sie einerseits im Sinne von Biographieforschung an den subjektiven Deutungs- und Erlebensweisen an und richtet sich andererseits im Sinne von Lebenslaufforschung auf bestimmte Variablen beruflicher Sozialisation. Im Begriff der berufsbiographischen Entwicklung sind beide Ansätze verankert, so dass der Gegenstand zunächst und grundlegend zweiperspektivisch konstruiert wird. Trotz dieser perspektivischen Differenz enthält die *theoretische Fundierung* eine einheitsstiftende Folie im Hinblick auf das Belastungsverständnis. In beiden Untersuchungsteilen wird von ressourcentheoretischen Annahmen – im Sinne transaktionaler Stresstheorien (Lazarus & Launier, 1981) und salutogenetischer Modelle (Antonovsky, 1997) – ausgegangen. Demnach ist – hier stark verkürzt – die Belastungs- bzw. Stressgenese als Zusammenspiel von (wahrgenommenen) Anforderungen, Kompetenzen und (psychischen) Widerstandsressourcen aufzufassen. In der weiteren Anlage unterscheiden sich jedoch die Untersuchungsteile.

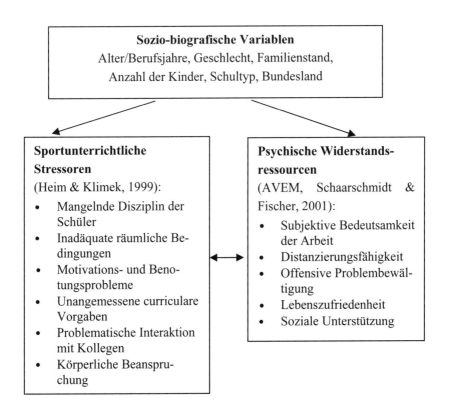

Abb. 7: Anlage der quantitativen Querschnittsstudie von SPOBIO.

Die Belastungswahrnehmungen werden hier durch den empirisch bewährten Stressoren-Fragebogen von Heim und Klimek (1999), die Widerstandsressourcen mittels ausgewählter Skalen des ebenfalls bewährten AVEM-Fragebogens (Arbeitsbezogene Verhaltens- und Erlebensmuster) von Schaarschmidt und Fischer (2001) erfasst. Die Re-Konstruktion und empirische Analyse des Gegenstandes erfolgt also durch die in bestimmter Weise geformten und gewählten Variablen entlang den Fragestellungen:

- Wie prägen sich die Wahrnehmungen von Belastungsbedingungen bei Sportlehrern und Sportlehrerinnen aus?
- Bestehen bedeutsame Zusammenhänge zwischen der Wahrnehmung von Belastungsbedingungen und psychischen Widerstandsressourcen?
- Inwieweit sind die Ausprägungen und Zusammenhänge abhängig von bestimmten sozio-biographischen Variablen, insbesondere im Hinblick auf die berufliche Entwicklung (Berufsjahre)?

Die qualitative Längsschnittstudie ist anders angelegt.

			Gruppe III
		Gruppe II	Gruppe II
	Gruppe I	Gruppe I	Gruppe I
	1979-1983	1999-2000	2010

Gruppe I:	12 Lehrer/innen mit Berufseinstieg 1979-1980
Gruppe II:	12 Lehrer/innen mit Berufseinstieg 1996-1998
Gruppe III:	12 Lehrer/innen mit Berufseinstieg 2006-2008

Abb. 8: Anlage der qualitativen Längsschnittstudie von SPOBIO.

Hier handelt es sich um berufsbiographische Fall- und Kohortenstudien. Die Exploration der subjektiven Deutungsmuster, Erlebens- und Bewältigungsweisen von Belastungssituationen erfolgt anhand von offenen und kontrolliert-explorativen Interviews – die etwa vergleichbar mit der im Kap. 4.2 beschriebenen Form des

Episodischen Interviews sind – und darüber hinaus mit retrospektiven Interviews über die eigene Berufsentwicklung. Im Zentrum stehen also Schilderungen von (kritischen) unterrichtlichen Alltagssituationen und Geschichten des eigenen Berufsverlaufs.

Die beiden Studien ergänzen sich durch ihre jeweils andere Zugangsweise, sie bilden zusammengenommen *eine Form kompensatorischer Triangulation*: Übergeordnet verfolgen sie das gleiche Anliegen, nämlich die empirische Rekonstruktion bzw. Analyse berufsbiographischer Entwicklungsprobleme von Sportlehrerinnen und Sportlehrern. Dabei gehen sie von denselben belastungstheoretischen Grundannahmen aus. Innerhalb dieses gemeinsamen Konstruktionsrahmens wird der Gegenstand jedoch perspektivisch und methodisch jeweils anders ausgeleuchtet. Während die quantitative Studie mit einer großen Stichprobe (N = 1.124 Sportlehrer/innen) die (querschnittlich ermittelte) Entwicklung von Belastungswahrnehmungen und Widerstandsressourcen in ihren allgemeinen Strukturen darzustellen vermag, erlaubt die qualitative Studie anhand kleinerer Gruppen die subjektiven Deutungs-, Erlebnis- und Bewältigungsmuster hinsichtlich konkreter Unterrichtssituationen im Verlauf des Berufslebens zu rekonstruieren. Der zu erwartende Erkenntnisgewinn liegt somit im wechselseitigen Bezug von allgemeineren Strukturdaten und konkreten Facetten bestehender ‚Lebenswelten' in der Akteurssichtweise.

Betrachten wir nun einige ausgewählte Ergebnisse des Projektes zur berufsbiographischen Entwicklung (ausführlich: Miethling, 2002, 2006), so finden wir die drei im Kapitel 5 beschriebenen Verhältnisse in der Befundlage, nämlich konvergierende, divergierende und komplementäre Befunde.

So zeigen sich in der quantitativen Studie die folgenden signifikanten Verläufe bezüglich bestimmter Stressoren und einer Variablen der Widerstandsressourcen.

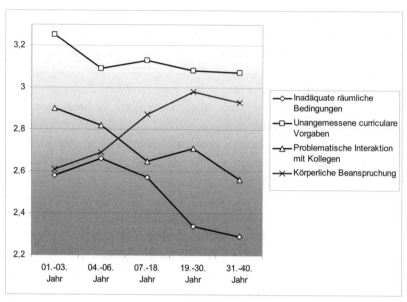

Abb. 9: *Mittelwertsvergleiche von Stressoren nach Hubermann-Schema [Skala 1 (nie) bis 6 (ständig)].*

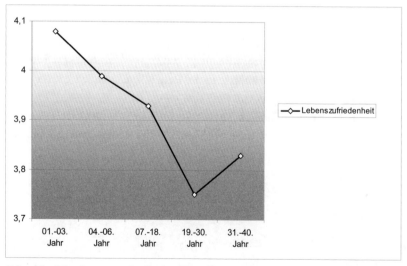

Abb. 10: *Mittelwertsvergleich der Variablen ‚Lebenszufriedenheit' nach Hubermann-Schema [(Skala: 1 (trifft überhaupt nicht zu) bis 5 (trifft völlig zu)].*

Insgesamt betrachtet, finden wir – von der ersten Berufsphase abgesehen – keine Phase, die sich besonders hervorhebt[59]. Wir haben eher kontinuierliche Verläufe im Gesamtbild (der Anstieg der Lebenszufriedenheit vom 30. zum 40. Berufsjahr ist statistisch nicht bedeutsam). Daraus zu schließen, dass die berufsbiographische Entwicklung der Sportlehrer/innen stetig verlaufen würde, wäre jedoch ein Trugschluss.

Die Befunde der qualitativen Untersuchung ergeben diesbezüglich ein etwas anderes Bild.

Berufsjahr	Themen und Probleme
01.	**Phase der Verunsicherung und Routinebildung:** Belastend: Disziplin- und Motivationsprobleme; Regelung von Schüler-Schüler-Konflikten; Inhaltlicher Dissens zwischen Lehrern und Schülern Orientierungsprobleme: Spannungen zwischen institutionellen, schüler-, bewegungs-/sport- und selbstbezogenen Orientierungen
04.	**Phase des Erlebens und Lösens (Nicht-Lösens) gravierender Probleme des beruflichen Selbstverständnisses:**
05.	‚Motivationsloch' ‚Sinnkrise' ‚Burn-Out'
19. 20.	**Phase der Konzentration auf ‚Wesentliches' und des Selbstschutzes bei relativer Gelassenheit:** Belastend: veränderte Schüler (unkonzentrierter, unruhiger, verminderte Bewegungsfähigkeiten, aber fordernder); Verminderter Rückhalt bei Eltern, Kollegen, Schulleitung; Verschlechterte räumlich-materielle Bedingungen; Eigene psychophysische Beanspruchungen (körperlicher ‚Verschleiß'); hohe körperlich-nervliche Belastung durch Lärm → Stimme Orientierungsveränderungen: stärkere Trennung Schule – Privatleben; Stärkerer Selbstschutz; Mehr Grenzsetzungen und Konsequenzen; Konzentration auf Interaktion mit Schüler/innen

Abb. 11: Skizzierte Ergebnisse des qualitativen Untersuchungsteils von SPOBIO.

---

[59] Statistisch signifikante Unterschiede bestehen überwiegend zwischen der ersten Phase und den weiteren Zeitabschnitten.

Vergleicht man die Ergebnisse beider Untersuchungsteile, so kristallisiert sich die erste Berufsphase (1. bis 3./4. Berufsjahr) übereinstimmend (also *konvergierend*) als eine besondere heraus. Offenbar handelt es sich in dieser ‚Novizen-Zeit' um eine Rollenfindungsproblematik, die von erheblichen Orientierungsschwierigkeiten begleitet ist. Verunsicherung hinsichtlich der eigenen sozialen Positionierung und die Suche nach einer selbstverantwortbaren Unterrichtskonzeption geben dieser Berufszeit ihre auffallende Belastungskontur. Zugleich steht allerdings der Schutzfaktor allgemeiner Lebenszufriedenheit während dieser Zeit noch in höherem Maße zur Verfügung.

Für den weiteren Verlauf des Berufslebens ist das Ergebnisbild allerdings *divergierend*. Während die quantitative Studie keine auffälligen Sprünge, Brüche oder sonstige hervorragende Entwicklungsbesonderheiten erkennen, sondern eher einen stetigen Verlauf annehmen lässt, treten in der qualitativen Studie durchaus dramatische, krisenhafte Phasen in Erscheinung, die als Motivationsloch, Sinnkrise oder Burn-Out-Situation beschrieben werden. Die mehr oder weniger gelungene Überwindung dieser kritischen Phasen mündet demnach etwa ab dem zwanzigsten Berufsjahr in eine Art professioneller Neu-Definition mit veränderten Orientierungen und Schwerpunktsetzungen im Berufsalltag.

Solche divergent erscheinenden Ergebnisse nötigen den Forscher (s. Kap. 5) zu fragen, inwieweit sich die Divergenzen möglicherweise schon aufgrund des jeweils unterschiedlichen Wirklichkeits- und Gegenstandsverständnisses der beiden Zugänge ergeben. So kann es sein, dass die situationsunspezifischen, allgemeinen Stressorenvariablen den subjektiven Problemgehalt kaum oder nur oberflächlich erfassen und stärker von allgemeinen Einstellungen beeinflusst werden. Andererseits kann es sein, dass die Interviewstudie, gerade weil sie auf die Exploration von kritischen Situationen hin angelegt ist, deren Bedeutung im Kontext der berufsbiographischen Entwicklung etwas überschätzt. Die beiden Zugänge würden also jeweils relevante Aspekte des komplexen Gegenstandes erkennen lassen, deren nur scheinbare Ergebnisdivergenzen auf den jeweiligen Untersuchungsansatz zurückzuführen wären. Demzufolge lassen sich die Ergebnisdivergenzen *komplementär* interpretieren: Während sich auf einer allgemeineren Ebene der Belastungseinschätzungen ein stetiger Verlauf manifestiert, treten auf einer situationsspezifischen Mikro-Ebene bestimmte dynamische, turbulente Belastungs-Prozesse des Berufslebens hervor.

Anschließend und nahe liegend ist allerdings auch eine weitergehende komplementäre Interpretation. Berücksichtigt man den Umstand, dass die in der Interviewstudie ermittelten krisenhaften Phasen im großen Zeitraum vom vierten bis zum zwanzigsten Berufsjahr liegen, so kann entwicklungstheoretisch angenommen werden, dass solche Krisen individuell, kohortenspezifisch und zeitlich versetzt variieren. Das würde bedeuten, dass die Variabilität und Dynamik dieser Entwicklungen im groben Raster der quantitativen Studie nicht hinreichend zum Ausdruck kommen (können). Ihre Bedeutung für die berufsbiographischen Konstruktionen würde also im quantitativen Teil von SPOBIO unterschätzt, oder konstruktiv formuliert: *Erst die komplementäre Betrachtung des Gegenstandes lässt die Strukturen, die Dynamik und subjektiven Bedeutungen von berufsbiographischen Entwicklungsproblemen von Sportlehrerinnen und Sportlehrern in ihrem Zusammenspiel erkennen.*

Literatur

Antonovsky, A. (1997). *Salutogenese. Zur Entmystifizierung der Gesundheit.* Tübingen: dgvt-Verlag.
Birkner, H. A. & Hackfort, D. (2006). Triangulation als Grundlage diagnostischen Urteilens. In *Zeitschrift für Sportpsychologie, 13,* (2), 75-81.
Bourdieu, P. (2001). *Wie die Kultur zum Bauern kommt. Über Bildung, Schule und Politik.* Hamburg: VSA-Verlag.
Bryman, A. (1988). Quantity and quality in social research. London: Unwin Hyman. Zitiert nach: U. Flick 2004, *Triangulation. Eine Einführung.* Wiesbaden: VS Verlag für Sozialwissenschaften, 68.
Bryman, A. (1992). Quantitative and qualitative research: further reflections on their integration. In J. Brannen (ed): Mixing Methods: Quantitative and Qualitative Research. Aldershot: Avebury, 57-80. Zitiert nach: U. Flick, (2004), *Triangulation. Eine Einführung.* Wiesbaden: VS Verlag für Sozialwissenschaften, 68.
Denzin, N. K. (1970). The research act. Zitiert nach: U. Flick, *Triangulation. Eine Einführung.* Wiesbaden: VS Verlag für Sozialwissenschaften.
Flick, U. (2004). *Triangulation. Eine Einführung.* Wiesbaden: VS Verlag für Sozialwissenschaften.
Gebauer, G., Alkemeyer, T., Boschert, B., Flick, U. & Schmidt, R. (2004). Treue zum Stil. Zitiert nach U. Flick 2004, *Triangulation. Eine Einführung.* Wiesbaden: VS Verlag für Sozialwissenschaften.

Heim, R. & Klimek, G. (1999). Arbeitsbelastungen im Sportlehrerberuf. Entwicklung eines Instruments zur Erfassung fachunterrichtlicher Stressoren. *Psychologie und Sport, 6*, 35-45.

Holzkamp, K. (1994). Am Problem vorbei. Zusammenhangsblindheit der Variablenpsychologie. In K. Holzkamp (Hrsg.), *Forum Kritische Psychologie*, 34 (S. 80-111). Hamburg: Argument.

Kelle, U. & Erzberger, C. (2000, 2003). Making inferences in mixed methods: The rules of integration. In C. Abbas Tashakkori & C. Teddlie (Eds.): *Handbook of mixed methods in social & behavioral research* (pp. 457-488). Thousand Oaks: Sage.

Krüger, H.-H. & Pfaff, N. (2004). Triangulation quantitativer und qualitativer Zugänge in der Schulforschung. In W. Helsper & J. Böhme (Hrsg.), *Handbuch der Schulforschung* (S. 93-126). Wiesbaden: Verlag für Sozialwissenschaften.

Lazarus, R. & Launier, R. (1981). Stressbezogene Transaktionen zwischen Personen und Umwelt. In J. R. Nitsch (Hrsg.), *Stress, Theorien, Untersuchungen, Maßnahmen* (S. 213-260). Bern: Huber.

Miethling, W.-D. (2002). Der lange Arm des Berufs – Zur biographischen Entwicklung von Sportlehrern. In P. Elflein et al. (Hrsg.), *Qualitative Ansätze und Biographieforschung in der Bewegungs- und Sportpädagogik.* Jahrbuch Bewegungs- und Sportpädagogik in Theorie und Forschung, 1 (S. 50-71). Butzbach-Griedel: Afra.

Miethling, W.-D. (2006). Belastungs- und Bewältigungspotenziale in der berufsbiografischen Entwicklung von Sportlehrerinnen und Sportlehrern. In M. Kolb (Hrsg.), *Empirische Schulsportforschung*. (Jahrbuch Bewegungs- und Sportpädagogik in Theorie und Forschung, 5) (S. 25-43). Butzbach-Griedel: Afra.

Pfaff, N. (2005). Triangulation standardisierter und nicht standardisierter Forschungsmethoden – Eine Studie aus der Jugendforschung. In *Zeitschrift für qualitative Bildungs-, Beratungs- und Sozialforschung, 6*, 2; 249-269.

Schaarschmidt, U. & Fischer, A. W. (2001). *Bewältigungsmuster im Beruf.* Göttingen: Vandenhoeck & Rupprecht.

Schütze, F. (1987*). Das narrative Interview in Interaktionsfeldstudien: Erzähltheoretische Grundlagen. Teil I: Merkmale von Alltagserzählungen und was wir mit ihrer Hilfe erkennen können.* Studienbrief der Fernuniversität Hagen.

Schütze, F. (2001). Rätselhafte Stellen im narrativen Interview. In C. Koller & W. Marotzki (Hrsg.), Handlung, Kultur, Interpretation [Themenheft]. *Grundlagentheoretische Probleme qualitativer Sozialforschung* 1/2001.

Autoren-/Autorinnenverzeichnis

DR. DIRK BLOTZHEIM war von 2001 bis 2006 Wissenschaftlicher Angestellter und ist seitdem Lehrbeauftragter am Institut für Sport und Sportwissenschaft der Universität Dortmund im Arbeitsbereich Sportdidaktik. Seine Forschungsschwerpunkte liegen im Bereich der qualitativen Schulsportforschung zu Schüler- und Sportlehrerbiographien. Derzeit unterrichtet er als Studienrat am Geschwister-Scholl-Gymnasium in Wetter (Ruhr) die Fächer Sport und Deutsch.

PROF. DR. PETER FREI ist Direktor des Instituts für Sportwissenschaft und Sportpädagogik der Stiftung Universität Hildesheim. Seine vorzugsweise sportpädagogisch motivierten Arbeitsschwerpunkte liegen in der Sportunterrichtsforschung, im Kinder- und Jugendleistungssport sowie der qualitativen Forschungsmethodologie.

PROF. DR. GEORG FRIEDRICH ist Leiter des Arbeitsbereiches Sportdidaktik der Justus-Liebig-Universität Gießen. Seine Forschungsschwerpunkte liegen im Bereich der empirischen Unterrichtsanalyse mit Schwerpunkt Sprache und Kommunikation, sowie der Konstruktion und Anwendung multimedialen Lehrangebote in der Sportlehrerbildung.

DR. CLAUS KRIEGER ist Wissenschaftlicher Assistent am Institut für Sport und Sportwissenschaften der Christian-Albrechts-Universität zu Kiel. Seine Arbeitsschwerpunkte bilden sportunterrichtlicher Alltagsforschung in den Akteursperspektiven sowie qualitativer Forschungsmethodologie.

PROF. DR. ROLAND MESSMER ist Hochschullehrer an der Pädagogischen Hochschule der FHNW (Fachhochschule Nordwestschweiz) in Basel. Er unterrichtet am Institut Sekundarstufe II Pädagogik, Didaktik und Sportdidaktik und ist Leiter der Berufseinführung. Zur Zeit arbeitet er an der Habilitation mit dem Arbeitstitel: "Narratives Denken – didaktisches Handeln".

PROF. DR. WOLF-DIETRICH MIETHLING ist Direktor am Institut für Sport und Sportwissenschaften der Christian-Albrechts-Universität zu Kiel. Er leitet dort den Arbeitsbereich der Sportpädagogik, -soziologie und -philosophie. Seine Forschungsschwerpunkte liegen im Bereich empirischer Analysen von Sportunterricht, Sportspielen, des Gesundheitssports sowie quantitativer und qualitativer Forschungsmethodik.

PROF. DR. ALFRED RICHARTZ ist Fachgebietsleiter der Sportpädagogik an der Sportwissenschaftlichen Fakultät der Universität Leipzig. Seine Forschungsschwerpunkte umfassen sportpädagogische Fragen des Leistungssports im Kindes- und Jugendalter, Stress- und Bewältigungsforschung, Konflikte und Konfliktmanagement, Soziales Lernen und Gewaltprävention im Sport sowie Bildungsforschung.

PROF. DR. MATTHIAS SCHIERZ ist Direktor am Institut für Sportwissenschaft der Carl von Ossietzky Universität Oldenburg. Er leitet dort den Arbeitsbereich Sport und Erziehung. Seine Arbeitsschwerpunkte liegen in der fallkonstruktiven Schul- und Unterrichtsforschung im Sport, der Bildungsgang- und Professionalisierungsforschug sowie der qualitativen Forschungsmethodik.

PROF. DR. JÖRG THIELE lebt und forscht am Institut für Sport und Sportwissenschaft der Technischen Universität Dortmund. Er leitet dort den Arbeitsbereich der Sportpädagogik und ist komissarisch für die Sportsoziologie zuständig. Seine aktuellen Forschungsschwerpunkte sind: Schulsportforschung und Schulsportentwicklung sowie Pädagogische Aspekte des Nachwuchsleistungssport.

DR. VERA VOLKMANN (ehemals: Reinartz) ist Lehrerin für die Fächer Sport und Französisch. Darüber hinaus ist sie als wissenschaftliche Mitarbeiterin an der Carl von Ossietzky Universität Oldenburg im Arbeitsbereich Sportpädagogik des Instituts für Sportwissenschaft tätig. Ihre Forschungsinteressen liegen im Bereich der Professionalisierung von Sportlehrer/innen, der Schulsportentwicklung, der erziehungswissenschaftlichen Biographieforschung sowie der qualitativen Forschungsmethoden.

TINA WENHOLT, MA ist Georg-Christoph-Lichtenberg-Stipendiatin im Promotionsprogramm ‚Fachdidaktische Lehr- und Lernforschung – Didaktische Rekonstruktion' an der Universität Oldenburg. Ihre Forschungsschwerpunkte liegen im Bereich der Interpretativen Unterrichtsforschung, Kindheitsforschung sowie qualitativer Forschungsmethodik. Das Thema ihrer laufenden Dissertationsprojektes ist: ‚Schülerperspektiven auf bewegtes Lernen. Mikrodidaktische Rekonstruktionen zu einer Reform unterrichtlicher Lern- und Aufgabenkulturen.'

PROF. DR. PETRA WOLTERS leitet den Bereich Sportpädagogik und Sportdidaktik an der Hochschule Vechta. Ihre Forschungsschwerpunkte liegen im Bereich der kasuistischen Unterrichtsforschung, Bewegungsvermittlung sowie auf Sportunterricht bezogene Geschlechterforschung.

Sportpädagogik

Prof. Dr. Wolf-Dietrich Miethling / Claus Krieger

Schüler im Sportunterricht

Die Rekonstruktion relevanter Themen und Situationen des Sportunterrichts aus Schülersicht (RETHESIS)

Das Buch handelt davon, welche Erfahrungen der Sportunterricht bei Schülern hinterlässt, welche Themen für die Schüler subjektiv bedeutsam sind, welcher Strategien sie sich bedienen, um sich im Unterrichts-Alltag zurechtfinden und wie sie dadurch die soziale Wirklichkeit ihres Sportunterrichts mitkonstruieren.

DIN A5, 286 Seiten
ISBN 978-3-7780-1901-6
Bestell-Nr. 1901   € 21.80

Prof. Dr. Albrecht Hummel /
Prof. Dr. Matthias Schierz (Hrsg.)

Studien zur Schulsportentwicklung in Deutschland

Der Mangel an Wissen über die Schwächen und Stärken, Chancen und Risiken im Schulsport ist eklatant. Erst in jüngerer Zeit hat sich eine empirische Schulsportforschung konstituiert, die datengestützte Aussagen zu den vielfältigen Erscheinungsformen, institutionellen Voraussetzungen und normativen Orientierungen des Schulsports vorlegt und Beiträge liefert, der Schulsportentwicklung empirisch begründete Impulse zu geben. Der vorliegende Band setzt an dieser Entwicklung an und befasst sich mit dem Verhältnis von Schulsportforschung, Schulsportberatung und Schulsportentwicklung.

DIN A5, 224 Seiten
ISBN 978-3-7780-6080-3
Bestell-Nr. 6080   € 19.90

Steinwasenstraße 6–8 · 73614 Schorndorf
Telefon (07181) 402-125 · Telefax (07181) 402-111
Internet: www.hofmann-verlag.de · E-Mail: bestellung@hofmann-verlag.de